会计的历史演变及人才培养路径研究

汪上达　著

重庆大学出版社

内容提要

本书分为三部分,第一部分讲述的是会计的历史,包括中国的会计历史和西方的会计历史。因为有较多的文献、资料,所以中国会计的发展脉络较为清晰,从周朝开始,会计进入了单式记账可是直到明朝才出现了复式记账,可见会计工作的发展变化是需要生产力支撑的。西方的会计历史先不说语言问题,单单就是在经过一千年的文化断层后,复式记账法就横空出世,而且现在一本讲代数的本子上,这很难不让人不怀疑其真假。

第二部分讲述的是企业的历史,会计的发展离不开企业,因此要探寻企业的发展历史。该部分从中国的企业发展历史和西方的企业发展历史分别讲述。发展中国的企业在历史脉络清晰,企业的发展壮大主要是通过政府授权垄断来实现。西方的企业历史主要是发展大航海之后,也是靠着政府的特许垄断发展壮大。

第三部分讲述的会计专业的历史,会计在中国的传承是通过学徒制实现的,西方是通过大学来培养会计人才。随着时代的变化,中国的会计专业不断发展,但是大数据时代到来后,会计专业受到了重大影响。如何在大数据时代下实现会计的转型,是这部分探讨的问题。

由于时间仓促,学术浅薄,本书若有不足之处还请批评指正。

图书在版编目(CIP)数据

会计的历史演变及人才培养路径研究 / 汪上达著
. -- 重庆:重庆大学出版社,2023.12
ISBN 978-7-5689-4189-1

Ⅰ. ①会… Ⅱ. ①汪… Ⅲ. ①会计史—中国②会计—
人才培养—研究—中国 Ⅳ. ①F23-092②F233.2

中国国家版本馆 CIP 数据核字(2023)第 234163 号

会计的历史演变及人才培养路径研究
KUAIJI DE LISHI YANBIAN JI RENCAI PEIYANG LUJING YANJIU

汪上达 著

策划编辑:尚东亮

责任编辑:杨 扬　　版式设计:龙沛瑶
责任校对:关德强　　责任印制:张 策

*

重庆大学出版社出版发行
出版人:陈晓阳
社址:重庆市沙坪坝区大学城西路 21 号
邮编:401331
电话:(023)88617190　88617185(中小学)
传真:(023)88617186　88617166
网址:http://www.cqup.com.cn
邮箱:fxk@cqup.com.cn(营销中心)
全国新华书店经销
重庆华林天美印务有限公司印刷

*

开本:720mm×1020mm　1/16　印张:22　字数:315 千
2023 年 12 月第 1 版　　2023 年 12 月第 1 次印刷
印数:1—1 000
ISBN 978-7-5689-4189-1　定价:69.00 元

前　言

本书的写作背景是我从事会计教学工作十年来，发现会计专业一直面临着变革和危机，会计电算化很早就提出来了，会计软件也早已有之，但是会计专业的学生数量还是在不断壮大，大多数学校开设了会计专业，但大数据时代的到来，使会计从业人员真正感受到了危机。

会计今后何去何从？会计今后会如何发展变化？会计会不会被取代？数字经济下的智能化、自动化、机器人化越演越烈，而我们是否能从历史中找到答案。

先从会计的发展历史入手，中国的会计发展历史是完整的，有个符合逻辑的发展过程。中国最早的会计是官厅会计，当时国家处于较低的经济发展水平，民间企业几乎没有，而会计制度一开始就比较完备了，而后就是会计制度不断完善，会计理论不断更新，但是到了明朝比较完备，复式记账（龙门账）的出现，表明会计理论上已经相对完整了。西方会计历史的发展特点就是跳跃式的，首先是语言问题。古埃及、古巴比伦、古希腊罗马的语言传承一点障碍都没有？其次是计数问题，用罗马数字计数，极容易产生混淆问题。最后就是会计的发展问题，复式记账法出自一本代数著作，这是对会计的不尊重。会计是一门严谨的学科，其发展是有着逻辑规律的，不是随随便便就能发明的。

随着工业革命的爆发，西方会计开始成为主流，这印证了会计的发展取决于生产力的发展程度。会计在工业革命后发展速度迅猛，但主要的发展是工具的发展。

会计近年来的变化主要是会计工具的变化，从筹算盘—计算器—电算化软件—云会计—财务机器人等。会计工具的不断变化对会计的要求也会不同。当前的会计的现状，会计工具朝着财务机器人方向发展，会计的工作内容也会发生。

西方会计的迅速发展得益于西方企业的快速扩张，因此有必要了解一下西方企业的发展历史。中国企业都是从帮助政府部门打理一些业务开始的，比如汉武帝时期的盐铁专卖，最后都是由一些民营的企业来经营。因此企业如何发展壮大就在于如何得到政府的授权。无论是徽商还是晋商，都是走的这个路子。为了能够长久生存，民族仇恨也可以放在一边，这是晋商卖铁器给后金的逻辑。所以商业在古代受到压制主要是出于安全的考虑。而西方企业的发展得益于大航海，各国政府没有那么大能力，就只好给企业一些特权，让他们去冲锋陷阵，西方的跨国企业就是这么一步步走过来的，即主要依靠政府的特权垄断。

因为企业的发展需要资金，所以银行业发展至关重要。国内银行业最早的形式是钱庄等，但是西方银行提出了准备金这一概念，即直接针对资金增加杠杆之后，天下就再无敌手了，中国的钱庄也就倒在了西方银行面前。

随着企业的发展，会计知识在不断更新，会计人才的要求一直在发生变化，但是随着大数据的兴起，其重塑了会计市场。因为基层会计工作人员的主要工作还是会计核算，而随着大数据的不断深化、财务共享软件的不断出现、财务机器人发明等，会计核算基本上都可以由软件自动完成，并且完成得还更好。这种情形下，会计专业该如何发展？这是当下会计行业讨论最多的问题。今后需要的人才肯定是复合型人才，如何培养复合型会计人才是当前高校需要思考的问题，本书就这个问题做了一些探讨。

本书在编写过程中受到金蝶公司成员的大力支持，在此表示感谢。由于知识水平有限，不足之处还请各位专家、读者批评指正。

目　录

第一部分　会计的发展历史

第三部分 高校会计人才培养

第一部分

会计的发展历史

1

第一章

中国会计的发展历史

1

第一节 会计记录的文字载体

会计的功能是确认、计量、记录和报告,不过会计最核心的功能应该是记录,只有把会计记录形成档案,我们才能从历史中找到会计发展的线索。同时记录需要文字,需要成熟的文字体系。文字产生之前,结绳、刻契等方法被用来做记录,其没有文字记录也就没有太大的信息载体的意义。

我国的文字体系相当成熟,按照历史演变顺序,其大致为甲骨文、金文、小篆、隶书、楷书、行书、草书。有了文字还需要有书写文字的载体。目前发现的文字载体有龟壳、鼎器、竹简、帛书等。由于这些文字载体可以保存很长时间,因此我们可以通过这些载体找到古代会计的一些"掠影"。

一、甲骨文

我国出土的殷墟的甲骨文表明殷商时期会计已经客观存在了。会计已从原来生产部门的附带部分中独立了出来,开始单独从事经济业务活动,甲骨文已经基本固定或者具有习惯性的表示,如"人""来""氏""用""取""示"等。

用"人""来""氏"等词来固定表示收入业务,其中收入以用"人"字为最多,这些收入类业务的记录符号已经相对固定;相对固定地用"用""取""示"这几个动词来表示支出业务,其中"示"字使用最多。

记录的对象是比较明确的,如"牛""羌""犬""凤""虎""卒"等;并且负责记录的人比较明确,有"中""亘""宾""岳"等负责会计记录的史官签名;甲骨刻辞中还出现了许多地名,以表明有些东西是从哪里来的,或者用到什么地方去了;甲骨刻辞中还有一些对货币的记录。货币已经有了基本的计量单位"朋",记录对象比较明确且与经济活动有直接的关系,记录的数量清晰可见,而且这些支出类业务的记录中甚至有具体的记账时间,这基本上就是对现代会计的要求(图1.1)。

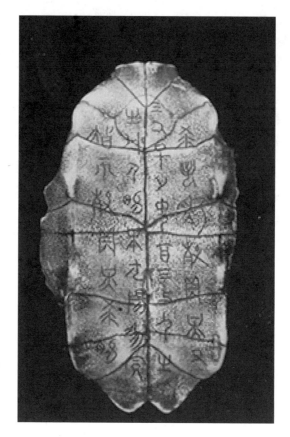

图 1.1　甲骨文

二、金文

金就是金属,主要指青铜,人类在青铜上记录文字并将其保存下来。商朝和周朝,人们有在青铜器特别是礼器上刻字的习惯。这些文字被后人称为金文、铭文、钟鼎文等,除了在金属上刻字,古人还常常在石质碑碣上刻字。碑文就是刻在石碑上的文字,其早期的功能是记录;碣文就是刻在碣石上的文字,其功能也是记录。秦汉之后还出现了树碑立碣的热潮,如人们进行的碑颂、碑记等,以此来记事颂德。由于金石材料可长期保存,金文就成为后来人们研究先人的历史文献。各式各类的金石材料为研究中国文字提供了宝贵的资料。

《墨子》说:"以其所书于竹帛,镂于金石,琢于盘盂,传遗后世子孙者知之。"
(图1.2)

图1.2　金文

金文早在汉代就不断被发现,其是研究殷商、西周、春秋、战国时期文字的
主要资料。金文笔道肥粗,弯笔多,团块多。铜器上的铭文,字数多少不等。其
所表述的内容也很不相同,主要是颂扬祖先及王侯们的功绩,或者记录重大历
史事件。如著名的毛公鼎铭文有497个字,文字内容涉及面很宽,反映了当时
人们的社会生活。

金文的内容是关于当时祀典、赐命、诏书、征战、围猎、盟约等活动或事件,
都反映了当时人们的社会生活。金文字体整齐遒丽、古朴厚重,和甲骨文相比
灵活多变,表达的内容更加丰富多样了。金文基本上属于籀篆体。这些文字,
在汉武帝时期就已经被发现,因为当时有人将在汾阳发掘出的一尊鼎送进宫
中,所以汉武帝将年号定为元鼎。

三、简牍

简牍具体是什么时候出现的还没有定论,不过在春秋战国时期简牍已被广
泛使用。春秋战国时期是我们国家剧烈变动的时期,春秋诸子百家争鸣,这一
时期出现的很多思想一直影响着我们。恰恰就是这个历史时期,一种新的文字
承载材料——简牍开始出现并被广泛使用,简是用翠竹加工而成,牍则是用树
木加工而成。简牍是古人在记录的时候,用毛笔在竹制的简或者木制的牍上书

写文字的载体。它是由简书和版牍组成,竹简和札木合起来称为简,把简和牍合起来并称为简牍。一般窄者为"简",宽者为"牍"(图1.3)。

图1.3 简牍

根据材料和用途简牍的称谓一般有简、册、簿、籍、檄、榜、检、札等。简牍的计量单位叫"枚",每一枚写上字的简牍被熟牛皮制成的绳索(简称"韦")按照顺序编缀起来,叫作"卷"或"册",翻看时摊开,看完后卷起,外面还可以用布帛或兽皮缝制的套子套起以便携带和保管。数枚简牍构成的长篇文字中,其中一个完整的内容叫作一"篇",一"篇"可以包含数"册",一"册"也可以包含几"卷"。会计账簿中出现的"簿"字,在会计文化中的专有名词中,占据着重要地位,这都要归功于简牍的出现。

西汉时期,单式会计法已经由原来的无定式记录变为了具有固定的记录格式和样式,记录的方式也形成了一定标准。汉代以来,虽然量词不是很多,但其起到了一定作用,并且表述称数法的多种方式仍能精确地记下那时候的语言情况。同时这也表示当时人们较为成熟的逻辑思维思考能力,使得人们能够更精确地认识事物并进行记录。敦煌汉简中的文书出现的记账会计符号有"入""收""受""出""取""用""付""余"等,这些会计符号分别代表着财务的结收、支出与结余。从中还可看出当时会计制度的发展已经相对成熟。

汉朝在财政收支中采用钱、粮分管原则,谷、钱、粮分别核算,会计簿书的界限十分明确。因为粮食的品种较多,单位价值也不一样,所以实行分仓保管,在有关粮食的簿书中又按粮食的种类进行分户核算,还要考核出、入动态及结存情况,最终编制"谷出入簿""财物出入簿",出土的汉简中就有布、帛、衣、盐等分别核算的情况。

汉朝采用"上计制度"来考核财政状况,由地方向上计提交上计文书,然后上计文书综合会计簿的内容,大体反映财政收、支、存三方面的情况,具有会计报告的作用。简牍簿籍的广泛使用,使会计记录计量行为呈现出持续性、系统性的特征,由此奠定了古代中式会计的基本范式。由于书写简牍的习惯是从上向下书写,写好的简牍从右到左排好后用专门的材料制作的绳索编缀串联,所以古代中式会计一直采用从右到左、从上到下的标准范式。

四、纸

汉朝初期,造纸术出现,到了东汉时期,蔡伦对纸进行了改良,之后将其进行推广,人们才开始大量使用纸。南北朝时期,是中国历史上较为黑暗动荡的时期,政府腐朽,不做实事,经济萧条,经常发生战争,人们的生活很糟糕,但是纸张的出现为人民的生活注入了一缕甘泉,加快了文化的传播速度,其传播的范围也比以前更大,纸张的使用让会计记录的材料更为轻便,更加便宜。

纸张的问世丰富了会计的内涵,同时出现了四柱清册、四柱结算法的改革,经过了从龙门账法到四脚账法的演变。纸张的出现让文明大范围传播,"帐"开始被用于记录经济活动。在唐朝,"帐"字一直代表着记录的且反映各项经济业务的簿书,以前关于记账的各种称呼被统一了起来,记账的文书被称为"帐""帐簿""簿帐",这一变革是我国会计发展史上的一个重大变化。古代中国重要的结算会计的方式是四柱清册,从盘点结算法到四柱结算法的改革,经历了漫长的时期,内涵也随之改变,四柱结算法从龙门账法演变到了四角账法。

第二节　中国古代的会计发展历史

一、先秦时期的会计

在周代,会计一词已经有了比较明确的含义,即所谓"零星算之为计,总合算之为会"。周代的官厅会计,不仅采用了类似凭证(当时的"书契""官契"等)、账簿(当时的"籍书")和"三柱结算法"等专门方法,而且有了叙事式会计报告(如《周礼》中讲的"日成""月要"和"岁会"报告)。

西周已经具备审计机构且当时的审计活动已经相当成熟。大宰、小宰、宰夫是天官系统中职位最高的三个官职,他们职能中有涉及经济的部分,特别是经济考核方面的职能。

《周礼》中的会计主要分布在两大部门:一个是府库部门,一个是审计部门。这两大部门又可以分别划分中央部门和地方部门。这里的"大宰总掌六官会计之事",也就是说,大宰是天地春夏秋冬六官考核的总负责人。其中"会计"主要内容之一就是经济方面的考核。国家的考核分两种:一种是年度考核,一种是三年一次的大计。这两种考核的结果,尤其是后一种考核结果的优劣,往往决定着官吏的升迁。

国家的财政系统涉及两大部门,一个是由大府领导的府库部门;另一个是由司会领导的审计部门。所谓的会计官职主要集中在这两个部门。大府既是国库的最高管理机构,也是该机构的负责官员的专称。大府名义上是辅助大宰掌理九贡、九赋和九功的收入,实际上是这项工作的直接负责者。他按照财政收入的不同类型,进一步把物资分别给予不同的府库储藏,即所谓的"颁其货于

受藏之府,颁其贿于受用之府"。国家的支出可分为九大项,与九项收入相对
应。每项收入与支出皆有规章可循,即《大宰》所谓的"以九赋敛财贿""以九贡
致邦国之用""以九式节财用"以及《大府》所说的"凡颁财,以式法授之"等。这
些规章就是相关的会计人员进行财务操作时的具体依据。"掌九贡、九赋、九功
之贰,以受其货贿之入,颁其货于受藏之府,颁其贿于受用之府。凡官府都鄙之
吏及执事者,受财用焉。凡颁财,以式法授之。"(表1.1)

表1.1　府库部门

府库部门	职能
玉府	掌王之金玉、玩好、兵器,凡良货贿之藏。共王之服玉、佩玉、珠玉。王齐,则共食玉。大丧,共含玉、复衣裳、角枕、角柶。掌王之燕衣服、衽、席、床、笫,凡亵器。(掌管和收受宝藏金玉、玩好、兵器,并负责供给皇室的贵金玉、兵器等一切珍贵物品。)
内府	掌受九贡九赋九功之货贿、良兵、良器,以待邦之大用。凡四方之币献之金玉、齿革、兵器,凡良货贿入焉。(掌管和接受九贡、九赋和九功的财物及优良的兵器、车辆等,以备国家之用。)
外府	掌邦布之入出,以共百物,而待邦之用,凡有法者,共王及后世子之衣服之用。凡祭祀、宾客、丧纪、会同、军旅,共其财用之币资、赐予之财用。凡邦之小用,皆受焉。岁终,则会,唯王及后之服不会。(掌管国家流通货币的收取与发放,以备国家所需的各种开支。)
泉府	掌以市之征布敛市之不售货之滞于民用者,以其贾买之物楬而书之,以待不时而买者。买者各从其抵,都鄙从其主,国人郊人从其有司,然后予之。凡赊者,祭祀无过旬日,丧纪无过三月。凡民之贷者,与其有司辨而授之,以国服为之息。凡国之财用取具焉,岁终,则会其出入而纳其余。(管理商业税收,以供给国家和调节市场价格)

续表

府库部门	职能
天府	掌祖庙之守藏与其禁令。凡国之玉镇、大宝器,藏焉。若有大祭、大丧,则出而陈之;既事,藏之。凡官府乡州都鄙之治中,受而藏之,以诏王察群史之治。(收藏和管理镇国传世之宝以及国家重要的典章法令、户籍、财政收入记录等重要数据文书。)
职金	掌凡金、玉、锡、石、丹、青之戒令。受其入征者,辨其物之媺恶与其数量,楬而玺之,入其金锡于为兵器之府,入其玉石丹青于守藏之府。(管理国家的矿产资源,并把征收的金、玉、锡、石、丹、青的矿产分类转交给各府,以备国家之用。)
酒正	负责酿酒的管理机构,酿酒的收支定时以日计、月要和岁会,并如实向上级机关报告。
司裘	负责制作皮裘的管理机构,皮裘用于祭祀或者王用等。每年年终,处理王邦之中一切有关皮革的事。掌皮负责皮革的收进、出纳与保管,以及拨出、加工毛毡等物,以备国用
典丝	掌握丝织品的出入,并且负责各种丝物的收受与支出。典枲负责掌握布、缌、缕、苎等麻织品的制作与管理。

　　复杂的经济活动使得会计部门已经成为国家机构中一个不可或缺的经济部门。为了保证这个经济部门健康有效地运行,就需要另一个部门对它进行监督,这个部门在《周礼》中就是以司会为首的审计部门。司会具体行使审计监督权。《周礼·天官·叙官》郑玄注:"司会,计官之长。"司会下设司书、职币、职岁、职内四职。司书负责国家文书档案及各种资料的保管、登记工作;职币掌管财务结余;职岁掌管财务支出;职内掌管财务收入。司会是审计部门的最高长官,职位等级与小宰相同,组织所属计官对王朝经济事务进行核算。司书负责国家文书档案的保管工作,协助司会对各级官吏工作进行考核。职内主管王国财政收入事务的统计,辅助司会进行经济考核。职岁主管王国财政支出事务的统计,以备年终考核。职币负责王国财政的结余。

国家各机构分工明确,既相互联系又相互制约。以大府为首的府库部门负责财政收入与支出,以司会为首的审计部门则对其进行审计和监督。职内"掌邦之赋入",职岁"掌邦之赋出",而职币"振掌事者之余财"。这种"入-出＝余"的账目平衡方法,称为"三柱"结算法。该方法将一定时期的全部经济业务区分为入(收)或出(付)、余三要素,以三要素间的相互关系为依据,计算一定时期财产的增减变化及结果。

国家的财政收入可分为两大类:一类是周王室直辖地区的经济收入,一类是诸侯国的进贡。周王室直辖地区的经济收入,称为"九赋"。《周礼·天官·大宰》:"九赋以敛财财贿,一曰邦中之赋,二曰四郊之赋,三曰邦甸之赋,四曰家削之赋,五曰邦县之赋,六曰邦都之赋,七曰关市之赋,八曰山泽之赋,九曰币余之赋。"(表1.2)

表1.2 九赋

九赋	内容	对应九式
邦中之赋	王城之内的赋税	以待宾客
四郊之赋	距国 100 里四郊六乡的地税	以待稍秣
邦甸之赋	距国 100 里至 200 里六遂谷邑的地税	以待工事
家削之赋	距国 200 里至 300 里公邑及采邑的地税	以待匪颁
邦县之赋	距国 300 里至 400 里的地税	以待币帛
邦都之赋	距国 400 里至 500 里的地税	以待祭祀
关市之赋	司关司市所征得地税	待王之膳服
山泽之赋	山林川泽的地税	以待丧纪
币余之赋	各级国家机构年度的财政结余	以待赐予

《周礼·天官·大宰》:"以九贡致邦国之用:一曰祀贡,二曰嫔贡,三曰器贡,四曰币贡,五曰材贡,六曰货贡,七曰服贡,八曰斿贡,九曰物贡。"这是说大宰用九种贡法管理诸侯国给周王进贡的物品。《大行人》云"侯服,岁一见,其贡祀物,彼谓因朝而贡,与此别也。"说明这种和朝贡比起来,由于时间和地域都

相对固定的进贡方式,称为岁之常贡。

《周礼·秋官·大行人》:"邦畿方千里,其外方五百里,谓之侯服,岁一见,其贡祀物。又其外方五百里谓之甸服,二岁一见,其贡嫔物。又其外方五百里谓之男服,三岁一见,其贡器物。又其外方五百里谓之采服,四岁一见,其贡服物。又其外方五百里谓之卫服,五岁一见,其贡材物。又其外方五百里谓之要服,六岁一见,其贡货物。"

《周礼·天官·大宰》载:"以九式均节财用,一曰祭祀之式,二曰宾客之式,三曰丧荒之式,四曰羞服之式,五曰工事之式,六曰币帛之式,七曰刍秣之式,八曰匪颁之式,九曰好用之式。"

表1.3　九贡与九式

九贡	内容	九式	内容
祀贡	祭祀用牛羊等物的贡献	祭祀之式	祭祀宗庙神祇的费用支出规定
嫔贡	宾客用的丝麻等物品的贡献	宾客之式	招待宾客所需费用支出规定
器贡	制造器物所用的银、铁、石磬、油漆等物品的贡献	丧荒之式	丧事、灾年所需费用支出规定
币贡	锦、缎、绣、帛等物品的贡献	羞服之式	王室的膳食、衣服等费用支出规定
材贡	珍贵木材的贡献	工事之式	百工造作器物费用支出规定
货贡	玉贝之类物品的贡献	币帛之式	聘问赠送礼品所需费用支出规定
服贡	缝制衣服所用材料的贡献	刍秣之式	饲养牛、马所需饲料费用开支规定
斿贡	制作旌旗的羽毛等物品的贡献	匪颁之式	周王给群臣禄食、赏赐所需费用开支规定
物贡	各地特产的贡献	好用之式	周王宴饮时特恩赐群臣所需费用开支规定

国家的财政支出权力,都要按相应的式法授予,即用九赋的方式规定其各种开支。这不仅保证了王朝的财政收入,也严格控制了王朝的财政支出。

九赋和九式明确了平衡财政收支关系的原则和监督检查财政支出的标准,

即专款专用,量入为出,不仅保证了财政收支的平衡,还使整个王朝的经济活动有序进行。

二、秦汉时期的会计

秦汉时期,官厅财计组织从中央到地方已初步构成一个经济管理系统。当时已经形成"入、出"记账符号,以上入下出为基本特征的单式入、出记账法。"入-出＝余"为基本公式的三柱结算法已经普遍运用。当时以"收、付"为记账符号,以上收下付为基本特征的单式收付记账法,并对一部分收支以钱币为计量单位进行核算。

另外秦律对会计核算的正确性提出严格要求——计毋相缪(谬),用律不审而赢、不备,以效赢、不备之律贵之,而勿令赏偿,会计不合法律规定而有出入,按核验实物时超出或不足数的法律罚金,但不令赔偿。

秦律把会计差错分成两类。

第一类差错是"计校相缪(谬)也",即经过查对发现的会计差错。

第二类差错是"计脱实及出实多于律程,及不当出而出之",指账实不符及乱销账,由于造成财产损失,处分更重。

秦汉会计在明确会计分期和统一会计计量的基础上,较清晰地呈现了填制和审核会计凭证、登记会计账簿及编制会计报告等核算环节。在当时会计核算中,记账法虽然仍是单式会计记账法,但较以前更为简洁和规范,向后来的复式记账法前进了一步。先进的会计核算技术在当时的实践中成效显著,促进了商品经济的发展,提高了财政管理的效率。并且通过实施财务审计、会计监督和税收监督措施,会计造假等问题开始出现,原因主要是吏治的腐败和会计人事任免制度的不合理等。

"三柱结算法"是产生于西周时期的核算方法。由于分为"收入""支出""结余"三大类,又被称为"三柱法"。最初是朝廷用其来核算财物的收支和盈亏。

它的计算公式就是："收入－支出＝结余"。

这一方法的记账原理就是通过将本期收入、支出、结余这三者联系到起来，最终算出本期资产物资的增减变化情况和结果。

秦汉时期民间就大量采用这种方法，准确核算自己的财物，这时核算财产物资的方法走向了一个新阶段，奠定了后来中式会计的基础，对其产生了重大影响。这种结算方法也称"入出记账法""收付记账法"。其中收入为期初结余加本期收入；支出为本期实际支出；结余为期末结存。

可见在官厅会计为主导的秦汉时期，民间会计已经出现，并且一开始就采用较为先进的三柱结算法，会计的理念在中国民间也得到了发展。

三、唐宋时期的会计

唐宋是我们国家历史上较为辉煌的时期，经济繁荣，社会发展，当时会计、审计和国库组织已经较为完备。会计与出纳、会计与国库、现金出纳与实物出纳、签证单位与财物发放单位，以及审计与会计之间都有了明确分工，各项赋税收入的计账户籍制度，以"量入为出"为原则的岁入岁出预算制度，财物出纳保管制度，自下而上逐级呈递"上计簿"的上计制度，以及监察制度等，已成为封建统治者加强经济控制的基本财计制度。而当时出现的"四柱结算法"和"四柱清册"，在中国会计史上具有里程碑的意义。

"四柱结算法"是东汉时期出现的，到了唐代被广泛推广，宋代以后不断被完善。

四柱结算法，其式有四，一曰旧管，二曰新收，三曰开除，四曰见在。

一般把其前的"入、出、余"称为"三柱"。

"三柱"和"四柱"区别在于"旧管"即"初期余额"。它是根据"三柱结算法"的原理进行了改善并不断地提高，将本期收入和上期结余区分开。这结算方法中的"四柱"就是指"旧管"（期初结存）、"新收"（本期收入）、"开除"（本期支出）、"实在"（期末结存）。

其结算公式为:"旧管+新收＝开除+实在"。

这种方法的优点就是通过发现事物发生的逻辑关系,显示出其变化过程,为中式会计结算方法发展进一步奠定了基础。

(一)唐朝的官厅会计

会计机构:唐朝中央政权机构设置为三省、六部,即尚书、中书、门下三省,吏、户、礼、兵、刑、工六部。其中户部掌管财政大权,主管会计工作。户部设有尚书、侍郎,尚书为正职,侍郎为副职。

户部之下设有四部,即:

(1)户部,主管田户、赋税、贡献等业务;

(2)度支部,主管租赋、物产的出入业务;

(3)金部,主管国库钱串出纳业务;

(4)仓部,主管物资的保管、供应业务。

四部内均设有计史、令史负责会计和出纳。为了加强会计监督,在户部之下又增比部,负责审计工作,审查从中央到地方的财政收支、会计报告。会计报告的审计期限按距京远近而定;"其在京给用,月一申之,在外,二千里内季一申之,二千里外两季一申之,五千里外,终岁一申之。"(《唐会要·五九》)经过审计确认的收支节余,每年上交中央财政(户部)一次,对隐漏收入不报不交者给予制裁。唐朝的货币为铸币,开元年间(713—741 年)采用铜、白畈、锡铸钱三千三百缗(缗是穿铜钱的绳子,后作量词,用于成串的铜钱,一千文为一络)。

会计核算:唐朝实行中央和地方两级核算制度,核算方法实行总账与明细账的划分方法。各州县乡的明细核算按钱币与实物分别设账,中央一级核算主要反映王朝财政收支动态的总数。收付记账方法在唐朝已经被应用,并传到了日本。

(二)宋朝的官厅会计

会计机构:北宋三司使制。宋朝初期宋太祖强化中央集权制度,财政大权由中央控制,由三司使总理天下贡赋和财政收支。三司使的主管长官称为"计相",其地位仅次于宰相。三司使主管的机构是三部,即盐铁部、度支部、户部,三部之下又根据业务分工各设十个司(十司包括都磨勘司、支收司、理欠司、拘收司、凭由司、开拆司、发放司、勾业司、催驱司、受事司),三部内还各设勾院,核查本部财物、钱粮的出入及账实,相当于现在的内审(表1.4)。

北宋熙宁七年(1074年)在中书省曾设置会计司,由宰相韩绛提举(管领),这是我国会计史上第一个独立的会计机构(不过仅维持了1年多)

表 1.4　三部的业务范围

部门	内容
盐铁部	兵、胄、商税、都盐、茶、铁、设七案(即工业、专卖收入等)
度支部	赏给、钱帛、粮料、常平、发运、骑案、斜斗、百官八案(即财政收支)
户部	户税、上供、修造、曲案、衣粮五案(即税赋收入)

会计核算有了一套完善的方法,即"四柱核算法"。这种方法不但被官厅会计使用,在民间会计核算中也逐步被使用。据《古今图书集成》《食贷典》记载:"淳化五年(994年)十二月初置诸州,应在司具元管、新收、已支、见在钱物中省"。元管后来称旧管为期初余额(结存);新收为本期收入发生额;已支为本期支出发生额;见在后来称为实在,为期末余额(结存)。四个项目称为"四柱",每柱反映经济活动的一个方面。"四柱"之间的关系是:

"元管+新收=已支+见在"

"旧管+新收-已支(开除)=实在"

即:期初余额+本期收入发生额-本期支出发生额=期末余额。

宋朝的会计账簿、会计报告的记载和编造都有规定。户部要求各类账簿一律按规定格式和书法缮写,违者惩处。1068—1078年,账簿被列为国家的法式之一,即决策依据。皇帝每年都要亲自审阅由户部统一汇总的全国会计报告,作为奖惩官吏的依据。并要求地方官必须审阅本地区的汇总会计报告,可见其对会计工作的重视程度。《宋史·食货志·会计》记载,宋太祖要求"诸州通判官到任,皆须躬阅账籍所列官物,吏不得以售其奸"。990年(淳化元年)宋太宗诏曰:"周设司会之职,以一岁为准,汉制上计之法,以三年为期。所以详知国用之盈虚,大行群吏之诛赏,斯乃旧典,其可废乎?三司自今每岁具见管金银、钱帛、军储等薄以闻。"宋朝编造的会计报告称为"四柱清册",分为月报、季报、年报,其内容按"四柱"格式填写。

"四柱清册"是以"四柱"为基本格式,以"四柱结算法"为基本方法所编制的一种会计报告。系统反映了国家经济和私人经济活动全过程的科学方法,它归结了中式会计的基本原理。

"四柱结算法"中的"四柱平衡公式"("旧管+新收=开除+实在")和"四柱差额平衡公式"("新收-开除=实在-旧管")的建立、运用,比西式簿记中的平衡结算法的出现要早得多。

当时会计分析工作也有了进展,如唐朝的《元和国计簿》和宋朝的《元佑会计录》中,就有记账、户籍的分析,国家财政收支的对比分析,以及针对具体问题进行的专门分析。宋代的《太平经国之书》和《玉海》,则是汇集会计史料的重要著作。这一时期,中国民间会计也得到了发展,中国早期的金融业—柜坊,典当业—质库,以及为商业服务的货栈—邸店等行业也运用四柱结算法。

四、明清时期的会计

这一时期中国国家的官厅会计稳定发展,民间会计迅速发展。民间商界产生了中国特有的复式账法:

龙门账。它把全部经济事项划分为"进"(各项收入)、"缴"(各项支出)、"存"(各项资产)、"该"(各项负债和资本)四大类,遵循"有来必有去,来去必相等"的记账规则。龙门账的特色表现在年终"合龙"结算方面。凡进项减去缴项等于存项减去该项者,为"龙门相合",否则为"龙门不合"。

"四脚账"(天地合账)。此种账法有两种结册编制,一为"彩项结册",相当于近代的"损益计算表";二为"存除结册",相当于近代的"资产负债表"。"四脚账"的试算平衡,勾稽全部账目是在"存该结册"上进行的,该册分上、下两部分,上部分称为天方,下部分称为地方。凡上、下两部分数额吻合谓之"天地符合",否则为"天地不合"。这两种账法是中国会计的先进水平的代表。

明清时期除农业经济有了长足发展外,手工业也有了很大的进步,大大促进了商品经济的发展。在这种情况下,商品流通的媒体逐步固定为钱币,田赋、官僚、纳税、市场交易等都使用钱钞。货币在经济活动中的地位和作用大大增强,逐渐成为会计核算的主要计量手段;会计工作由原来的价值核算与实物核算并重,发展为以价值核算为主,由管钱管物并重发展为以管钱为主要职责。

明清时期,官厅会计机构与唐宋时期相比,没有太大变动。中央行政机关继承宋制,仍由户部掌管财权。但核算方法有了新的发展,其特点是"国用之出纳,皆权以为银"。货币计价法在会计核算中得到确立。会计凭证采用了专用和多联的控制办法。账簿按照"四柱"设计,印有一定格式,账页为上收下付。记账方法为单式收付记账。年度会计报表分岁征、岁收、岁支、岁储四个方面,分别进行旧管、新收、开除、实在造册奏缴。每三年备造黄册一本进缴,清册一本备照。黄册为正本,总括概括三年的财政收支情况;清册("四柱清册")为副本,详细介绍三年的财政收支情况,起备查作用。并且针对财产清查建立了制度,有一套盘点方法,广泛采用了"盘点表"。

民间会计方面:明清时期由于工商业的发展,商品经济日趋发达,大小零售商店遍布"三街六市,经营皆设有账簿。铺面中除管理人员外,另有管账先生"。"柜上银钱一律根据凭证出入,连东家也不例外"。明朝当铺、钱庄已盛行,都有一定的管理方法,"当铺里一般设有三种专职:一为库房出纳,专管银钱出入;一为会计发货,专管账簿、凭证和发货事宜;一为铺面营业,专门接待顾客。"

"龙门账"被商界广泛应用。它将全部经济业务划分为四大类,即"进""缴""存""该"。"进"指全部收入,"缴"指全部支出,"存"指资产(包括债权)结存,"该"指全部债务(包括业主投资)。年终结算时,计算损益其会采用两种方法:一是计算"进"与"缴"的差额,即"进-缴=损益";二是计算"存"与"该"的差额,即"存-该=损益",两种公式平行计算结果相等,即说明核算正确无误,也就合上了龙门。其公式是:"进-缴=存-该-缴=盈亏",(即"收入-支出=盈亏")。"存-该=盈亏",即"(资产+债权)-(负债+投资)=盈亏"。

"龙门账"的记账程序(图 1.4)。

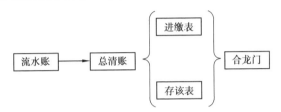

图 1.4　"龙门账"的记账程序

上图形成龙门的样式,所以称为"龙门账""合龙门"。龙门账的出现使我国会计核算方法逐渐完善,促进了我国商业的发展。

"龙门账"具有完整的账簿组织系统,其中有原始簿、序时簿、分类账和会计报表四部分。在这四部分中,原始簿起着记账凭证的作用,因当时发生的经济业务很少或根本不使用原始凭证,故业主会设置原始簿。其又名"草流"代替记账凭证,作为记账和核算的依据。序时账可分设现金日记账、进货与销货日记账和转账日记账三种,可单设一本同时记录现金、货物和转账业务的综合性"流水帐"。分类账可分设分户往来账簿、各种货物进销账簿和专记各项资产、收入、支出及损益等账簿,亦可单设一本同时记录交关总账、货物总账和杂项总账的总分类账簿,称作"总清账"。如单设总清账,其下可设明细分类账若干簿,称作"分清"账。会计报表包括两种:其一为反映经营盈亏状况的损益计算书,称为"进缴结册";其二为反映资产负债关系的资金平衡表,称作"存该结册"或"存除结册"。

"龙门账"的账务处理过程:当发生经济业务时,根据业务内容或原始单据记入草流。以草流为记账根据登记序时账,将序时账登录内容根据性质过记分类账。年末时,以分类账的记录为依据分别编制进缴结册和存该结册。以进缴结册计算经营成果,当进类总额大于缴类总额,即为盈利;反之,如进类总额小于缴类总额,即为亏损。在编制进缴结册、计算盈亏的同时,以"存该"结册平衡资产负债关系,当存类总额大于该类总额,说明资产多于负债;反之如存类总额小于该类总额,则负债多于资产。当进缴结册和存该结册分别编就后,以进缴结册的盈利或亏损数额同存该结册的资产或负债余额对照,进缴结册的盈利总额同存该结册的资产余额相符,或两册的亏损总额与负债余额相符,则 1 年的账务处理准确无误;两结册的余额不符则说明账务处理有误,亟须查核账目,寻找差错并予以纠正,而后重新编制进缴和存该结册,再度平衡(图 1.5)。

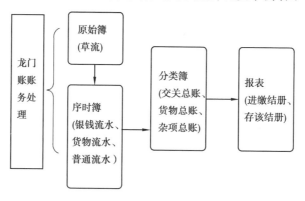

图 1.5　龙门账账务处理

这种账法被命名为"龙门账",其借用了古代修筑堤坝、兴建桥梁所使用的由两端向中间施工,最后在中间交接的"合龙"这一概念。其用来表述以两种结册余额对比的过程。如果两结册余额一致即为龙门相合,否则便是龙门不合。因为两结册余额能否合龙包括记账、过账、算账、结账、造册诸环节在内的全部会计工作质量优劣的集中表现,亦是这种账法的关键。

龙门账区别于以往其他记账方法的突出标志是并重资金平衡试算和经营损益结算,体现在账法中便是双轨计算制。龙门账的出现,一扫长期使用的年终盘点存该、倒轧盈亏的单轨计算制传统,应用双轨计算,既可全面掌握店家资本与负债的整体情况,亦可准确计算店家的经营结果。龙门账这种以科学道理和严密组织为基础的一整套记账、算账和报账方法,推动了中式簿记由单式记账向复式记账的转变。"龙门账"以其独到的科学性、严密性和实用性成为中国会计发展史上的里程碑,至今,龙门账的原理仍被我们使用。

清朝民间工商企业经常使用的四脚账。四脚账是以三脚账和龙门账为基础形成的一种复式记账方法,它并重经济业务的收方(来方)和付方(去方)的账务处理。其记账规则是:有来必有去,来去必相等,弥补了三脚账对现金收付业务的处理实行"一只脚",即只记对方科目、省略现金科目做法的不足,使现金收付业务均实行来去双向处理,此即"四脚账"的含义。

四脚账业务的收(来)方记录位于账簿或报表的上半部分,被称为"天"("天方");而付(去)方内容则列于账簿或报表的下半部分,被称为"地"("地方")。待结账时,报表上下两部分的总计数额应相等,即"天"与"地"相符,表明账务处理正确;否则,账务处理有误。该账法的关键在于"天""地"相合,故该账法又称为"天地合账"。

四脚账账簿包括草流水账账簿、细流水账账簿、总清簿三种。草流水账账簿按照经济业务的发生顺序依次登记,其作用相当于现今的记账凭证,是各种日记账的记账依据。细流水账按不同内容设置,一般有"银清簿"(专门记录现金收入与支出的日记簿)、"货清簿"(专门记录购货与销货的日记簿)和"日清簿"(专门记录企业往来业务的日记簿)等。总清簿可设综合反映企业全部业务内容的单独一册,也可分设若干册专门反映一类业务的总簿,如"交关总簿"(汇集登录往来等业务的总清簿)、"货物总簿"和"杂项总簿"等,总清簿的内容系各种日记簿的余额转记而得。四脚账编制的会计报表称为"结册",有"彩项结册"和"存除结册"两种。"彩项结册"即损益计算表,用以反映企业的盈亏状况;"存除结册"即资产负债表,用以反映企业的资本平衡关系。

四脚账的账务处理过程:发生经济业务后,以业务内容和原始凭证为依据登记草流。以草流作为记账凭证登录日记账,各种日记账的内容经归类计算后将各余额过记总清簿。在总清簿内进行成本计算与结转,为会计报表作准备。最后,定期编制计算盈亏的"彩项结册"和反映资产负债状况的"存除结册"。

（1）结转销售成本：根据货清簿所记录的各种货物的进货数量与销货数量，计算本期各种货物的结存数量，并分别盘点各种实物，与计算出的货物结存数相比较，经核对无误，分别合计各种货物销售总量，以相应的进货单价确定各种货物的销售成本，进行账面结转。

（2）编制"彩项结册"，计算经营损益：本期盈利（亏损）=（本期销售收入+本期其他收入）-（本期费用支出+本期其他支出），以账簿资料为据，编制"彩项结册"。

（3）编制"存除结册"，谋求天地相合：在编制"存除结册"前，与三脚账的做法相同，对财产、货物和现银进行期末盘点，将各种实物、银两盘存数与账面计算数核对，待各项实物、银两核实后，分类计算本期收（来）账总额和付（去）账总额。收（来）账总额等于付（去）账总额，以"彩项结册"和账簿内容及盘点结果为据，编制"存除结册"。

"四脚账"法在我国会计发展史上具有重要的历史地位。"四脚账"开始运用于商业、金融业和少数产业企业。"四脚账"问世之后，由于当时我国会计方法和技术的传授、传播方式的局限以及各类企业、各个企业之间会计技术的封闭性，一方面各地区乃至同一地区不同行业或企业之间的具体做法有显著差异；另一方面，在很长一段时期，"龙门账"法和"四脚账"法在会计实务中同用并存，这种情况一直延续到清末民初。

第三节　账簿的由来

一、簿书

会计凭证方面，傅别，谓券书也。傅，傅著约束于文书。别，别为两，两家各得一也。根据傅别可以判断钱财的借贷关系，这是解决债务纠纷的法律凭证。

书契,取与市物之券也。其券之象书两札,刻其侧。相当于后世的合同或提货单。质剂,谓市中平贾,今时月平是也。即官府每月对市场商品的价格评估。

簿书,司书以周知入出百物以叙其财。明知叙其财者,所给诸官余不尽者,即以余见为之簿书,拟与司会钩考之。簿书指的是会计簿书,反映从地方到中央各级机构财务运转的档案,制定下一步财政政策的重要依据。《周礼·天官·司书》云:"及事成则入要贰焉。"要贰",指的是会计文书的副本。"

总谓簿书之种别与大凡者,种别谓名物之细目,大凡谓多少之都数也。凡众物出入细目,则以种类分别书之,又辜较其部数,二者并总为簿书。"总"是簿书的种别,为分类明细账。"大凡"是记录总账的。"总"和"大凡"也是会计簿书的一种名称。

岁入会计簿书与岁出会计簿书,岁入会计簿书是会计人员在日成、月要基础上对王朝的收入进行年度核算的账簿。岁入会计簿书由职内掌管。职内和职岁是国家文书保管部门的两个子部门,职内负责保管财政收入文书,职岁负责保管财政支出文书,它们都参与执行国家的财政收入和支出。岁出会计簿书是会计人员在日成、月要基础上对王朝的支出进行年度核算的账簿。岁出会计簿书由职岁掌管。职岁是掌管王国财政的支出簿书,与职内所掌财政收入簿书相互考核。

会计簿书是国家"三年大计"的主要依据,《周礼·天官·大宰》:"岁终,则令百官府各正其治,受其会,听其致事,而诏王废置。三岁,则大计群吏之治,而诛赏之。"根据《周礼》的考核机制,国家各级部门每年年终都要把本年度的工作情况上报大宰,每三年进行一次大考核。大计之时,各项财政收支事项都要核算出总数,全面考核官吏的功过。这种每三年由官吏送呈会计簿书,给大宰和周王审查会计簿书的活动,以了解国家的人户、田地及财政收支状况,评定官员的功过,称为"受计"或"上计",而周王亲自"受计"。这是上计制度的一种。上计制度是战国时期的一项重要考核制度。上计制度是国家理财、掌握国情的重要举措。它对巩固中央集权,强化对地方的统治,起到了重要的作用。

国家每一项财务的收入与支出都是以会计簿书为依据的。大府总管财用进出，货贿无论大小都入于大府。大宰以"九赋""九式"为会计簿书的分类明细项目，分项对口核算。审计部门实行的专门分类记载、考核簿书，无论是职内所登记的各种收入的簿书，还是职岁所登记的各种支出的簿书，或是职币所登记的结余簿书，都是作为每年收入与支出的依据，是实现国家经济正常运转的必要保障。

"账簿"之称历经了千余年的演变，在明代得以确立，并被普遍运用。那时候，在账簿这个被普遍运用的名称上，我们可以看到过去各种旧称谓的痕迹，如民间还有少数人把会计账簿叫作"簿书""文簿"和"簿籍"，只不过这些大都是口头上的说法。当时只要讲到"账簿"，一般是对这种会计方法的统称，事实上在实际运用过程中，"账"与"簿"已经分开使用了。会计主管们在账簿封面上通常仅书写某"账"或某"簿"。如"田租账（目）""房产账（目）""人头账（目）""租银簿"等。后来还以赊欠财物说明某笔会计事项，如对药物的赊欠叫作"药账"，把生丝的赊欠叫作"丝账"，把往来客户的欠款称为"客账"等。这种现象既是社会经济发展的结果，也是民间的经济核算活动在人们日常生活中反复影响的结果。

二、"中式三账"会计账簿体系的成熟

宋代的会计核算中已发现"草流—细流—誊清"这三种主要账簿的设置痕迹。到明代，由于民间工商业的发展，尤其是商业性质的旧式金融业的发展，以"三账"为骨干的账簿组织建设已较为完善。一般中等以上的工商之家都设置了这三种主要账簿。"三账"设置已被世人熟知，尽管各地对其称呼不一致，但是无论南北东西，"三账"的印刷格式及书写体例却大体一致。

第一种账簿是草账，又名"草流""草批""原流""底账""底簿""花账"等。草账的账页格式当时一般采用全白纸头的"无格条账"。记账者在登记之前，通常将账纸对折成八格，每格记录一笔，一律八笔，颇有规则。行商通常仅用一本

"草账"记录日常的经营活动,凡往来账项都在这册账上签押作保。这册账既起账簿的作用,也起原始凭证的作用,世人认可,官司有效。到一定时期为了考核盈亏,就将草账内容登记到总清账上。

第二种账簿是流水账,又名"日流""细流""清流""二流""流水总登""日积月累""堆金积玉""铁板流水"等。流水账起整理账目的作用,一般在每日营业结束后,账房主管以"草账"作为依据记录。流水账所用的印格账簿俗称"腰格通天条账"。这种账簿的账页居中横贯一线,称为"腰格",与腰格相垂直,并列有数条红线,称为"天条"。两线之间称为列,每列记录一笔账目。腰格之上称为收方,记收入类账目,腰格之下称为付方,登记支出类账目。旬结、月结和年结数额居中平行排列。

每旬之间和每月之间均留有一定空格或空页,用以分别前后账目。登记流水账,要求采用汉字书写数字,以时为序,工整书写,不得潦草。对每笔账目的记录,以日月为首,次为会计记录符号,内容摘要居中,数额置于最后。账目之间,上下对比齐整,一目了然。由于这种流水账便于业主盘查,有清算作用,故当时民间又称其为"清流"。

第三种账簿是总清账,又名"誉清账""总簿""总干账"等。总清账是"三账"之中最重要的一册账簿,对外保密,对内部一般人员也保密,所以当时人们称它为"财神账"或"看家账"。"总清账"的作用有三个:分类核算的作用;盈亏计算作用;会计报告——红账编制的依据。

总清账所用的印格账簿为"腰格斗方账"式。这种账的账页上横天线,下横地线,中贯双轨红线,而左右两方垂直立有红栏。从外看,其方方正正,所以称为"斗方账"式。斗方之外,上方称为天头,账用于书写日、月,下方叫作地脚,用于添注账目小数。分类标志以红纸黑字标签贴在"斗方"账页的右上角,登记总清账,要求用毛笔工整书写,使用正楷字,数码规定采用会计体。上收下付,以双线为界,不得越轨。总清账中各类账目的布局,采用四柱式,旬结、月结和年结运用四柱法结算。此外,总清账中的分类核算,以经营需要为转移,以管好各类账目为出发点。

"三账"之间的关系,是一种协调控制私家经营活动过程的关系。由草账到流水账是转记关系,由流水账到总清账是分类转记、归类核算关系。以"三账"为主干的账簿组织体系的建立,是在"三账"的分割与再分割中进行的。流水账的分割派生各种"分流"账簿,如银钱流水、销货流水、进货流水等,总清账的分割便产生各种"分清"账簿,如往来总清、进货总清、销货总清等。

2

近代会计发展历史

第一次鸦片战争后，列强的侵略加剧，打破了清政府的美梦，满清开始沦为半殖民地半封建社会，当时的社会精英阶层开始开眼看世界，西学东渐的风气开始形成。当时就"西学为体，中学为用"还是"全盘西化"开始了旷日持久的争论。会计行业也出现了中式会计的改良和借贷复式簿记的引进并存的局面。大型工商企业一般采用借贷复式簿记，中小型工商企业一般采用中式收付簿记。

徐永祚，字玉书，浙江海宁人，早年就读于上海神州大学经济科。1914年毕业即在中国银行天津分行任职。1917年任《银行周报》编辑，1918年，升任该报主编。1919年为上海创办交易所事业而拟定业务规程和会计制度，训练工作人员，后任上海证券物品交易所会计科长。1921年徐永祚辞去一切职务，设立会计师事务所，开始执行会计师业务。其后，曾先后任职于工商部工商法规委员会、审计院设计委员会等组织机构。徐永祚参与起草和修订了诸如《会计师条例》《所得税法》《公司法》《交易所法》《商法》等法规，并发起组织了上海会计师公会，创办了《会计杂志》双月刊，刊行会计丛书，举办会计补校，为发扬会计学术、造就会计人才作出了卓越贡献。在改良中式簿记运动中，徐永祚亲自设计《改良中式商业簿记》的改良中式簿记的具体方案，并印刷发行备有详细使用说明的改良中式簿记所需账簿、单据和表格40余种，供采用改良中式簿记的行业购用。基于此，改良中式簿记的会计方法体系得以建立。改良中式簿记运动在一些企业特别是商业企业取得了成功，改良后形成的改良中式簿记对中小企业尤其是商业企业，产生了重大影响，并被广泛使用。改良中式簿记运动的成功为西式簿记的引入奠定了社会基础，提供了技术条件。

20世纪30年代会计师徐永祚（1891—1959）发起了改良中式簿记运动，拟订《改良中式簿记方案》（1933），但未能广泛推行。与此同时，会计师潘序伦（1893—1985）通过创办立信会计师事务所、立信会计学校和立信图书用品社编著、出版多种会计书籍，使借贷复式簿记在中国广泛传播。

半殖民地半封建经济形式对会计产生了深刻影响，不同的经济成分与其性

图 2.1　徐永祚（1891—1959 年）

图 2.2　潘序伦（1893—1985 年）

质相适应，使用不同的会计方法，故形成"中式簿记"与"西式簿记"并存的局面。

中国的封建地主、民族资本家和小资产阶级经营的工、商、金融企业大多运用"中式簿记"，其特点是：设置流水簿及誊清簿，期末编造四柱式清结账单或上收下付式存该表，一般实行单式记账，采用收付记账法，进行账务处理。

当时，外国势力控制我国的海关、铁路、邮政等部门，外国资本在中国开办的工厂、商行、金融、保险等企业，受外国控制的中国官僚买办资本与部分民族资本经营的工、商、企业均采用"西式簿记"，其特点是：设置日记账、明细分类账及总分类账，期末编制损益计算书和资产负债表，一般实行复式记账，采用借贷记账法进行账务处理。

满清政府于光绪三十四年（1908 年）创办的大清银行应用西式借贷记账法。其标志着借贷记账法从此开始在中国被实际应用。而在中国官僚资本兴办的现代工业、交通、金融企业中，外国会计人员直接应用西式借贷记账法，如开平矿务局、中国通商银行等现代企业均采用借贷记账法。

中国学者蔡锡勇编著的《连环账谱》，是中国出版的第一部研究借贷复式簿记的专著。

该书从账簿设置、记账符号、记账方法、记账时间、报表编制及报表格式诸方面逐一阐明西式复式记账的要点，细述无遗。但由于西式复式记账法与中国传统记账法采用的"收""付"符号不同，以"借""贷"为记账符号，考虑到国内难以立刻理解并接受这种符号，蔡锡勇就根据借贷原理，结合"中式簿记"的具体情况，将"借""贷"改为我国习用的"收""付"符号，而在账务处理时则遵循有"该（收）定有存（付），该（收）存（付）应相符"的原则，《连环帐谱》分两册，计十三卷，全书分为以下几部分：第一部分为平江吴绩凝所作《连环帐谱·序》《连环帐谱凡例》。第二部分为设例一（辖五卷），其中卷一设题六十则，卷二流水簿，卷三汇清簿，卷四总账簿（附总结单），卷五期票表、汇票表。第三部分为设例二（辖四卷，附一卷），其中卷一是流水簿，卷二是银钱簿（钱款杂用簿），卷三是汇清簿，卷四是总账簿（附总结单）。第四部分为设例三（辖三卷，附一卷，三表），其中卷一是流水簿，卷二是银款簿，附上卷、钱款杂用簿，卷三是总账簿（附总结一单）、汇票表，期票表、薪水表。第五部分为花县汤金铸所作的《连环帐谱·跋》和蔡璋所作的《连环帐谱·后述》。

谢霖（1885—1969 年），字霖甫，江苏武进（今江苏常州）人。他首倡了中国会计师制度，是我国第一位注册会计师，创建了我国最早的会计师事务所—正则会计师事务所。1905 年，谢霖东渡日本，于明治大学攻读商科。宣统元年（1909 年），学成归国。1910 年，清朝开经济特科被录为商科举人，分到四川总督衙门任文案委员，后改任劝业道署商业科长，创办商业传习所，并兼任所长。清末，就职大清银行。辛亥革命后，先后为中国银行、交通银行改革传统记账法,建立新式银行会计制度。在山西省修建同蒲铁路时,设计了中式铁路会计制度,打破了以往由哪国修建便采用哪国会计的惯例,挽回了民族尊严。

谢霖在留学东瀛期间,于1907年4月与孟森合著《银行簿记学》一书,在东京刊行。书中所述如西式记账凭证(称为"传票")、会计报表("损益计算书""资产负债表")等的设计与使用说明均为首次传入我国。该著系统地介绍了西式账法在银行业的应用,为中国的银行业采用西式复式账法、为中式簿记的改良,奠定了理论基础。20世纪20—30年代,中国留学生自美国、日本等国陆续学成归国,经过他们的传播和倡导,西式簿记被越来越多的中国企事业单位所运用,并逐渐取代了中式簿记。

中式簿记跟西式簿记广泛传播不同,一是没有专门研究,没有人为中式簿记出书立作,为之宣传。基本上是学徒制,只是口传心授。另外没有形成统一的标准格式,没有形成系统与组织,中式簿记的优势是其理论浅显、方法简便、通俗易懂和节省经费。当西式簿记传入中国后,当时的会计学者称为新式簿记,力主推行;而中式簿则称为旧式簿记,不被推崇。

通过对照,中式簿记的不足之处主要表现为账户无一定分类、账簿无一定组织、账簿无一定格式、账法无一定规律。鉴于此,以徐永祚为代表的会计学者发起改良中式簿记运动。改良中式簿记运动是20世纪20—30年代中国会计学者组织开展的大规模会计改良运动。其旨在通过会计改良改变中式会计的落后状况,通过改良中式簿记运动,最终形成改良中式簿记。改良中式簿记是中国20世纪20—30年代在保留中式簿记固有形式的基础上,适当吸取西式簿记的长处而形成的中式簿记的理论和方法体系。

西式簿记最后能够取代中式簿记其实也是社会经济的变化导致的,鸦片战争后,清政府的日益腐朽以及大量丧权辱国的条约签订,使得当时清代的社会经济从封建自给自足的小农经济向半殖民地半封建社会经济转变,大量的外国资本开始在半殖民地投资建厂,外国资本所使用的西式簿记由此在满清半殖民地启用,而当时的社会精英阶层想到的救国方法就是师夷长技以制夷,走上了留学道路,越来越多地接受西式簿记。之后,中式簿记就有被弃用的意向了。

随着机器大生产时代的到来,除需要进行科学的技术指导、采用先进的机器装备和对生产过程进行严密组织管理外,还要求在经济上系统、全面、科学地反映、监督和控制整个生产过程,但传统的"中式簿记"显然不适应近代生产力的客观需要。客观来说,西式簿记是对应了工业化社会的经济发展要求,而中式簿记对工业化的企业账务处理存在不足。这是西式簿记取代中式簿记的最根本原因。

3

西方会计的发展历史

第一节　古代西方的会计发展历史

古巴比伦的《汉谟拉比法典》中，出现了针对商业交易的核算原则和城邦审计的管理要求。但是早期的会计功能主要还是局限在店铺核算，或者00是存货盘点。即便这种会计思维已经逐渐在当时公共事务中占据一席之地。

古希腊时期，人们认为会计核算和政治责任是紧密相关的，在民众眼里国库是神圣的，一套复杂的记账和审计体系始终位于政体的核心位置。底层市民和奴隶经过培训被雇佣为会计人员，同更高级别的官员和检查人员一起管理和监督政府账户的收支。雅典民主体系下的问责制更让所有公职人员的财产和资金流动都要接受审计。当时的公共审计官被称为"罗基斯塔埃"，他们负责这些人的账目审计。

居住在地中海沿岸的西方人，因与海洋接近，海上运输得天独厚，因而商业发达，同时得失计算使人们对会计知识十分注重。到罗马帝国时期，会计学将近产生。但是，罗马帝国开始瓦解时，会计学已有的成就在5—6世纪被消之殆尽。从6—11世纪，会计学在西方已不复存在。11—14世纪以前，西方会计学倒退到了最原始的境地。会计知识之简单，让人难以置信，其皆用叙事体记录或报告财产状况，根本没有账簿。在这期间虽然英国人也断断续续发表作品，但仅仅用拉丁文或诺尔曼人的法文写作，且用罗马数字记录。

在原有的9个罗马数字Ⅰ、Ⅱ、Ⅲ、Ⅳ、Ⅴ、Ⅵ、Ⅶ、Ⅷ、Ⅸ不存在0。罗马教皇却认为用罗马数字表示任何数字而且十全十美，他们甚至对外界宣布："罗马数字是上帝发明的，从今以后不许人们再随意增加或减少一个数字。"0是被人们禁止使用的。罗马数字是阿拉伯数字产生之前的一种数字。其采用七个罗马字母做数字，即Ⅰ（1）、X（10）、C（100）、M（1 000）、V（5）、L（50）、D（500），罗马数字里没有0。这种记数法有很多不便。如果表示9 786这个数，那么就得写成：

IX DCCLXXX Ⅵ

对比中国的会计发展史,西方的会计发展史有些奇幻。首先,中国的文字变迁是一个缓慢且长期的过程,而且变化过程都是有迹可循,从甲骨文到金文再到篆书、楷书一脉相承。但就算如此,我们也很难辨识三千多年前的所有甲骨文的含义。

反观西方会计史,动辄古巴比伦、古希腊、古罗马,这些国家既然被冠以一个古字,意味着国家已经消亡,也就是说他们的文字体系没有演化至今,停留在了他们被灭亡之前。那么他们的文字是如何被破译的? 另外,他们的历史有一些相互传承的意味,古希腊传承了古巴比伦文化,古罗马传承了古希腊文化,而文字不同,民族不同,其怎么传承的呢?

中国的会计发展史的发展脉络是比较清晰的,从周初的官厅会计到宋朝的官厅会计,是一个逐渐完善的过程,中间关于会计的一系列制度,比如上计制度已经很完备了。另外,记载会计的相关凭据也是多样化的。随后民间会计开始发展,从单式簿记到复式簿记,最后以龙门账为代表,中国会计发展不断完善。

西方一方面在 15 世纪前一直发生战乱,会计的发展不断被搁置;另一方面,西方以游牧民族为主,他们不会记录对农耕和民族生存至关重要的生产规律。关于西方文明的记录很少见,西方的中世纪被称为文化沙漠时期,这样的情形下,会计文化的传承就相对困难。并且他们计数的数字也比较特殊,如罗马数字是数字还是字母呢? 最奇怪的是,15 世纪,意大利突然就出现了复式记账法,并且欧洲好几个国家都开始使用。

第二节　近代西方会计的发展历史

在 14—15 世纪的欧洲,资本主义经济关系开始萌芽,产生了佛罗伦萨式、热那亚式与威尼斯式簿记。1494 年,被誉为"现代会计之父"的巴其阿勒出版了《算术、几何与比例概要》一书，系统地论述了复式记账法，这是会计发展的一个里程碑。对比中国会计发展历史，四柱结算法从东汉开始出现，唐朝开始发展，宋朝继续发展，明清被完善，整整经历了 1 000 多年，才形成一套较为完整的结算体系。而这种复式记账法没有任何铺垫，没有任何传承，在一本描述算术、几何的书籍里，其突然就出现了。关键是这种复式记账法在没有被应用的前提下，开始被广泛传播。德国、荷兰、法国等先后继承与发展了意大利的复式簿记实务与理论。

一、第一次工业革命时期会计的发展

17 世纪的英国资产阶级革命扫清社会生产力的发展障碍，进而带来 18 世纪 70 年代的产业革命，这一重大变化使英国会计的发展进入创新时期。同时，18 世纪在巩固兴旺发达的公共会计师事业及它在审计、复式簿记原理与早期成本会计方面的贡献，使英国很快成为世界会计发展中心，这一历史地位一直保持到 19 世纪。

18 世纪英国爆发的工业革命促进了科学技术的发展。这一时期，英国规模最大的行业是纺织行业。1733 年，飞梭的使用使得纺织业走向机械化，珍妮纺纱机增加了纺轮和动力。1781 年瓦特将连杆运动转变成圆周运动，从而实现了蒸汽机的一系列新用途：搬运煤矿，为酿造厂和榨油厂提供动力，为火车和轮船提供动力等。蒸汽机提供了一种更为廉价且有效的动力，被多个行业广泛使用，掀起了英国的工业革命。这场工业革命的实质是机械能代替了以往的人力、畜力、风力、水力以及其他自然动力能。

工业革命的兴起使得各类工厂建立，催生了新兴的工厂体制，由于逐渐降低了对成立公司的限制，许多大型公司开始形成。工厂体制意味着机器和工人、物质资源和人力资源结合于同一个权利结构下，因而对监督和协调提出了更高要求。然而新兴的工厂体制存在的重大问题是没有一种方法能确保各种资源的合理使用和配置。而对于公司而言，成长的压力来自于规模经济的需求和效率的竞争。因此,企业家的管理就成了继土地、劳动力以及资本之后的又一新的生产要素,早期的一些管理先驱们提出各种解决方案来满足合理的计划、组织和控制工厂的生产活动需要。

产业革命带来的改变使英国在工业会计问题方面走在世界最前列,英国在该时期的成本与管理会计实践涉及多个议题。研究发现,产品成本控制和计算主要分为八类:费用控制,责任管理,产品成本核算,间接费用分配,成本比较,特殊决策成本,预测、预算与标准成本,存货控制。

17 世纪和 18 世纪商人开始设计流程以解释某些争议性项目如折旧、隐含利息、间接费用分配和物品的内部转移价格。

折旧、隐含利息、间接费用等是精确生产成本的基础,而机械化的流水线作业导致的业务内部化意味着:如果需要保持成本以及相关数据的连续性就必须确定物品在各部门的内部转移价格。值得注意的是,企业运用这些包含各种议题的成本数据并非为了向参与经营管理的股东提供有关过去事项的财务会计报告,而是为了成本及质量控制,维持并提升经营能力。

会计信息的处理和使用使得解决实际问题所需要的信息类型和详细程度以及其如何辅助企业进行组织、计划、协调、控制等管理活动得以可能。

18 世纪中叶,英国工业革命正是在纺织业迅速发展、圈地运动和蒸汽机发明的背景下爆发的,它加快了社会前进的步伐,使得生产组织形式发生变化,使机器代替了手工劳动,工厂制取代了原始手工工场,实现了传统农业社会向现代工业社会的转变。在英国两次工业革命中,西方国家纷纷迎来机器大工业时代,一个原始的卖方市场渐渐消失在大工厂日趋激烈的市场竞争中。传统的卖方市场特别在意成本的管理,而一个逐渐形成的以买方为主导的市场中,企业要想坐拥一席之地就无法回避的一个问题:如何获得更多的顾客,实现利润的最大化,降低生产成本、提高生产的效率便是企业出路的一个方向。这个时期,工程师的研究注重把公司经济效果与产品成本联系起来,这暗示了一个即将到来的卖方市场所面临的挑战。事实上,"会计的管理功能最初集中体现在成本管理方面"。当人们的思想、行为摆脱了传统机械的成本计量、记录,而开始着眼于成本控制的时候,管理会计便开始产生。

正是在工厂手工业逐渐被工厂制所取代、机器大工业时代拉开帷幕的时候,传统经验管理预示着一场挑战,同时孕育着管理会计。机器大工业时代让资本主义经济走向繁荣,扩大了企业规模,企业组织形式开始向股份制迈进。然而,资本主义国家在1857年遭遇了第一次资本主义世界经济危机,并被19世纪后期反复出现的经济危机冲击,这使人们对传统上以直觉与经验为基础的经验管理提出了疑问。认识到管理工作的重要性是泰罗最重要的管理思想。

英国在该时期的成本与管理会计辅助企业进行管理活动,通常借助各种标准、前瞻性的预算、绩效观念以及各种成本与收入数据等计划与协调将来的业务、制定各种短期或长期决策以及企业在不同层面上的控制。制定短期与长期决策所需要的信息通常更为复杂,因为工业革命的技术进步使得投资额越来越高,经理人必须清楚地知道每一项决策可能带来的财务后果。与经营相关的常规决策不仅涉及原材料的种类及采购、适合的产出量和存货水平、以何种价格对外出售等问题,而且需要考虑生产结构的整合和生产过程的效率问题。事实上,该时期的管理层已经意识到决策的复杂性。会计记录还不够可靠和全面,所涉及的时间和成本尚未调整为更为确定的预期效益时,实际绩效通常采用成本数据的估计值。

二、第二次工业革命时期的会计发展

19世纪与20世纪之交,在产业革命的深刻影响之下,满足资本主义市场经济发展的需要,以建立成本会计为立足点,以会计在公司经济管理中的地位为基本指导思想,已在实务处理与理论方面朝着会计时代的方向发展,这一转变在进入20世纪后才最终完成。西方会计在近代会计发展史上占据支配地位,与科学技术发展、产业革命在欧洲的发生,以及资本主义市场经济进一步发展是分不开的。至20世纪初,伴随着资本主义市场经济发展中心转移,世界会计中心也从英国转移到美国。产业革命的兴起,股份公司的出现,所有权和经营权的分离,对现代会计的发展产生了重要影响。1930 年,美国第一次讨论会计原则,将会计实践上升到理论,再用来指导实践。为加强内部管理,传统的会计被分为财务会计和管理会计两个分支。

19 世纪中后期,一场以电力的运用和运输业的创新为主要特征的工业革命兴起,而美国站在这场工业革命的前沿,是这场工业革命的中心,这场工业革命使美国在经历了内战之后成为世界上最为重要的工业力量。

1832 年,莫尔斯发现金属线可以远距离传播信号,并在制定了一套由点和划构成的代码,这套代码成了传送信息的标准格式,这就是我们今天所说的电报。电报拉开了美国建设全国通信系统的序幕。到了 1866 年,美国东半部已经架设了 5 万英里的电报线路,电报线路通常沿着铁路线的右侧架设,电报既促进了运输系统的发展,又能够处理商业和个人信息。电报对商业通信的影响尤其显著,它缩短了国与国之间的距离。同样缩短国与国之间距离的还有铁路的发展。1830 年前后,铁路、火车头开始出现,到了 1850 年左右铁路已经为美国人的生活开辟了新的领域。电报带来了通信业革命,铁路带来了交通领域的革命,这些变革消除了地方贸易的限制,为商人开辟了新的土地,扩大了市场,重塑了商品配送战略,并且为商业提供了一种廉价、迅速、全天候的经营方式。通信和交通领域的技术革命彻底改变了美国以往的工业组织形式和管理方式。美国在工业革命之前,工业组织形式和管理方式以联合纺织工厂和斯普林菲尔德兵工厂为其先进性和创新性的代表。伴随着工业革命带来的改变,单一业务的垂直统一组织形式和多部门企业组织相继出现,管理者们纷纷探索适应这些新组织形式的管理方式,从而催生了新的管理会计实践和思想。

以美国为中心的第二次工业革命的爆发为美国的工业企业和生产者们带来了外部环境的巨大改变,从而使得新型生产方式的出现,而新型生产方式必然伴随着新的会计活动。因为大规模的生产要求更大的企业规模和大量的经济活动,这意味着企业需要改变原来的组织结构,管理会计的发展自然要随之适应新的管理要求和组织结构。在财务方面经手的业务促使铁路经理们成为现代会计的先驱,经营活动的急剧增加造成会计实践的改革。这些改善后的组织和会计作业方式通过持续有效的管理使铁路技术得到了充分利用,并促使铁路以更有效率的方式运送更多的货物。与后面将要了解的通用公司和杜邦公司不同的是,铁路企业业务的单一性决定了铁路企业管理会计系统的任务是协调单一业务的内部化而非多种业务。

金属生产工业和金属加工工业是首先完全实行现代工厂管理方式的部门,因为这类行业有着更为强烈的将生产过程内部化于一家工厂的要求,而生产过程的内部化又要求协调并监督原材料的流动、更多地注意工厂和设备的设计以及更为集约的利用能源等,这意味着其需要全力发展一套工厂管理的制度和程序来安排、协调、监督作业流程。卡耐基钢铁公司的会计系统是当时资本密集型大企业使用管理会计达到管理层目标的例证。卡耐基将铁路公司发展的管理方法和成本监督创造性地用于钢铁企业,其成本管理系统致力于持续收集生产活动各过程的直接成本数据,甚至包括对手的直接成本,并据此控制成本、制定价格、衡量绩效、检查运料的质量和配合比,以及作出相关运营和投资决策。但是,卡耐基方法的缺点在于他几乎将所有的精力放在主要成本之上,他们的目的是增加单位资本和单位经营费用的产量,比其他企业获得更高的投资回报。不过在当时美国市场的大环境中,似乎单一的大型企业完全不"需要会计信息来选择和监控长期资产",因此,其对长期资产的折旧、预测和回报率等会计信息没有给予足够的重视。钢铁企业在解决许多管理、财务等问题方面为20世纪以后大型工业企业面临的相关问题提供了经验。

通用汽车开发的控制系统在管理会计的发展进程中扮演了重要角色,是许多今天常见的会计与管理方法的开拓者:1919年引入奖励计划,对有功的经理人予以公司股票奖励,这直接促成了经理人持股计划;1923年引入弹性预算;19世纪20年代,通用公司就引入了以市场为基础的转移价格,并保持各个分部的自主权。在卡普兰和约翰逊的研究中,通用汽车公司作为20世纪20年代控制多部企业组织的典范,其早期设计的组织结构和管理会计程序能够克服大型企业管理无效率和官僚弊病,其运用的内部会计程序能够使高级管理层非常清楚将公司整体利润和增长目标传达给运营管理者,这种内部会计程序还对 1921 年以后企业的卓越表现起到了关键作用,20 世纪 20 年代后全球采用多部门组织结构的大型企业也受益于此。

第三节　管理会计的发展历程

20 世纪初开始,技术革命开始引起宏观和微观环境方面的复杂变化。机械化大生产成为普遍的生产方式,由此带来的成本结构变化问题成为企业要普遍面临的首要问题。生产技术进步促使了企业从工业革命以来的管理会计业结构发生的变化,单一业务企业逐步发展成为多部门综合性企业。以科学管理运动的兴起为起点的管理理论日益革新。这一系列的变化使得管理会计的研究面对着与以往不同的特殊事实,并使得管理会计具备了与以往完全不同的特征。

1911 年,弗雷德里克·温斯洛·泰罗(Frederick Winslow Taylor)出版了《科学管理原理》一书,他表示,磨洋工和各种形式的怠工是雇员和雇主事业不能双赢的表象,而雇员不熟练、低效率所造成的损失才是本质,管理的目的就要培训企业内部雇员,使其以最高效率从事与其能力相适应的工作,实现雇员和雇主的双赢。然后,他对操作方法、作业、工具等进行一系列的科学研究制定了客观条件下最高效的标准,使雇主事业在这些标准之上运行,实现"以最好的方法、最少的时间和最节约的支出达到最佳的工作效率"。由于对科学管理理论研究的贡献,泰罗被誉为"科学管理之父",成为古典管理理论的开拓者。科学管理理论的应用要求完善的成本计算制度,标准成本会计制度适应了这种需求,并在科学管理实践中发挥着现实作用,简单财务成本核算成为管理会计的重要成本核算形式。首先把事前确定成本工作应用于会计行业的是美籍英国会计师卡特·哈里逊(Charter Harrson),他的著作第一次使用"标准成本"这一名词,然后在其1908—1930年的会计著作中多次出现。

1911年,哈里森设计了第一套标准成本制度,为标准成本会计的实施奠定了良好的基础。1919年,由会计师和工程师组成的全国成本会计师协会成立,这极大地推动了标准成本计算的发展。奎因坦斯在1922年出版的《管理会计:财务管理入门》一书中讨论了企业的会计管理工作与财务管理工作的关系,并首次提出"管理会计"这一名词。麦金西1924年出版的《管理会计》一书指出了会计工作应该走出传统的圈子,把一些以科学管理为基础的、面向未来的会计概念及其会计程序纳入以经营管理为目的的会计制度中,同时强调做好服务于经营管理记录的重要性。正是由于标准成本会计给科学管理理论走向实践提供了确认、计量的手段,科学管理理论才能跨向实践并得到进一步发展。随着标准成本、预算控制和差异分析等理论与方法的不断丰富,管理会计有了成长的"土壤",并在科学管理理论和标准成本会计的完美结合中正式形成。M. V. 海斯1929年出版的《供经理控制用的会计》一书提出了构建管理会计的基本思想,指出了提供与决策相关的信息是管理会计的职责,相应地,系统记录是管理会计的核心。正是在如此丰富的管理理论探索和管理实践尝试中,管理会计有了生命并进一步获得成长的养分,构成了古典管理理论应用的基础,并在管理会计的自我完善中引领古典管理理论走向成熟。

总的来说,随着英国工业革命的爆发,各主要资本主义国家相继进入机器大工业时代,工厂制取代了原始的手工工场,原始的卖方市场逐步走向以买方为主导的市场,关注产品成本并合理确定产品价格成为一种现实需要,资本投入的增加和利润的下降使人们陷入对传统经验管理的思考。20世纪20年代初期,泰罗的科学管理理论为企业发展找到了出路。科学管理理论的应用强调对作业层管理活动的确认、计量、记录和报告,在标准成本、预算控制等概念的提出和应用中,科学管理理论应用有了信息支持,标准成本管理得以在实践发挥作用。在20世纪前几十年,管理会计,在于支持大公司的多种经营。

在科学管理理论的推动下,管理会计走上了历史的舞台;在管理会计确认、计量方法的不断完善中,科学管理理论成为企业管理实践的一剂良药,并一步步走向成熟。

一、管理会计的产生与发展阶段

泰罗的科学管理理论蕴涵着现实的效率,给努力寻求高效的企业点亮了前行的曙光,并在管理会计理论与实务的推动中,走向了管理实践。美国经济在第一次世界大战中崛起,在科学管理理论的科学引导下,大规模、低成本和高效率的经营模式表现出欣欣向荣的景象。20 世纪 20 年代末,美国福特汽车受益于科学管理实践,年产量达百万辆。然而,在工业社会高效生产的背后,新的矛盾开始浮出水面,如劳资纠纷问题、人的积极性问题等。以美国心理学家乔治·埃尔顿·梅奥为主要代表的行为科学学派对包括泰罗的科学管理理论在内的古典管理理论进行了深入思考,把心理学、人类学、社会学等理论引入企业管理工作,并把注意力集中于人的因素。梅奥以霍桑工厂管理试验(1927—1936年)的结果为依据,提出了完善企业管理的新思路,突出"经济人"的社会性,创立了人际关系理论,表示影响工作效率的重要因素是人与人之间的关系,企业追求高产率与对人的社会性需求的忽视是相互冲突的。行为管理理论学派的社会人观点以及同期亚伯拉罕·哈洛德·马斯洛对人的需求与动机理论的研究给企业管理以启发——要保持生产效率的高效状态,就需要充分考虑人的社会性,需要重视人的不同层次需求,然后对其进行鼓励。

行为科学管理理论突出了人的社会性因素,并试图将这一管理理论融入企业的管理实践,其首先遇到的问题是对组织中人的需求的考察对人的工作的考核,然后通过有效的奖惩机制满足需求和提高生产效率,这里的具体考核和奖惩制度便对管理会计产生了需求。随着时代的进步、生活水平的提高,人们不再局限于对泰罗科学管理研究中物质利益的无限追逐,而是同时存在高级精神层面上的追求。从最初物质利益是人们努力工作的动力,到如今对精神层面的关注,这种需求的变化为行为科学管理理论应用于企业实践提供了支撑,对寻找激励方式提出了新的要求,管理会计由此面临新的挑战。行为科学管理理论应用于企业实践的一个关键点是对工作业绩的合理考核和对激励成本的合理计量,这从客观上对管理会计提出了要求。小到对组织中个体业绩的考核离不开管理会计提供如生产水平、生产质量、费用开支等信息;大到对组织中基层管理单位、战略经营单位乃至企业整体的业绩考核更离不开管理会计提供各组成部分和整体的生产水平、生产质量、费用开支等信息。

只有对个体、组成部分、整体的业绩进行记录和计量,才能进行有效考核进而采取合理的激励措施,进一步地,若把业绩计量的指标与企业的目标、个人的需求有效融合,在合理的激励成本范围内,最终会形成一个良性循环,进而能够更好地满足各层次需求和企业高效运转双重目标。行为科学管理理论对社会人的关注是管理理论的重大进步,也是企业管理实践中永恒不变的话题。回归到现实,企业发展要解决人员高度流动的问题,这从一个方面说明了行为科学管理理论探讨的重要意义,因为行为科学管理理论对人的重视必然延伸到对"吸引人才,激励人才,进而留住人才"的关注。如何吸引人才、激励人才、留住人才? 有效的业绩评价系统非常必要,设计合理的激励指标成为管理会计服务于企业管理的重要方面,构成了管理会计的重要内容。从早期的观察性绩效评估、英国工业革命以后的统计性绩效评估、伴随所有权与经营权进一步分离的财务过程中,管理会计不断提供个体、组成部分和整体的绩效信息,使行为科学管理理论应用成为可能。在满足人的多层次需求中,管理会计依旧在探索更有效的业绩评价体系和激励措施,以使行为科学管理理论融入企业管理实践的各个方面,并向着一个个新的台阶迈进,实现企业与个人的双赢局面。

方法包括标准成本计算、预算管理、够本点分析、差别成本分析、变动预算、边际分析、责任会计。在这一阶段,关于管理会计的相关理论初步形成,但管理会计还没有单独形成一个学科,而是以成本会计的形式出现,在这一阶段,相关的企业成本管理控制理论已经逐渐运用到企业生产经营中,并产生了显著的效果,为企业的发展起着一定作用。

二、管理会计的执行阶段

第二次世界大战后,全世界忙于战后经济的恢复和重建,新技术大规模用于生产,规模越来越大,经营日趋复杂,企业竞争到了新的高度。当时的美国是世界经济的中心,其管理思想传播到世界各地。1954年,美国著名管理学家彼得·德鲁克在《管理实践》一书中首先提出了目标管理概念。目标管理突出"企业是一个整体,每一个成员都为共同的目标而努力,管理者就是通过员工共同参与目标的制定过程,实现对各成员的评价和奖励,践行人性化的管理"的理念,为企业提高劳动生产率与产品竞争力提供了新的思路,并迅速传播到日本等国家。

20世纪60年代,日本将目标管理理念与其独特经营模式相结合,其中,丰田汽车公司便在研发中逐渐形成了以丰田生产模式为代表的成本企划,即目标成本管理。目标成本管理在实践中不断完善,曾被称为日本锋利的秘密武器,使日本在1973年第一次世界石油危机中幸免于难。因为目标成本管理从市场可接受的价格和不断改进的设计入手对整个目标成本进行前馈控制,在"源流成本管理"和"成本筑入"两种思维中保证了目标利润的可行性。这种思路打破了传统成本管理反馈控制的弊端,采用工程与技术的手段转换了成本管理的思路;从关注既定技术条件下的标准成本发展到联系市场等外围环境下的目标成本;从控制产品生产阶段成本深入到重视产品研发设计阶段的合理预期。

第二次世界大战期间,"运筹学"在国防的特殊需求中应运而生,由此,新的数学分析和计算机技术开始登上历史舞台,如系统分析、统计判断、线性规划、统筹法、模拟法等。这些成果应用于管理工作就产生了"管理科学理论",其主要内容是一系列现代管理方法和技术。在战后经济的发展中,运筹学从军队走向企业管理。目标成本管理正是借助现代科技的力量实现了对目标成本的科学计量,以利用精确的量化信息从成本这一角度支持目标管理理论应用。目标成本日渐成熟的计量标志着目标成本管理理论应用渐趋成熟。那么,在现代高度发达的科技与信息力量支持下,除了目标成本能合理计量并实现自我管理,还有哪些方面能在科学计量中实现自我管理,这是目标管理实践探索的方向,也是管理会计未来有所作为的一片新天地。

三、管理会计的决策性阶段

20 世纪 60 年代,西方国家经济发展进入黄金时代,企业管理环境进一步复杂化,企业成功的关键不仅是高生产效率,而且要正确把握发展方向,进而生产适销对路的产品。管理环境的复杂化推动西方管理理论进入新的发展阶段,形成了以美国管理大师赫伯特·西蒙为主要代表的决策理论学派。该学派以巴纳德的社会系统论观点为基础,吸收了行为科学、系统理论、运筹学和计算机科学等多学科内容,表示组织是作为决策的个人所组成的系统,"令人满意的准则"比传统"最优化准则"更切实可行。决策的过程包括情报收集、计划制定、计划选择和评价,在每一个小步骤中,信息无疑是必要且重要的。由此,决策理论学派突出了信息相关性对决策的重要性,引导管理会计提供对决策有用的信息。在企业经营环境日趋复杂的现实中,只关注生产过程的科学管理在实践中承受现实的压力,管理的"战线"不仅在时间线上要拉长,在空间范围上也要越来越广阔。那对纷繁复杂的信息进行加工和分析,进而获取对决策有用的信息就成为管理会计的使命。随着电子计算机和信息科学技术的进一步发展,管理会计引入的如"线性回归""学习曲线"等数量科学知识有了应用的可能性,这为企业管理会计决策获得有用的信息创造了契机。

管理会计决策是在管理会计执行的基础上作出的,关注重点不再局限于企业的成本控制,而是更侧重于如何运用管理会计的方法提高企业经济效益。此时的管理会计不再仅局限于企业生产、提高生产效率等企业微观管理阶段,而是发展到企业决策等战略阶段,真正为企业的管理决策和战略发展提供有效的帮助。

四、管理会计的综合性阶段

20世纪90年代,世界经济形势发生了巨大变化,1991年苏联解体,地缘政治转向地缘经济,世界由第二次世界大战后的长期冷战逐步转向合作共赢,经济全球化、企业国际化趋势势不可挡。企业外部经营环境具有前所未有的机遇,同时也面临着挑战,如经济过剩、传统产业的生存危机、全球性企业兼并等。在复杂的经营环境中,企业都在寻求长期发展之道,理论与实务界对战略决策、战略管理、竞争优势获取的热议一直没有停止,但又备感无力,因为战略管理理论应用仍然面临困难。庆幸的是,在进行不懈探索后,平衡计分卡的提出让战略管理理论应用看到了曙光。芬妮·卡普兰和戴维·诺顿在"哈佛商业评论"中发表的两篇论文《平衡计分卡——驱动绩效指标》(1992年)和《在实践中运用平衡计分卡》(1993年)提出了一种战略业绩的考核方法——平衡计分卡,是战略管理理论在现实社会的应用。随后,平衡计分卡得到了众多企业的认同,并且惠及越来越多的企业甚至是非营利性组织。平衡计分卡从业绩考核上破解了战略管理实践的难题,为战略管理理论的应用指明了前进方向,实践了战略管理理论。究其原因,平衡计分卡巧妙而成功地实现了对战略管理层业绩的确认和计量。进一步思考,战略管理的方向不仅仅体现在业绩考核上,战略管理实践的推进还需要管理会计确认、计量的发展。

管理会计在这一阶段开始与其他学科相互渗透,形成新的如战略管理会计、环境管理会计等分支。并且管理会计与时俱进,适应时代的特点,与其他知识体系融合,如与信息经济学、行为科学的融合与发展,促使管理会计向更深远的方向发展。

可见会计是经济发展的产物,会计记账方法与经济强国关联很大,随着我国经济日益发展,今后会计的改革会发生在中国。

4

会计工具的发展变化

第一节　算　筹

中国古代科技一直处于世界领先水平,对世界文明的发展和进步作出了突出贡献。有中国古代"四大自然科学"之称的农学、数学、医学、天文学更是取得了举世瞩目的成就。中国古代数学有着自己的发展脉络和发展历程。回顾历史,不难看出,计数和计数工具与方法是中国数学发展的基础和主要支撑。关于计数,《周易·系辞下》中提到"上古结绳而治,后世圣人易之以书契",表明在远古时代就已经有了"结绳"计数。而随着考古的发现,殷墟甲骨文和西周金文中都出现了表示数目用来计数的字符。到春秋战国时期,生产力迅速发展,简单的计数已经无法满足比较复杂的数学问题,与之相适应的计数及计数工具和方法便应运而生。在算盘产生前,中国最早的、具有相对成熟的计算方法和相对完整的计算体系的计算工具就是算筹。

算筹,古代一种用来计算的小棍子,主要由蓍草或竹子制成,后来也用木头、象牙、兽骨、铁及其他金属制造。算筹在古代有多个名称,如策、筭(今通"算")、筹、筹算、筹策以及算子等。虽然算筹产生的具体时间现已无从考证,但春秋战国时期肯定产生了。汉代至唐代,是其发展最繁荣的时期;明代,算筹逐渐淡出历史舞台,清代几乎被算盘完全取代。

算筹是中国独创的计算工具,有着独特的计数方式。在算筹计数中,数有横、纵两种形式的摆法。关于这两种形式的摆法最早记载于《孙子算经》,而最早的图示则出现在《敦煌算书·立成算经》中的九九表里。由图1.3可以看出,横纵式1~5表示的都是横纵排列相应数目的算筹,即表示4需要用4根算筹,横式用横排列,纵式用纵排列。当表示6~9时,需要遵守"以一当五"的原则,用一根算筹代表五,大于五的部分再以相应的数目排列。纵式时表示五的算筹与横式时表示一的算筹摆法一致,横式时则相反。这样的摆法遵循《孙子算经》中的"六不积,五不只"和《夏侯阳算经》中的"满六已上,五在上方,六不积算,五不单张"的原则。即 5 不能用一根算筹表示,6~9 不能用横纵排列的相应数目的算筹表示。同时,算筹有正负数表示。刘徽注的《九章算术》中有"正算赤,负算黑"的说法。

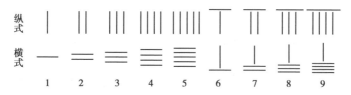

图 4.1　算筹的摆法

　　在表示二位或二位以上的数字时,首先表现是位值制。位值制就是运用少量的符号,通过不同个数的排列,以表示不同的数。也就是说同一符号在不同的位置代表的数字不同。《墨子·经下》中有"一少于二,而多于五,说在建"的说法,译为一少于二而多于五,是计算建位的结果。也就是说"1"在个位时要小于"2",而当"1"在十位时就要大于"5"。这就是算筹计数遵守的位置制原则。

　　算筹计数中,数有横纵两种摆法,如果单用一种摆法表示一个两位及二位以上的数字,会产生混淆和错位。因而,算筹计数的表示方法遵循纵横相间的原则。《孙子算经》中有"凡算之法:先识其位,一纵十横,百立千僵,千十相望,万百相当"。即个位用纵式表示,十位用横式表示,百位再用纵式表示,千位再用横式表示,以此类推,这样从右到左、纵横相间,算筹就可以表示任意大的自然数,而且由于位与位的纵横变换,每一位的摆法如是固定的,就不会出现混淆和错位。算筹计数法体现了十进位值制原则(位值制和十进制的总称)、纵横相间原则等中国古代数学独创的原则,也是中国古代数学达到巅峰的基础。算筹计数这些特殊的表示方式和原则,在应用上更加方便且更易形成一套完备的计算体系。这使得算筹在中国古代相当长的一段时间成为主要运算工具,并且更重要的是算筹这一完备的计算系统,为算盘所吸收和利用,使算盘在这一体系的基础上继续发展。因而,从这一角度说,算盘是算筹演化而来。

　　春秋战国时期是我国社会大变革时期。商业的发展、货币的应用需要计算。同时,按亩收税较原来实行的井田制,更加复杂。还有计算比较复杂的历法的出现。算筹的产生和发展是社会经济发展的产物,是与生产力的发展相适应的。算筹发展趋势的逐渐衰退和在此基础上产生和发展的算盘也与社会经济有着密不可分的关系。算筹的发展轨迹和算盘逐渐发展的情况,表明了计算工具的演变和革新与社会经济的发展有着密切关系。

第二节 算 盘

唐代是我国封建社会发展的繁盛时期,商业空前繁荣,长安城出现了数以千计的店铺和市肆,商品交易频繁。而且长安作为国际大都市,对外贸易往来频繁。金融业也迅速发展。《新唐书》中记载"时商贾至京师,委钱诸道进奏院及诸军,诸使富家,以轻装趋四方,合券乃取之,号飞钱"。飞钱的出现,使得汇兑业务出现并不断发展,赋役制度变革。从初期的租庸调制到后期的两税法(780 年)的转变,实质上是土地税由人丁征税到以财产征税的转变。《资治通鉴》记载唐德宗建中四年(783 年),官吏征收房屋税和买卖交易税时,写道:"所谓税间架者,每屋两架为间,上屋税钱二千,中税千,下税五百,吏执笔握筹,入人室庐计其数。公私给与及卖买,每缗官留五十钱。"筹,所以筹算也,表明在征收税费时官方应用到了算筹,但也应看到,此时征收的税费数目较大,而且计算起来比较复杂。结合商业、金融业、税费等方面的发展,我们能够看到计算越来越频繁,也越来越复杂。此时的算筹已不足以满足计算的需要,计算工具的革新在此时萌芽则成为必然。

到了宋代,"五代十国"的分裂局面结束,经济达到了前所未有的繁荣状态。商业上,其采取恤商政策,出现了大量的集市,形成了大大小小的城镇,城市商业繁荣和商品贸易频繁。同时,航海业和造船业的发展,使得海外贸易发达。在金融上,出现了最早的纸币交子,大大促进了商业的发展。繁荣的商品贸易,使得算筹的缺点越来越突出,而算盘的优越性却逐渐凸显,但由于此时的算盘算法还不成熟,一些算法仍然需要依靠算筹进行计算。因而,在宋代时期,进一步繁荣的社会经济推动了算盘的发展,而算法的不成熟和应用习惯等,使得这一时期算筹和算盘并存。

元明时期,随着城市交通、农产品的商品化和手工业的发展,全国已形成庞大的商业网络。东西南北商业流通畅快,海外贸易往来频繁。郑和七次下西洋,更是推动了海外贸易的发展。商品经济不断向社会各个方面渗透,导致更加复杂的经济问题,方便的计算方式成为迫切的需求。算盘在宋代经过发展,为更多人所接受,元明时期成为算盘的快速发展时期,算筹则逐渐被取代。总而言之,算器的变革是一个长期的过程,唐代、宋代、元代、明代的社会经济发展使得商业贸易日益繁荣,其对算盘的发展起着重要的推动作用,使得不适应社会发展的算筹渐渐衰落,而与商业贸易发展更为适应的算盘逐渐发展起来。

算筹被算盘所取代,其自身的不利因素也不容忽视。

(1)就筹算横纵相间的摆放方式而言,计算所需要的时间较长,影响计算速度,不利于计算。摆放算筹本身就需要一定时间,再加上计算的时间,整个运算过程所需时间会很多。在频繁的商品贸易中,算筹的这一缺点会更明显地表现出来。

(2)从算筹的尺寸规格来说,其不利于计算的进行。

(3)算筹的摆放需要一定空间,不利于随时随地计算。

算筹的缺点被算盘所克服。算盘不需要横纵摆放,更利于随身携带,随时计算,速度更快。在频繁的贸易中,算盘的优势也更明显地被体现。算筹的计算方法在不断改革,虽然这使得算筹进一步发展,但从长远来看,新的算筹算法成为算盘取代算筹的推手。

算法改革的核心是简化算筹的乘除步骤,即将以前的三重步算转化成在同一横列里完成乘除计算。算法的改革大致是在唐代中期,当时出现了"重因法""身外加减法""损乘法"等一系列方法,推动筹算转化成可以在一个横行里进行计算。唐代中后期以后算法改革取得了突破性进展。这样就产生了两方面影响,一方面计算步骤简化,不再需要用算筹摆出全部三个步骤,可以通过单位数计算等简单计算直接得出结果,一架算盘没有办法同时摆出三个步骤,而当其可以在同一个横列里时,算法就恰好适用于算盘。在算盘上算筹的新算法可以被更好地应用,这样算盘自然继承了算筹的算法。另一方面,算法的改革使得人们对运算速度有了更高要求,这一要求是通过算筹是实现不了的。算法的改革使得算筹速度慢、摆放费力耗时等缺点进一步显现,计算工具的改革就成为必然,算盘的出现也符合算法改革的趋势。

计算工具因商业贸易的需要、算盘优势、算法改革等因素的推动,最终使得算盘逐步取代算筹,并在古代数学和社会生活中的重要性日益凸显。

图 4.2　算盘

图 4.2 的最左端绘有一家"赵太丞家"药铺,之所以确定其是药铺,是因为铺子的两侧立有"大理中丸医肠胃冷,治酒所伤真方集香丸"的招牌。药店里放置着一张桌子,桌子上面放着一个算盘。1981 年中国珠算协会偕同北京新闻电影制片厂,对《清明上河图》进行考察,认为图 4.2 放大后是一个五档算盘。

算盘在硬件上的完善,主要是指外观的完善。外部结构的完善指串档算盘的出现、木质横梁成的定制和上二下五珠算盘的出现。一是开始作为计算的珠子是圆珠,它不固定、易散落。之后发展出用串档将算珠固定住的算盘,串档的出现使算珠稳固是算盘硬件上的一大进步之处。二是木质横梁可以定制。

算盘在软件上的完善主要是在口诀和算法上的完善。口诀是指将算盘的加减乘除四则运算编成歌诀,读之朗朗上口,便于记忆,更便于计算。算盘继承了筹算的计算方法,因此,算盘在产生之初就应用筹算的乘法口诀,即"大九九"口诀,而除法口诀的最早记载是在南宋数学家杨辉的《乘除通变本末》(1274年)中,上面还记载了大量像九归歌诀、化零格等口诀算法。

算盘在长期的演化中,逐步渗入语言、文学、艺术、建筑等各个方面,这说明算盘在中国的应用极为普及,而文化中的算盘因素使算盘的历史地位进一步得到稳固。算盘的基本原理是"借物运算",借助那些木质的算盘珠计数以进行运算。算盘是从筹算演化而来的,但比筹算灵活得多,使用起来既方便又快捷。算盘还有两个很重要的特色:它采用了不同于十进位制的五进位制,这要比现在电子计算机中大行其道的二进位制早得多;更重要的是,算盘是天生的"浮点制"——小数点的位置可以任意设定,从而极大地扩展了运算数值的范围,浮点制至今仍被电子计算机所采用。这些都显示出算盘发明者的智慧。

第三节 计算器

虽然算盘一直沿用至今,成为我国的主要运算工具。但算盘本身仍然停留在原有的水平上,一直没有重大改进。西方在计算工具方面原先是很落后的,十八世纪以后他们奋起直追,发明了手动机械计算机,主体是一些互相契合的齿轮,利用不同的传动比进行运算和进位。机械计算机的原理和算盘一样是借物运算,只是将算盘珠换成齿轮而已。和算盘相比,机械计算机在速度和准确性方面并没有很大改进,而且结构复杂,比算盘贵多了,应用水平远远不及算盘。

和算盘不同的是,机械计算机不断在改进,由手动发展到自动,功能也不断增加,更重要的是它承前启后,为后来的电子计算机奠定了基础。英国的数学家巴贝奇设计了一个名为分析机的机械计算机,其中包含了存储器、中央处理器、输入器及输出器等部件,它不仅能进行加、减、乘、除运算,而且可以根据指令执行更复杂的运算。分析机除了未利用那时尚不存在的电子元件外,已大体具备了电子计算机的雏形。

运算工具真正的突破是电子计算机的发明,其是借物运算基本思想的一次飞跃。人们终于认识到:对计算而言借什么物都行,关键在于提升计算速度。既然借什么物都行,那就有了选择;既然关键在于提升计算速度,那就选择最轻巧的——电子。在真空电子管发明以后,制造电子计算机的物质基础已经具备,第一架电子计算机于1946年在美国费城宾夕法尼亚大学建成,名叫埃尼阿克,利用真空电子管作为电路元件,每秒才能运算几百次,体积却占一间大房间,而且耗电量非常大。埃尼阿克主要用于求解有关弹道的数学方程,现在的电子计算机与埃尼阿克相比,在计算速度、存贮容量方面已提高了几百万倍,体积则减小到能随身携带,用小型电池供电。电子计算机的突飞猛进,与硬件方面半导体和集成电路的发明功不可没。电子计算机在数值计算方面的功能与算盘并没有多大区别,只是速度特别快而已。但是电子计算机除了计算功能外,还具有逻辑功能,这一点是算盘所没有的。逻辑功能的实现是借助电子计算机的"门电路",它实际上具有两个输入和一个输出开关,利用各种门电路的组合就能执行许多逻辑功能,这极大地扩展了电子计算机的应用范围。

第四节　财务软件

1960年前后由美国生产与库存控制协会的物资需求计划(Material Requirement Planning,以下简称MRP)委员会主席约瑟夫、奥列基等人第一次运用MRP原理,开发了一套以库存控制为核心的微机软件系统。MRP软件的面世,标志着现代企业管理软件的发展开始起步。

MRP 是一种"既要降低库存,又要不出现物料短缺"的计划方法。其最主要的特点是在传统方法上引入物料清单(Bill of Materials,BOM),以完工日期为时间基准倒排计划,按提前期长短确定各物料采购或加工的先后顺序,较好地解决了库存管理和生产控制的难题,使企业能够按时按量地得到所需要的物料。MRP 主要是控制企业的库存和调整生产计划问题,保证既不出现物料短缺,又不物料积压,解决了制造业所关心的缺件与超储的矛盾。应用 MRP,没有财务部门参与,因为此时的 MRP 软件并不涉及财务管理部分。

1954 年,美国通用电气公司在工资结算时尝试使用财务软件并获得成功。在基本 MRP 阶段中,计算机财务软件只为一些职能部门中的少数管理人员服务,主要是用计算机来代替人的手工工作,而且多半是用于处理那些数据量大、计算简单而重复次数多的核算业务,如用于会计中的工资计算或材料收发核算等简单的账务处理。用计算机处理财务的主要原因是其快速、准确,从而将会计人员从复杂繁重的手工劳动中解脱出来。

在数据处理方式上,其大多采用批处理,即由人工收集原始数据,集中一批数据后,按一定要求把它们输入计算机进行集中处理。MRP 下的各子系统与财务系统是离散的,不能交互,所以数据不能共享,此时的财务管理信息系统几乎独立为一个信息孤岛。相关的数据、信息在生产与财务部门的计算机上重复录入与存储,使得企业任何一个信息系统都无法提供某一决策所需要的完整信息资料。这就降低了最终所需数据的可靠性,导致工作效率的低下,甚至决策的失误。

20 世纪 70 年代出现了闭环式 MRP 系统。闭环式 MRP 系统的基本思路是:一是把生产能力需求计划纳入 MRP,形成一个封闭的系统,即系统必须根据生产能力的限制对能力需求计划、物料需求乃至主计划进行调整;二是在执行过程中,必须反馈信息,并利用反馈信息进行平衡调整。换句话说,就是把需要与可能结合起来,通过能力与负荷的反复平衡,建立一个完整的生产计划和控制系统。闭环 MRP 系统的主要职能是物料和制造。应用闭环 MRP 系统,财务部门仍然没有参与,因为此时的 MRP 系统也不涉及财务管理部分的内容。

在这一阶段,原来需要人工统计的全部会计数据都用计算机代替,计算机应用的重点是对各类会计数据进行综合加工,加强数据的反馈作用。原本在 20 世纪 60 年代基本 MRP 阶段使用计算机分别处理的各项管理业务,在这里逐步形成一个统一的综合处理系统,从而为会计工作重点从对外反映情况向对内加强管理创造了条件。在数据处理方式上,除了批处理外,也开始采用实时处理,信息的重复率也大大降低。此时的财务管理系统仍然是完全独立于闭环 MRP 系统,不能交互,不能共享数据。

20 世纪 80 年代,人们把生产、财务、销售、采购等各子系统集成一个一体化系统,并称为制造资源计划(Manufacturing Resource Planning),为了与物资需求计划相区别,其简称为 MRP Ⅱ。MRP Ⅱ 的基本原理就是把企业作为一个有机整体,以生产计划为主线,从整体最优的角度出发,通过运用科学方法对企业各种制造资源和产、供、销、对各个环节进行统一有效的计划、组织和控制,使物流、信息流、资金流流动畅通的动态反馈系统,成为以生产制造为主线,集物流、信息流、资金流为一体的全面制造资源计划。至此,财务管理系统才真正被纳入企业管理信息系统,成为 MRP Ⅱ 中的重要子系统。

MRP Ⅱ 管理模式下,可以由生产活动直接产生与财务活动有关的数据,把实物形态的物料流动直接转换为价值形态的资金流动,从而保证了生产与财务数据的实时性和一致性,使财务部门得到及时、准确的资金信息用于控制成本,参与决策,指导和控制生产经营活动。MRP Ⅱ 系统的财务管理多用借贷记账法。此时,资金流反映在会计科目间的金额增减中。其中,资金占用和费用成本表示"借(应付)",资金来源和收入表示"贷(应收)"。借贷记账的规则是,有借必有贷,借贷必相等。MRP Ⅱ 的主要职能是财务、物料和制造。在这个阶段,决策支持系统开始引入人工智能技术,是一个比较完整的生产经营管理计划体系,能为企业生产经营提供一个完整而详尽的计划,可使企业内各部门的活动协调一致,形成一个整体,是提高制造业企业整体效率和效益的有效管理模式。

但是 MRP II 中的财务系统主要用于事后收集和反映财务数据,在管理控制和决策支持方面的功能相对较弱。

20 世纪 90 年代中后期开始,为了确立竞争优势,各国企业更加关注进入市场的时间、产品的质量、服务的水平和运营成本的降低,并且为适应市场全球化,组织结构和投资结构也趋向于分布式和扁平化。ERP 就是在这种时代背景下面世的。在 ERP 系统设计中应考虑到,仅靠企业的资源不可能有效地参与市场竞争,还必须把经营过程中的有关各方,如供应商、制造工厂、分销网络、客户等纳入一个紧密的供应链中,才能有效安排企业的产、供、销活动,满足企业利用一切市场资源快速高效地进行生产经营的需求,并准确及时地反映各方的动态信息,监控经营成本和资金流向,进一步提高企业对市场反应的灵活性和财务效率,并在市场上获得竞争优势。ERP 系统在 MRP II 的基础上扩大了管理范围,给出了新的结构,把客户需求和企业内部的制造活动以及供应商的制造资源整合在一起,体现了完全按用户需求进行制造的思想。ERP 的基本思想是将企业的运营流程看作一个紧密连接的供应链,其中包括供应商、制造工厂、分销网络和客户等。ERP 是一种面向企业供应链的整体资源的管理和利用,可对供应链上的所有环节进行有效管理。

ERP 的主要职能涉及财务、分销、制造、人力资源和决策支持等,协作范围又进一步扩大。ERP 是 MRP II 经过扩充与进一步完善发展形成的。MRP II 的核心是物流,主线是计划。伴随着物流的过程,同时存在资金流和信息流。ERP 的主线也是计划,但 ERP 已将管理的重心转移到财务上,在企业整个运营过程中贯穿了财务成本控制的概念。从 MRP 下封闭、单一的核算型财务管理信息系统发展到基于 ERP 的集成、准确、实时、决策型财务管理信息系统,对 ERP 及财务管理信息系统的发展都具有重大的意义。

ERP 打破了 MRP II 只局限在传统制造业的格局,把它的触角伸向各行各业,从而使 ERP 的应用范围大大扩展。ERP 通过不断吸收先进的管理技术和 IT 技术,使其动态性、集成性得到更大的发展。ERP 面向供应链和业务流程,把客户需求、企业内部的制造活动以及供应商的制造资源整合在一起,有效地安排企业的产、供、销活动,满足企业利用全球市场资源快速、高效地组织生产,进一步提高效率和在市场上获得竞争优势的需求。ERP 在对整个供应链的管理过程中更加强调对资金流和信息流的控制,同时通过企业员工的工作和业务流促进资金、材料的流动和价值的增值。

1992 年以前,我国的财务管理还是以简单的手工核算为主,工作繁琐,劳动量大。国内的财务软件大体上经历了 5 个时代的变迁:

第一代财务软件是单项处理型财务软件。这种财务软件基本上运行在 DOS 操作平台上,主要以简单的核算为目的,提升记账和报表处理的效率。代替手工记账,核算降低了会计人员的劳动强度,减少了工作量,提高会计信息的质量,降低差错率,满足了会计日常工作的凭证录入、记账和相关的财务报表填报工作。

第二代的财务软件是核算型财务软件,基于 LAN 局域网的第二代财务软件,这个时期会计电算化已经在国内普及并迅速发展。财务软件从简单的核算发展为以管理为目的,通过核算实现财务管理。它是核算型软件向管理软件发展的过渡时期。软件功能包括财务处理、报表处理、工资核算、固定资产管理、材料核算、成本核算、销售核算、存货核算等。提高了企业管理水平与经济效益。

第三代财务软件是管理型财务软件也称决策型软件,是在第二代软件的基础上增加科目、项目预算管理和财务分析模块。随着 Windows 操作系统的不断成熟,出现了基于 Windows 平台以"财务管理"为核心,融合了财务预算、财务分析、财务决策、领导查询等决策分析,该阶段的财务软件采用 C/S(客户机/服务器)计算模式,开始涉及企业的管理内容。财务软件已基本成型。财务软件的功能模块包括总账、报表、工资、固定资产、应收账款、应付账款、成本核算、存货核算、现金流量表、预算控制与财务分析、资金管理、采购计划、采购管理、库存管理、销售管理。财务软件从部门级应用向企业级应用发展,由于财务业务一体化管理软件的更新,财务软件在企业管理上发挥了事中预警、控制、事前预测的作用,如用友、金蝶、智点财务软件。

第四代财务软件是业务整合型财务软件,随着互联网的日益普及与电子商务的发展,企业对财务管理系统提出了更高要求,基于互联网的浏览器/服务器计算模式,采用网站技术、多媒体技术和互联网的管理软件,符合企业经营方式向电子商务发展的战略,这是财务管理软件技术发展的主流趋势,它实现了财务管理和业务流的整合。这个时期的财务软件成功融入业务流,实现业务管理、财务管理以及涉及财务外延性的人力资源管理、客户关系管理、OA 门户等财务业务协同化管理。

第五代财务软件是税协同型财务管理软件,在第四代财务软件的基础上,为财务软件增加了税务管理的功能模块。它强调企业财务、业务、税务的整合,从而达到企业高效管理、提升竞争力的效果。

以金蝶软件集团(以下简称金蝶为例,金蝶创建于始 1994 年,金蝶飞遍大江南北,凭借创业的激情与过人的胆识打出"金蝶软件,打天下算盘"口号。同年金蝶推出 V3.0 版财务软件,向业界展示了实力。

1996 年,金蝶成功发布基于 Windows 平台的财务软件——金蝶财务软件 V2.51 For Windows,同年被中国软件评测中心确认为中国权力良好级 Windows 版财务软件。1997 年,金蝶在业内首创 32 位决策支持型财务软件,开辟了中国财务软件决策支持新纪元。

2003 年,金蝶开启"产品先进,伙伴至上"的中国管理软件行业全新运营模式。同年,金蝶在北京发布国内首创的、以 BPM 为核心的战略企业管理解决方案——金蝶 K/3V10.0,帮助中国成长性企业从基础管理成功迈向战略管理。

2004 年,金蝶发布针对金蝶 K/3 产品的新一代技术平台——金蝶 K/3 BOS,获"中国软件市场产品质量用户满意品牌"称号。

2006 年,金蝶联合伙伴发布"让 ERP 个性化"计划,涵盖 ERP 产业链各个环节,打造行业具有个性的 ERP 产品。

2007 年,金蝶旗下的在线记账及商务管理平台"友商网"正式上线,多方面进军电子商务服务市场。

2012 年,金蝶积极推进云管理,充分发挥社交网络、移动互联网、云计算等新兴科技力量,推动管理创新。

2014 年 5 月,董事局主席徐少春化身为热血"五四"青年,砸 PC 明志,率金蝶掀起新工作方式革命,同月金蝶发布云之家移动工作平台,倡导新的工作方式。2014 年 8 月,董事局主席徐少春砸掉服务器,转变传统 ERP 模式。

财务软件的普遍化见证了中国信息化发展历程。每一次的软件变革都促进了企业经营模式的改变。

5

现代会计的发展趋势

第一节 会计电算化时代

计算机技术代替纸、笔墨和算盘,提高了财会部门核算效率,会计由手工会计发展为电算化会计前,会计总体处于传统的手工会计阶段。当时的技术基础是纸张、笔墨和一些简单的计算工具,整个会计信息的收集、处理与交换都必须以有形的实物为载体。在处理财务的过程中,原始凭证的确认、分类和审核,记账凭证编制,登记会计账簿,记总账、对账和结账,编制报表均需大量的人力和物力,重复的核对和审核工作亦需耗费大量时间,而且避免不了差错,导致整体工作效率低下。其间,会计信息滞后,并且很难满足信息使用者的需求。

随着投资者对数据和信息获取的速度及质量要求越来越高。传统手工会计的记账、核算方式及传递会计信息的速度远远达不到要求。手工会计工作开始向会计电算化转型,以实现知识经济背景下企业及投资者对会计信息的需求。而计算机技术的迅速发展为当时的会计电算化提供了可能。会计电算化是计算机技术在会计领域的最早应用。会计电算化以电子计算机为载体,把当代电子技术和信息技术与会计实务相结合,实现会计工作的计算机化。计算机技术的应用推动了手工会计向计算机会计发展。

计算机、键盘和电子屏幕代替了之前的纸张、笔墨和算盘,改进了会计核算的硬件设备,无纸化办公不仅降低了会计工作的成本,减少资源的浪费,而且大大提高了工作效率。其代替了手工记账、算账、报账,运用会计软件手工录入凭证,计算机收到数据后自动处理生成会计报表,最大限度将会计核算形式单一化,提高会计信息精度。运用计算机程序算法可以完成传统手工会计的重复核对、纠错和审核工作,计算机支持多项工作同时进行,不仅提升会计信息处理的自动化,而且提高了会计信息处理的效率。会计电算化时代是以知识经济为背景,计算机技术为支撑,使核算数据的自动化处理变为可能,是现代会计发展过程中技术进步引起的一次重大变革,此次变革主要发生在核算会计部门,通过提高会计核算效率、降低部门核算成本、提升信息的准确性以及提高企业的管理效率,促进会计由手工会计发展为电算化会计。

第二节　会计信息化时代

互联网技术及 ERP 软件组成的企业级电子信息系统取代了传统信息系统,提高企业整体效率,会计由电算化会计发展为信息化会计。企业由原来单一的生产经营角色逐步融合金融衍生工具而变得多元化,财务资金管理在企业中也越来越重要。然而会计电算化主要是高度仿真手工会计信息系统,自成体系,其所提供的会计信息"自立门户",不能与整个企业的信息有效融合。连通整个企业信息系统已成为企业的迫切需求。

随着互联网及电子商务技术的不断进步,财务软件由单一会计专用领域、手工记账向商品化应用软件方向发展,企业管理软件中影响较大的 ERP 软件涵盖了财务、采购、销售、生产、库存等一系列日常处理板块,并且具备财务预测及辅助决策等功能。互联网技术与会计的结合促使会计由会计电算化向会计信息化发展。

互联网及 ERP 的出现进一步改进了会计核算的硬件和软件设施,企业级信息系统取代传统信息系统,提升了企业所有环节整体的效率水平,降低企业级核算成本。业务与财务初步融合,不再是"会计电算化"时代的先手工采集各类业务信息再整合信息,而是与业务并驾齐驱,系统在业务发生时便可实时获取数据信息并对此进行记录,使得会计信息系统与其他业务系统无缝对接,从而初步实现"业财一体化",使财务数据和业务数据相融合,提高了信息的及时性和准确性。在企业信息化的 ERP 时代,企业管理软件将企业各业务层面的信息进行整合,通过资源整合与分析为企业提供预测决策支持,提升了企业核心竞争力。

会计信息化时代是以信息经济为背景,互联网技术与 ERP 软件为支撑形成的企业级电子信息系统打破了会计信息系统的"孤岛现象",连通企业各环节信息并自动对信息进行采集整合,由此使得信息集成共享,提升了企业所有环节整体的效率水平,使企业核算成本下降。通过对各资源信息进行整合,提高信息的使用价值,会计由电算化会计逐步向信息化会计演进。这一阶段会计仍以财务会计为主要工作内容,会计功能主要表现为价值记录,而会计自身参与企业创造价值的主动性并不明显。

第三节　会计智能化时代

　　21 世纪以来,数字经济时代对信息的要求越来越高,而会计作为提供财会信息不可或缺的一个组成部分,随着新时代经济发展快速转型,会计由之前的电算化会计逐渐向信息化及智能化转型,由核算、报表等事务性工作转向全面的财务分析和决策支持,也从低效率、低价值性活动转向高效率、高附加值活动。"大智移云"等新技术的出现颠覆了传统企业级电子信息系统,提高了行业和产业及整个社会的效率。和传统会计相比,核算会计被大范围压缩,管理会计以财务共享提供的数据与业务深度融合,行业、产业乃至社会整体核算成本快速下降,并且财务共享思想广泛传播,促使以核算为中心的传统财务会计向主动创造价值的管理型会计领域快速转型。

　　"大智移云"等新技术颠覆企业级电子信息系统,提高行业、产业及整个社会的效率,会计由信息化会计发展为智能化会计。随着"大智移云"等新技术的不断进步,我国信息化进程由企业级信息化不断向行业、产业及社会整体的信息智能化迈进。2018 年习近平总书记在给首届数字中国建设峰会的贺信中指出:"当今世界,信息技术创新日新月异,数字化、网络化、智能化深入发展,在推动经济社会发展、促进国家治理体系和治理能力现代化、满足人们日益增长的美好生活需要方面发挥着越来越重要的作用。"近年来,云计算技术迅速发展,为大数据的有效处理提供了计算技术保障。"大智移云物"等一系列新技术的产生和发展,正在为整个会计行业掀起一股变革的浪潮,在这一背景下出现了财务共享服务、业财融合、可扩展商业报告语言、会计大数据、云会计、"互联网+代理记账"等一系列变革发展方向。

"大智移云"等新技术与会计的结合,颠覆了企业级电子信息系统,促使会计信息化向会计智能化发展,实现的路径包括以下三个方面:

一、财务共享中心

在"大智移云"等新技术支持下,财务共享中心的建立加快了会计发展的进程。会计核算模式已由会计集中核算模式发展成为财务共享服务模式。财务共享服务模式是信息网络技术推动的经营管理模式的变革与创新。通过"分散到整合",将企业分散的重复性业务及流程集中于专业的共享服务中心整合处理,为企业分担财务板块业务,能有效降低成本和提高效率。集团企业建立财务共享中心可以发挥规模优势,使核算供给大于核算需求,大幅度降低运作成本,提高运作效率,保证服务质量,进一步提高会计信息质量,使财务信息实现更大程度的共享;中小企业可把财务核算工作外包予财务共享中心完成,并以信息共享模式进行监督,大大节约核算成本。财务共享中心核算模式可以使企业集中更多精力以及资源投身于核心业务,以便增加企业自身的不可替代性,提高竞争优势,进一步实现既提高自身业务又增加客户满意度。将会计核算、报表编制作为一种共享服务模式来推广应用,可扩展到费用报销、应收应付、固定资产、报表编制等其他会计工作领域,加速了会计的转型发展。

二、云计算会计

财务共享中心阶段的会计并未真正实现数据的实时记录、处理及共享。企业需设置专门的财务人员与财务共享中心人员对接,并未降低人工成本,由于空间的限制还可能导致财务板块效率低下。现代"财务云"技术针对这一缺点进行改进,打破空间限制的会计工作,通过"云计算"来完成并发展为云会计,改变了会计数据处理的技术基础。这一阶段,新技术促进会计发展的途径主要表现在三个方面:

(1)核算成本方面,云计算会计真正实现数据及信息的实时记录、处理和共享,使得行业、产业及社会整体核算成本快速下降。

(2)信息处理及信息质量方面,会计以数据及云计算为载体,让传统的静态化系统产生的会计数据在"大智移云物"新技术环境下实现数据实时共享,促使会计信息的高速传递,也提高了信息质量。

(3)价值创造方面,云计算下信息的共享不仅为企业的发展提供更有效、更有价值的会计信息,而且使多余的或更主要的核算能力转向价值创造的管理型会计领域,为会计的发展提供机遇。

三、业财融合

以往财务人员更多的是对公司业务进行事后核算和监督,如今在新技术和财务共享中心平台的支持下,财务管理工作往前端转移,实现业务与财务同步共享,从事后监督转变为事前事中管控。用信息手段将业务信息及时转变为财务信息,以加强财务对业务及时进行反映及监控、数据共享和提升经营管理效率,把业务和财务融合推向全新阶段。业务和财务融合的起点为业务流程,在新技术环境的支持下,按业务处理规则存储于共享数据库,以此减少录入数据的重复性,信息收集和整合效率大大提升。信息使用者在了解财务信息的同时,可以了解业务与管理信息,各数据使用者依照自身工作范围调取权限内业务信息,业务和财务经各职能部门分工处理后汇总成信息报告,实现财务处理与业务处理的有机融合。

业务和财务融合的结果是把财务工作的重心向管理方向转移,用管理的思维方式开展财务工作。通过业务和财务融合,企业在流程设计上将逐步向经营活动事项驱动下的业财一体化方向发展,原本孤立、分散、滞后的管理将转变为全面、动态、实时的管理,从而进一步提升财务对企业业务活动的反映、管控和服务功能。可见,会计智能化时代是在数字经济的前提下,随着"大智移云"等新技术的不断进步,通过促进企业级电子信息系统向行业、产业及社会整体的信息智慧系统迈进,使行业、产业及社会整体核算成本快速下降,核算效率提升。同时,基于技术与共享平台的支持,把业财融合推向新阶段,提高了会计信息的确定性和个性化,向信息的对称性迈出了重要的一步。

新技术的发展对会计的影响主要体现在一系列重复性、标准化、程式化的工作,而对于更深层面的决策管理工作,新技术是无法完全取代会计的,会计本身将进入转型时代——从被动创造价值向主动价值创造会计转型。

基本趋势:由传统核算型会计向价值创造型会计转型。现阶段创造价值的资产普遍具有专用性,资产的稳定性都比较强,但是资产本身所发挥的效用较弱,并且资产越专用,产生的价值就越低。对会计而言,其所提供的产品也具有专用性,期望专用和集中能够有效提升效率和降低成本,同时有利于管控,于是建立了会计集中核算中心和资金集中管理财务公司。但事实是,会计集中核算仅是简单的物理集中,这种集中会导致会计责任的主体界定不够明确、会计信息的真实性难以确定,最重要的问题是会计集中核算再次导致了制造了财务会计与管理会计的分离,更造成了进一步的业财分离,最终导致核算效率更为低下。财务公司也同样面临着支付业务繁多导致大量员工从事简单重复性的低附加值劳动、系统建设复杂所存在的信息安全隐患、财权过分集中使得企业风险增大等突出问题。

随着数字经济生态模式的演进,大数据技术与人工智能技术不断应用,共享经济掀起了我国新的商业模式变革。共享经济通过互联网第三方平台分享了闲置实物资源,并获得低成本的盈余收入,此时,资源的支配权与使用权分离。数字经济时代更加强调共享的理念,因为共享可以降低资源的专用性,是基于数字科技的共享,这种共享使得服务质量和效率的提升成为可能。在"大智移云物"技术环境下,不仅重建"财务业务一体化",使得会计核算效率进一步提高,而且推动了业财流程及业财人员的相互融合,进一步发展成"业财融合"。业财融合基于业务的视角运用财务管理理念和工具服务于业务活动,并最终形成管理活力,提升企业价值创造能力,而对于财会本身来说,新技术的应用为财会领域扩宽视角,由原有的被动创造价值向未来主动价值创造转型。

第四节 现代化技术对会计的影响

一、会计业务的改变

企业组织形态变革和业务流程再造促使会计业务发生巨大变化。在数字经济时代,平台模式将替代过去的组织架构。平台模式运作促使企业集中有限精力以及资源投身于顾客,把顾客的需求提升到第一位,不仅降低企业自身风险,而且有效激发了员工的自主能动性,从而为企业创造价值。平台化组织模式代替原有传统组织架构,打破原有纵向价值链线性关系,灵活和高效的特征更适用于数字经济时代。

过去的组织架构主要沿用了金字塔形的直线职能制,虽然在集中统一的行政负责人领导下实现了各个专业机构能动性作用的发挥,但也正如前面所提及的,其最大的缺点是条块分割、各自为战,职能部门之间的协作和配合性差。而通过内部控制的流程再造实现流程岗位化,岗位职责化,创造矩阵型组织架构。这种组织架构流程清晰,岗位职责明确,规范化程度更强,对流程信息化的需求更为迫切。但其对各个职能部门及岗位协同能力的要求比以往更高,一旦运作不好,会导致效率更为低下。去中心化、去层级化、关注客户需求、发展共享为特征的扁平化组织架构逐步登上历史舞台。它使得中层管理人员被精简,非核心职能被外包,弱化了上下级之间的关系,企业和个人自由空间相对增加,从而增强了企业内部沟通,巩固协作关系。但这种组织架构如何实现,直到数字化时代才找到了答案,并变得可能。

数字化时代要求传统的组织必须忽略传统企业边界的概念,打开自身的边界,推掉组织里的墙,变成开放的平台系统。平台型组织存在的目的不是竞争而是合作与跨界重整,这是企业在新的数字经济环境下与管理创新理念的驱动下探索的一种新型组织形式。"大平台、小前端"成为这一组织形式扁平化管理的典型特征。

平台的变化会引起企业业务及会计业务的变化,在业务方面,就是实现业财融合,业财融合的核心在于业务与财务在流程、系统、数据三方面的深度融合。在业务流程方面,业务流程的设计应当充分考虑对财务核算的前置,财务应当更加主动地从财务结果向业务最前端推动,实现从业务到财务端到端的流程贯通与线上化;系统层面上,应当充分考虑会计引擎与业务系统的深度融合;数据层面上,应当在业务端加强数据治理和标准化,进而在财务结果中充分进行核算颗粒化和明细化,最大限度地还原、记录业务实质。此外,业财融合要求财务必须摒弃过去控制和监督的理念,转向未来的服务。只有服务才容易被业务所接受,业财融合才能具备前提条件。脱离了业务的财务是不可能实现会计数据完整性和真实性的,因为事后的会计核算不可能知道数据从哪里来,是真还是假。财务不仅没有达到有效监督的目标,反而逐步背离业务的目标,侧重于合法合规性,成为阻碍业务发展的重要因素之一。

数字化的时代也强调服务。不能再沿用过去监督的理念来面对业务,否则业务无法接受财务,更无法实现业财融合。而服务将有利于改变这种局面,业务与财务的关系变得缓和,因为不会有人拒绝服务,反而会更加配合业务的工作。服务中监督,服务中管理,这样就可以为业务更好地服务。平台企业降低了原来高昂的成本,促进业财融合的实现,并且未来会计业务会加快从监管的后馈控制转向服务的前馈控制和事中控制的进程,更加主动地为企业实现价值创造。

二、会计人员能力转型

会计人员的传统核算能力向数字分析综合型能力转型。由于新技术的突飞猛进,会计要被淘汰,会计要消失了这一悲观主义观点甚嚣尘上。但是会计最初就是一种"管理活动",正是因为这些新技术的出现,传统会计中那些标准化和规范化的部分被计算机替代,出现了"财务机器人"等一系列能代替现有会计人员从事会计处理工作的现象,虽然核算板块的会计工作被压缩,但与此同时,也减轻了会计人员重复性、机械化、程序化的工作,从而使他们回归到"管理活动"层面,集中更多的精力投身于为企业主动创造价值的活动中。这一新技术背景下,财会部门在企业中的存在感有所提高,为财会部门带来了契机,使其有机会"迈向价值链上游"。会计人员要把握好这个趋势并顺应时代的潮流实现转型。

在"大智移云物"新技术高速发展的背景下,各行各业掀起了转型的热潮,运用新技术呈现出新业态、新模式,这也对会计人员提出了新要求。如企业运用智能制造模式,其中包括多方合作者,从采购、研发到制造销售,如何选取最优的合作商,这就要求会计人员具备数据分析能力,为企业挑选成本低、品质高、利润大的最优方案。除了要求会计人员具备数据分析能力,还要求其具备主动为企业创造价值的能力,若会计人员缺乏或不重视价值创造意识,为企业提供的信息出现偏差,则会影响企业决策的准确性,甚至造成企业破产。在互联网背景下,轻资产运营的企业需要充分利用线上资源和供应链,整合资源的同时进行服务联盟,为企业实现利润最大化服务,这就要求会计人员拥有整体大局意识,不单单专注于单个企业,更要专注整个供应链的数据资源,为企业提供数据分析的基础,参与企业价值创造。

在这一趋势下,免费与付费模式兼容的企业,通过提供免费服务引导客户消费,从而实现超额利润,也利用拼团的方式从现有客户中寻找潜在客户,从而为企业创造价值,这就要求会计人员具备准确分析评估用户及权衡利润与成本之间关系的能力。业财一体化、业财融合也要求会计人员配合各个部门实现大数据的挖掘，从中提取有价值的信息，再与业务整合，从而为企业提供经济决策，优化企业资源配置。除此之外，要求会计人员具备主动为企业创造价值的能力，还表现在为公司战略制定、预测分析、风险规避及风险控制提供数据基础，以满足不同层级管理决策需求。

三、会计理论扩展

智能财务使会计理论基础由经济学、管理学扩展到心理学、人工智能相关理论。传统的财务会计理论排他性地以经济学作为理论基础，尤其是现代财务会计理论基本上是建立在委托代理理论和信息不对称理论基础上的。会计理论研究主要将以新古典经济学为核心的主流经济理论作为基础，而忽视了对行为理论和心理学理论成果的应用。目前大多数研究都是从应用的角度把智能财务作为自动化的延续、商业智能的一部分或是人工智能在会计领域的应用。传统的会计相关理论源于理想的市场，对于现实市场中的特殊情形，则难以提供令人信服的解决方案。

管理会计较多地吸收了管理学和战略管理等理论。从起源上看，管理会计本身就是为了适应企业管理发展的要求而产生、完善和发展的，因此管理会计的理论也随着管理理论的发展而发展。从泰勒的科学管理理论开始，标准化管理制度就为标准成本制度奠定了思想根据，将会计由事后核算向事先控制推进的成本会计，成为配合泰勒科学管理而实施的重要管理会计工具。随后，行为科学理论逐渐催生了行为管理会计理论，使管理会计更能激励人的行为。决策理论使管理会计成为决策支持系统的重要组成部分。战略管理理论的引入产生了诸如平衡计分卡、全面预算等管理会计工具，将管理会计向战略管理会计推进。

管理会计相关理论基础的扩展是按照从理念到实践再到理论的演变逻辑展开的。管理理论首先对管理会计工作的理念和思想产生冲击，进而在实践中探索相关理论融合的可能性,最终实现理论的构建和创新。对智能财务而言,面对信息技术对会计的冲击(如财务机器人的运用),数字经济时代下大数据和人工智能等技术对会计思想的影响,逐渐形成了平台、链接、共享、协同和智能化的创新思维,并不断探索人工智能技术在各领域的应用场景。下一步智能财务将在总结实践的基础上,与心理学、人工智能理论进行融合,实现智能财务理论基础的扩大和理论体系的创新。心理学上的智能包括智慧和能力。智慧是指从感觉到记忆再到思维的过程,智慧会产生行为和语言,而行为和语言的表达过程被称为能力,二者合称为"智能"。智能是主体在与环境客体相互作用的过程中,为了应对自身所面临的生存与发展的挑战,对客体信息进行深度加工演化从而生成智能行为的能力。

(一)会计智能

会计智能包括感知智能、思维智能、语言智能和行为智能。

感知智能体现为会计对于企业全部经济活动数据的智能采集和存储;思维智能体现为会计将企业经济活动数据智能转换成满足内外部利益相关者需求的会计信息;语言智能体现为会计作为一门商业语言所展现的语法、语义和语用;行为智能体现为会计对企业经济行为的智能计划、智能监督和智能控制。

这种在动态环境中具有较高自治能力的实体被称为"智能体(Agent)"。"智能体"理论在工程领域的应用较多,近年来随着财务智能化的发展也逐渐被引入会计领域。不同功能的"财务智能体"通过合作、协商和有效的通信执行不同的子任务,由此形成一个大规模、复杂、动态、开放、自我组织的财务决策智能系统;"会计智能体"则通过其自治性、社会性、快速响应性、主动性和协作性的特征,使财务相关的机器人能自主地实现其目标。简单的 RPA(Robotic Process Automation)并非严格意义上的智能财务,原因在于它不满足"智能体"的特征,无法根据动态环境变化进行自我行为调整。可见,"智能体"理论对于智能财务定义及其特征的判断具有重要意义,也为智能财务实践中应具备的功能指明了方向。

智能财务的研究基本遵循着在会计领域拓展和应用心理学、人工智能理论的范式而展开研究。结合原有的会计理论,智能财务将广泛融合经济学、管理学、心理学、人工智能等理论与方法,从而扩大传统会计学科的理论基础,体现其交叉性。

智能财务的产生与发展促进了"大会计学"理论的进一步发展,代表着人们对会计领域更广泛、更深入的认识。会计学科的扩大不是人们主观想出来的,而是有其客观必然性,原因在于:一是会计所处的环境会随着社会的发展变化而变化,包括经济、技术、文化、法律和管理环境等方面;二是客观环境的变化直接影响了"大会计学"的发展,使得会计工作本身以及与会计工作相关的内容都在扩大。

(二)大会计学

"大会计学"之"大"表明当会计学发展到一定阶段时,会计领域会扩大,应当包括会计工作、会计市场、会计研究、会计思想和会计教育等不同方面,同时会计的深度会加强,会计学的内容和性质会发生变化。大会计学的内容向边缘化方向发展,内容的范围是向细化和综合化方向发展。

边缘化是两种事物在某个点、某个方面或某种性质上的相互融合。会计学科的边缘化意味着它将与其他现代科学的理论、方法相结合从而使自身得到发展。随着技术环境的变化,典型的会计学科边缘化就是会计信息化理论的发展。会计信息化理论以"老三论(信息论、控制论、系统论)"和"新三论(突变论、协同学、耗散结构论)"为指导思想,广泛吸收经济学、管理学的最新发展成果,紧密结合网络化信息技术的优越性,积极创新会计理论,是诸多交叉学科的综合和融合的边缘学科。另外,会计学与认知神经科学相结合发展出的神经会计学,也是"大会计学"边缘化的体现。

会计学科的综合化意味着会计学作为一个系统,其内部各分支学科之间相互联系。会计学总体的综合研究是对全部会计分支学科的综合,把各种相互联系的会计分支学科作为一个总体,研究其在一定条件下的发展趋势和规律,以及理论体系、方法体系和学科体系等。财务会计与管理会计的融合、业务与财务体系的信息化融合正是这一理念下的典型例证。

智能财务同时具备会计学科边缘化和综合化的发展趋势，会促进"大会计学"理论的进一步发展。从边缘化的角度看，目前已经出现的融合"智能体"理论和基于传统财务、会计理论的"财务智能体"理论与"会计智能体"理论，本身可以视为会计信息化在新技术理论基础上的又一次发展。从综合化的角度看，随着人工智能这一通用技术的运用，会计领域的各项工作在系统数据整合与平台建设的基础上正趋于综合。以财务会计与管理会计的综合为例，会计本身是一个由财务会计与管理会计耦合而成的开放系统，二者在理论基础上具有同源性，当智能财务发挥财务会计功能，实现自动化的会计确认、记录、计量、分类和报告时，也作为管理会计发挥着调节和控制职能；同样，智能财务在决策中需要运用的相关数据也是由自身系统生成。借助于信息技术，财务会计和管理会计的界限愈发模糊。财务会计、管理会计、税务乃至审计，都体现出新技术背景下"大会计学"发展的趋势。

（三）对会计假设的影响

会计假设在会计实践中长期奉行，无须证明便为人们所接受，是从事会计工作、研究会计问题的前提。尽管有众多关于会计基本理论逻辑起点和构成要素的不同解读，但会计假设一直是其中的重要组成部分。我国财政部颁布的《企业会计准则》中采用了四项会计假设，即会计主体、持续经营、会计分期和货币计量。其中，会计主体假设的基本思想是企业应当对其本身发生的交易或事项进行会计确认、计量和报告，独立地记录和核算企业本身各项生产经营活动，而不能核算、反映企业投资者或者其他经济主体的经济活动。随着信息技术的运用和新经济形态的产生，会计主体假设呈现出一定的局限性，并产生了变化。

智能财务是最新的信息技术在会计领域的应用，也引发了数字经济背景下财务组织的变革，这同样对会计主体假设产生了影响，将使会计主体逐渐扩大。

从会计信息系统论的视角看，会计主体假设意味着会计信息系统在设计、运行时,要以每一个主体为空间界限。然而,随着信息技术的发展,计算机和互联网环境下的会计核算不一定只局限于当前会计主体,而是可以实现跨主体核算、跨主体出表,会计主体的范围可以根据管理需要实时变更。随着共享服务数字化的转型,企业内外部的相关数据被打通,相互连接的信息系统中的数据自其产生开始就已经具有联系并传递下去,很可能不再以系统为主体进行区分。而且,智能财务所依托的企业数据中台汇聚了大量综合且丰富的数据,其范围也由企业内部扩大到供应链、政府、市场环境和产业等方面,这些数据都来自企业以外的非单一主体,超出了传统意义上会计信息系统的数据范围。

对财务会计而言,由于其确认、计量、记录和报告的范围有严格的边界,因此报表层面的会计主体假设尚未出现变化。

从会计管理活动论的视角看,会计管理本质上就是一种价值管理,即对价值的形成、实现、补偿、分配、转移等活动的管理。阎达五认为价值链会计是对企业价值信息及其背后深层次关系的研究,即收集、加工、存储、提供并利用价值信息,实施对企业价值链的控制和管理,保证企业价值链合规、高效、有序运作,从而为企业创造最大化价值增值和价值分配的一种管理活动。当今会计实践的发展体现出这一理念的前瞻性。在信息技术和互联网思维的催发下,越来越多的商业价值创造活动不再局限于单一企业、单一组织,而是延伸到整个价值链、平台生态或产业互联范围内。智能财务背景下的财务部门也会构建边界开放的财务组织,实现与平台生态圈组织的和谐共生。当开放、共生的理念融入财务共享服务中心和智能财务的建设中时,会计主体将扩展到整个价值链,而不是单个企业。

智能财务的发展使会计活动的行为主体假设从"理性经济人"向"有限理性的社会人"转变。行为主体假设是经济学和管理学研究的重要分析前提,传统会计学也基本继承了新古典经济学中关于行为主体的"理性经济人"假设。

新古典经济学对人的行为的假定包括:

(1)个体的行动决定(为达到目的而选择的手段)是合乎理性的;

（2）个体可以获得足够充分的有关周围环境的信息（完全信息假定）；

（3）个体根据所获得的各方面信息进行计算和分析，从而按最有利于自身利益的目标选择决策方案，以获得最大利润或效用，即利润或效用最大化假定。

随着行为科学和脑神经科学的发展，行为经济学、神经经济学逐渐对经济人假设进行了完善和修正，提出"非理性经济人"或"有限理性的社会人"理念。丹尼尔·卡尼曼对完全"理性经济人"假设中的"系统性偏差"现象进行了研究与思考，指出现实生活中的人往往无法掌握所有的信息，其在进行决策时缺乏系统性，通常会依赖于各种探索性的方法。在此基础上，理查德·泰勒进一步对人的非理性行为进行了研究，其中重要的一点是指出人在做决策时，往往忽视传统经济学所强调的机会成本，同时倾向于认为自己已经拥有的东西会带来更高的效用，即禀赋效应。

人们在进行决策时并不如传统经济学所假设的那样完全理性。行为经济学在行为层面对经济人假设实现了从"完全理性"到"有限理性"的转变，而脑神经科学、神经经济学则在脑机制的层面上，找到了"有限理性"的神经活动规律的依据，进一步使人们意识到经济人假设的天然缺陷。尽管在继承了"理性经济人"假设基础上建立的会计理论日趋完善，但是与新古典经济学遇到的问题一样，有越来越多的"异象"难以解释，同样需要实现从"理性经济人"向"有限理性的社会人"假设的转变，进而更好地指导会计实践的发展，特别是为智能财务的决策活动提供更切合实际、更有效的行为主体假设。在"财务智能体"的理论构想下，可以借助"智能体"来纠正决策非理性的问题。

（四）对管理会计的影响

管理会计的目标是管理会计理论的重要组成部分，有的学者更是将其作为管理会计理论框架的逻辑起点。无论是追求效率、效益的现代管理会计，还是将企业内部信息与外部环境变化联系起来考察的战略管理会计，其总体目标都是合理配置组织资源以达到经济效益的最优化。

受到现实环境以及技术条件的限制，最优化目标常常"可望而不可即"，因此出现了追求"满意解"的管理会计目标,典型的有受行为科学理论影响的行为管理会计以及受赫伯特·西蒙决策理论影响的决策性管理会计。

由于"最优解"需要通过复杂计算才能获得,而"满意解"可以用比较简化和近似的方法求得,并且能更好地协调企业总体目标下的各个子目标,使决策理论更具实践性,因此寻求满意成为管理会计决策的目标。赫伯特·西蒙认为,受注意力的广度、知识的局限等影响,完全理性的经济人假设存在缺陷,人们行为的理性只是在给定环境限度内的理性,因此人们在决定过程中寻找的并非"最大"或"最优"的标准,而只是"满意"的标准。寻求"满意解"的理念对管理会计所要达成的目标进行了一定程度的修正,直到管理科学思想的兴起,特别是决策所依赖的数据量的激增以及人工智能技术所取得的重大进步,使得管理会计对最优化目标的实现成为可能。

管理会计将数学模型和计算机技术应用到管理决策当中,以追求最优化目标。常用的手段包括基于高等数学方法的回归分析模型、将概率论引入决策模型当中、广泛使用电子计算机以辅助决策等。但最优化的决策真正得以实现,还是在机器学习技术超越回归分析技术之后,而这需要从决策的基本构成要素谈起。决策由信息输入、预测、判断、行动、结果等要素构成。其中,预测作为决策活动的关键部分,本身是一种利用现有数据生成尚未掌握的信息的过程。随着大数据时代的到来和人工智能技术的发展,预测手段的本质没有发生变化,但是一种以前表现不佳的方式—机器学习,凭借丰富的数据和高速运算的计算机实现了快速进步。由于回归分析模型仍需要建模人员做出相关假设和变量设定,而机器学习可以通过自己组合不同变量,从而更有效地将数据转化为相关预测,为有效决策提供了依据。

随着企业数字化程度的提高,数据收集变得比以往更加廉价、容易,人工智能技术的各类算法使得企业可以处理大规模的数据,机器学习则可以更轻易地做出预测。换言之,技术变革使得原本"昂贵"的预测变得"廉价"。对企业管理者而言,当预测变得"廉价",而强人工智能仍未实现或出于伦理考虑不能完全交由机器决策时,企业的决策行为将更加依赖人类智能的判断,判断作为预测的"互补品",其价值将会提高,此时人类判断的需求将会增加。最终,管理会计可以依靠人工智能,基于数据的预测得出各类"最优解"的可能性,并在最终做出决策之前结合人的判断,由机器智能和人类智能共同完成"最优解"的选择。即使后者同样没有完全摆脱决策者作为人的非理性因素,但是与由于信息不足、无法完成复杂计算而采取"满意解"不同,这种情况下的决策者可以在考虑尽可能多的预测的基础上,判断出无限趋近于最优的解。而且,人类的相关经验以及难以解释的直觉因素,很有可能在这种决策模式下与机器智能产生互补,进而做出更好的决策。因此本文认为,基于人工智能技术的智能财务为管理会计实现资源最优化使用的目标提供了可能。

（五）对会计职业判断的影响

智能财务使会计职业判断的主体由以人为主转化为以机器为主、人为辅。会计职业判断就是会计人员在会计法规、企业会计准则、国家统一会计制度和相关法律法规约束的范围内,根据企业的理财环境和经营特点,利用自己的专业知识和职业经验,对会计事项处理和财务会计报告编制应采取的原则、方法、程序等方面进行判断与选择的过程。任何领域的准则都不可能涵盖所有的情况和企业所有的经营活动,因而不可能有唯一适用且稳定不变的会计政策、估计和方法。此时,会计职业判断便成为在复杂经济环境中保障会计信息质量、反映企业财务状况和经营成果的重要手段。相应地,会计职业判断的主要内容应该包括会计原则的选择与协调、会计政策的选择、会计估计的判断及选用等。

会计职业判断的主体是一个重要的理论问题,由此引申出了诸多问题,如会计职业判断的主客观性、职业判断与职业道德之间的关系等。当前,人们普遍认为会计职业判断的主体是人。会计职业判断主体是指有资格和能力进行会计职业判断的人,而且判断行为必须由人来完成。然而,随着人工智能技术在会计领域的应用,技术对诸多会计工作的替代将使得会计职业判断的主体由以人为主转化为以机器为主、人为辅。

会计职业判断是一把"双刃剑",恰当的判断可以在保障真实性的前提下,提高会计信息质量的相关性和可靠性,实现会计反映的"真实与公允"。但是,会计职业判断发挥积极作用的前提是良好的会计职业道德。若承认会计人员作为"社会人"的非理性因素,会计职业道德就不可避免地会受到个人性格、知识、经验、动机乃至价值观的影响,职业判断的主观性特征也可能成为企业操纵利润乃至财务造假的工具,如通过盈余管理操纵会计数据,由此也产生了内部控制中对会计职业判断的环境控制。因此,如果实现以机器作为判断主体,则上述问题会得到较大的改善。

会计职业判断所需的人类智能在一定程度上可以由人工智能实现,从而实现由机器辅助到以机器为主的职业判断。对于相对确定、重复以及有规律可循的会计职业判断,要求的是会计人员的经验积累和确定的知识,这类工作主要运用到基本的感知(观察)能力和记忆能力,利用专家系统或知识图谱技术已经可以做到完全由机器替代完成。在信息化环境下,相应的(行动)操作能力也并非职业判断的重点。因此,对于实现以机器为主、人为辅的会计职业判断,重点就在于那些需要较强的思维和分析能力的会计工作,而机器学习技术为此提供了解决方案。

(六)对会计的法律责任与伦理道德的影响

智能财务对会计的法律责任与伦理道德提出新命题。人类与机器共同合作的决策和判断过程中人类与机器的关系,这进一步引发了人工智能技术发展过程中的法律责任和伦理道德问题。人工智能应用的责任划分问题、隐私安全和数据保护问题,将对智能财务的法律责任和伦理道德提出新的命题。

人工智能应用的责任划分问题产生自机器人对人类权益的侵犯。在企业管理领域,虽然可能不会出现人工智能危及生命的情况,但同样存在责任认定的难题。管理会计的伦理价值观认为,从经营活动视角考察,管理会计的价值观需要面向管理者构建一个基本的伦理框架,强化管理会计价值观体系的底线思维。企业管理当局在经营活动决策的选择上,应主动承担决策的责任和相关的义务。但在人机协作的决策模式下,需要考虑是否将决策责任主体从人扩展到人和机器。

企业管理中的决策者在绝大多数情况下都是人,重要决策没有完全交给机器,这主要是出于以下三方面原因:第一,与决策相关联的动作和情景组合数量太多,对机器而言仍然过于复杂。第二,机器不擅长预测罕见事件。如果一种情况在过去没有多次发生,机器就无法进行预测和判断。第三,在无法明确责任的现状下,出于监管的要求应避免由机器做出决策。

但是,随着机器学习的快速进步,人工智能在决策当中所应承担的责任已经不仅仅是作为思想实验的政策讨论,而是实实在在面临的问题了,随着大量新领域对自动化的需求越来越多,与责任分配相关的政策将迎来一股发展浪潮。根据段伟文的研究,人工智能在智能财务中对法律责任和伦理道德提出的新命题可以分为两个方面:第一,在人工智能没有自主性和决策权利时,与之相关的人有何种法律责任以及他们应遵守怎样的职业伦理道德? 第二,当技术进步足以使人工智能发展成为自主能动者时,在其设计中应该嵌入什么样的伦理系统? 设计与使用者应遵守哪些专业伦理? 应该建立怎样的人机协作模式?

人工智能的隐私与数据保护是智能财务面临的另一个新问题。数据中台作为智能财务的技术基础,本身在数据治理层强调数据安全问题。智能财务的发展依托于云计算、大数据技术,在数据挖掘和收集的过程中,可能会出现未经授权而获取数据的行为,给企业带来一定的法律责任风险;在数据的应用过程中,智能财务比传统的信息系统环境更容易因系统自身的缺陷而发生数据泄露。对比而言,国际内部审计师协会的报告表明,内部审计已经开始思考首席审计官(CAE)在企业网络安全和数据保护工作中的作用。当财务人员的数字化水平不断提高,智能财务在其中应该扮演什么样的角色,也是人工智能背景下财务人员需要思考的新问题。

第五节　会计的数字化转型

会计数字化转型是企业在财务领域应用大数据、云计算、人工智能等数字化技术,收集和生成基础会计数据,将其转化为个性化数据,形成会计数据要素,推动会计信息提供模式、财务组织结构以及与其他领域协作模式的变革,以更好地实现会计资源配置职能,满足单位绩效管理、内部控制、价值创造、履行社会责任等各种需求。基于会计数字化转型的概念,会计数字化转型涵盖以下内容。首先,会计数字化转型是企业在内外部经济环境下必须进行的变革。

数字化冲击改变了消费者市场和社会生活方式,影响了产业格局和产业升级,企业必须进行数字化转型以应对数字化冲击;数字化转型可以优化组织流程,减少融资约束,提高组织的投入产出效率、创新能力和企业价值,提升企业股票流动性水平;会计作为决策信息供给系统和企业管理系统的重要组成部分,必然要进行数字化转型,通过数字技术把业务数据转化为个性化的决策数据,满足企业和宏观资源配置需求。

会计数字化转型基于数字技术在财务领域应用。数字技术是将各种信息转化为计算机能识别的二进制数字,包括数字网络技术、认知技术和基础设施等一系列技术。会计数字化是将信息技术应用于财务领域的过程,诸如财务云、机器人流程自动化、数据中台、数据挖掘、深度学习、区块链等技术的运用。会计数字化转型意味着财务运行系统和财务组织重构。数字化转型的本质是信息技术驱动下的业务和管理变革,会计数字化转型不仅是信息技术的应用,也是企业财务管理理念和模式的变革。

事实上,信息技术每次演进都推动了财务管理模式的变革。ERP 技术的引入推动了业财一体化的进程,财务共享服务形成了战略财务、业务财务和共享服务的财务管理模式的应用也必然推动财务运行系统和财务组织重构。应用程序编程接口(API)等技术的应用将拓展财务的空间,财务不再局限于企业内部,而是可以延展至价值链乃至整个生态圈;自然语言处理(NLP)技术,将财务处理的信息从结构文本数据,延展至非结构文本数据;知识图谱(KG),可以帮助财务从复杂的关联关系中挖掘数据价值,延展会计的决策职能。会计数据要素已经界定为单位经营管理的重要资源,认为"将零散的、非结构化的会计数据转变为聚合的、结构化的会计数据要素"是会计数字化转型的重要路径。

管理会计数字化转型,运用会计数据要素,为管理会计提供数据基础,进行绩效管理和价值创造;内部控制数字化转型,完善内部控制信息化建设,运用会计数据要素进行风险管理;可持续发展数字化转型,在单位可持续报告编报中运用会计信息化,关注企业社会责任。审计数字化转型关注注册会计师行业数据标准和注册会计师审计工作。主要任务为构建注册会计师行业数据标准体系,实现远程审计、大数据审计和智能审计,推进审计函证数字化,建立审计报告单一来源制度。审计管理工作数字化转型的主要任务为建立统一的会计人员管理服务平台、注册会计师行业统一监管平台、全国代理记账机构管理系统和整合各类会计管理服务平台。

企业决策层要依据内外环境做出适配的会计数字化转型决策。会计数字化转型可以增强会计信息的可靠性,优化投资组合,降低运营成本,提升企业价值,但实务中转型面临诸多制约。企业已有对财务部门的职能定位、财务部门的组织架构、财务部门与其他部门协作方式等的阻碍;资源禀赋,企业的财力资源、人力资源、技术资源等的限制。由此,决策层需要依据空间视角和时间视角系统考虑内外部因素,做出会计数字化转型决策。

空间层次上,决策层需要考虑所在地区、行业的会计信息化程度,以及部门和员工对会计数字化转型的反应。空间维度上,决策层需要考虑人力资源、财力资源等企业内部资源禀赋约束,以及产业链系统、科研机构、政府部门等外部资源禀赋的约束。

时间视角上,决策层需要考虑会计数字化转型推进的时间阶段,不同时间阶段转型的目标和任务。综上,会计数字化转型是企业依据资源禀赋做出的战略性、整体性、个性化决策，不是简单的同行业模仿。

一、会计数字化转型场景

会计数字化转型应涵盖财务体系关键场景。企业数字化场景分为内部运营管理、外部商业模式和行业平台生态三类。会计数字化属于内部运营管理，结合会计信息的资源配置职能，会计数字化转型应涵盖财务核算、经营分析、投融资管理、预算管理、成本管理、绩效评价、风险管理、社会责任等场景。数字化转型场景实现的基础是构建财务数据中台，通过数据技术采集各种结构化和非结构化数据，进行专业化和流程化加工，形成标准化的财务数据，为业务前台提供数据服务。财务核算场景涵盖会计核算、资金管理、银企互联、电子档案、税务管理等系统，在财务核算场景的数字化转型目的在于提供更为如实反映和相关性的信息，并用人工智能提高工作效率。通过发票智能采集、语音智能填单、单据智能审核等技术提高凭证录入环节的效率。会计核算中的估值直接影响会计信息的质量，运用机器算法可以提高估值的精确度，智慧税务管理可以实现发票自动开具和认证、税款自动计提、纳税自动申报、税务数据分析、税务预警等，不仅可以提升效率，还可以帮助企业更好地从税收角度进行业务筹划系统规则引擎、机器学习等技术应用于资金管理，可以进行支付欺诈扫描、银企自动对账、资金自动预测，还可以确保安全稳健的资金管理。

经营分析场景需要梳理企业业务，对企业业务板块进行分类，构建涵盖供应商、客户等生态圈的企业业务全景系统。利用财务数据平台，运用机器学习模型抓取影响企业各类业务的核心变量，建立核心指标库，将财务数据模型与经营数据源匹配，依据驱动因子建立应用模型，迅速捕捉政策、市场、客户、竞争对手等外部环境的变化，提供精准的业务预测、盈利测算、产品定价等数据，为企业各类业务场景提供数据支撑。运用知识图谱技术在挖掘供应商和客户数据的基础上，形成供应商和客户信用档案，为供应商和客户选取提供数据支撑；运用机器学习模型对采购数据进行分析，为采购部门提供需求预测和价格预测数据；利用射频识别技术实现资产的自动识别和信息采集，对重要资产实时监控，为资产管理部门提供资产状况数据。

投融资决策攸关公司战略，更需要多维度的信息支撑。传统的投资收益评估和风险评估模型难以考虑众多影响因素交互变化引起的投资收益不确定性，借助大数据和机器算法则可以获取更多影响因子数据，模拟各种影响因子变化对投资收益和风险的影响，更为准确地估算投资项目的投入金额、投资收益以及风险状况，为投资项目选取提供数据支撑。在并购企业估值中，运用机器算法可以多维度构建估计模型的输入值，加入企业创新能力、商业模式等非财务因子，以有助于估值模型的精确性。大数据产生的产业链真实交易数据，可以为企业供应链融资以及金融机构融资提供更多的信用数据支撑。

预算管理涉及企业各个部门，直接关系到企业资源配置效率。在人工编制预算的场景下，战略目标分解、目标值确定、预算资源配给都掺杂了更多讨价还价因素，且难以根据环境变化适时调整，导致预算编制在刚性和柔性间徘徊。在数字化场景下，机器算法可以从众多因素中依据战略目标，寻找各部门各项预算的影响因素和编制逻辑，建立预测模型，为预算编制提供数据支撑。它还可以依据环境变化，动态调整预算，将预算的周期缩短至月甚至是周，并依据预算实时监控预算的执行，为资金的有效配置提供数据支持。

成本管理因其复杂性更需要数字化技术支持。尽管理论上提出了标准成本、作业成本、精益成本、全面成本管理等诸多的概念，但实务中由于业务类型繁杂，成本难以精确控制。在数字化场景下，大数据和数据挖掘技术的应用可以建立数以万计的标准成本库，度量各部门节约支出的效果；机器算法模型可以依据流程更好地分析成本动因，优化成本的归集，精准预测产品成本；对于费用管理，可以依据数据比对和分析，析出费用的合理性，从而实现成本精益管理。

传统的绩效评价方式，无论是对管理层绩效评价中运用的利润指标、EVA指标等，还是对部门评价的利润中心、费用中心、收入中心等的指标设置均是以财务指标为主。即便是运用了平衡计分卡等多维度绩效评价指标体系,在人工环境下也难以全面评价绩效。在数字化环境下,通过与业务、成本、预算等数据的对接,运用知识图谱技术,可以从不同维度刻画出各部门和岗位的职责、目标值和完成值,并依据环境的变化动态调整,针对不同部门和岗位做出个性化的绩效评价方案。

企业的风险在人工环境下,全面控制风险实为不易。在数字化环境下,机器算法和知识图谱技术,可以详尽描绘企业的风险点,依据风险等级进行排序,并运用机器模拟风险控制的效果,将风险控制嵌入信息系统,实施实时过程检测并预警。诸如财务风险预警的红绿灯制度,在数字化环境下,可以通过海量数据比对,得以更好实施。

企业财务管理目标从利润最大化、股东价值最大化到企业价值最大化,逐步凸显了利益相关者的整体价值,近年来企业环境、社会和公司治理(ESG)概念的提出,更进一步体现了企业的社会价值目标。但在传统的以财务指标为主的评价体系下,企业的社会价值难以度量。在数字化的环境下,数据不限于财务数据,可以通过知识图谱,刻画企业的环境、社会和公司治理等方面的状况,诸如水污染、大气污染、对员工责任等指标。

会计数字化转型是一个整体布局、逐步转型的过程。决策层要依据企业内外部环境和资源禀赋做出会计数字化转型的决策,数字化转型的程度以及转型的时间,要有专门的机构做出数字化转型的基本方案,包括制度流程、组织架构、转型场景、底层技术、数据标准等。数字化转型场景还要有先后的顺序。一般而言,先解决企业管理最关心的问题,遵循由易到难的原则。比如,很多企业和单位首先建立数字化费用报销系统,是由于费用报销几乎关系到企业所有员工,且由于报销流程的繁杂而被诟病。

会计职能有"信息系统论"和"管理活动论"两种界定,无论是将会计作为信息生成系统还是控制系统,都需要拓展会计职能,包括会计信息在绩效管理、风险管理和可持续发展等微观层面,平台生态、产业价值创造等中观层面,以及宏观经济调控、经济政策制定、政府监管等宏观层面的资源配置职能。在此基础上，探讨了企业如何进行会计数字化转型，提出会计数字化转型的决策机制，分析了数字化转型的财务核算、经营分析、投融资管理、预算管理、成本管理、绩效评价、风险管理和社会责任八个基本场景，以及如何重构财务组织架构和具体的实施步骤。

二、会计数字化转型的内涵

财务职能转型是由原来的核算型会计转变为管理型会计，利用先进的信息技术，将会计人员从大量重复繁杂和基础的会计工作中解放出来，这样可以让会计人员有更多时间和精力参与企业的管理与决策活动，并为这些活动提供有价值的信息。如从事战略规划、项目决策、成本管理、业绩管理等那些具有高附加值、有创造性的工作，因此财务会计向管理会计转型是以信息技术为依托的，是信息技术发展的必然结果。企业会计数字化转型的目标主要是为了有效地支撑企业经营活动的全过程，从而逐步由日常简单核算为重点的财务会计向以资源整合、决策支持为重点的管理会计转型，同时做到有效引导，积极协助有关部门能够对经营活动的全过程做到较好的价值管理，从而不断提升企业经济增加值。会计数字化转型也不是一蹴而就可以完成的，需要有一个漫长的过程，是企业在不断自我变革中实现科学发展、可持续发展的必然过程。一般而言，会计数字化转型的主要方向有以下几种：

（一）战略财务模式

战略财务是将企业的长期目标和行动计划数字化为可预测的财务模型，假定在不同的经营、投资及筹资的条件下，模拟分析目标企业的经营盈利等情况，利用企业价值评估方法对企业和股东价值进行评估，让高层管理人员看到不同的战略对企业会产生不同的财务影响，从而选择对企业具有最佳财务战略的方案。在新的经济形势下，财务不能再被动地接受企业管理变革，因为企业的经营战略和财务战略的联系日益紧密，战略财务的模式也越来越被较多的企业所认可。

（二）共享财务模式

共享财务模式是指集团公司将分布在不同地区或不同国家的经济业务,集中在财务共享中心来进行处理,这是一种常见的将财务工作和企业战略管理统一结合在一起的管理方式,对于促进更多的企业将其统一的财务业务以及相关工作结合在一起共同解决,如此不仅保证了会计记录和报告的规范、结构统一,提升了工作的效率,也在最大程度上推进集团企业资源的利用效率,为推进企业不断实施新的战略计划提供了有力的保障。对于促进企业的不断扩张以及海外市场的探索具有深刻意义。与普通企业的财务处理模式最大不同在于,财务共享服务中心可以利用其规模效应大大降低人力成本,提高工作效率,同时可以快速提高财务人员的业务水平,进而提升企业的核心竞争能力。

（三）精益业务管理财务

精益业务管理财务就是把财务逐渐延伸到业务工作中。财务部门利用业务部门的精益管理思想和财务管理思想进行高度融合,将财务部门的传统财务预算、会计核算和财务分析的职能部门转化为利润中心。通过精益化的成本核算,掌握生产环节的每个步骤或工序的具体成本组成,包括固定成本、可变成本以及生产纯成本和管理不善成本等,从而可以有针对性地提出有效节约成本的建议,进而达到指导或建议生产部门实施降低产品总成本的目的。财务部门可以针对生产环节实施前后进行产品成本差异分析,按照标准产品价格计算为企业多产生的利润。

三、会计数字化转型的发展思路

（一）构建财务共享机制

财务共享型服务模式下的企业会计数字化转型,需要制订财务共享统一规划,同时要完善财务共享体系建设。首先,财务共享的构建需要基于企业的战略定位,从决策层面获得企业领导者支持。企业各业务部门需要加强沟通与交流,做好项目宣传与业务培训工作,获取员工的理解与支持,以此提高部门的协作水平与工作效率。在共享系统开发过程中,企业需要针对自身财务状况与信息化水平做好调研工作,以确保财务共享统一机制能够满足业务发展需求。同时,在充分理解项目建设基础后,企业需要将财务共享建设目标、建设原则、实施路径、信息技术架构、信息技术支撑及其他基础保障措施进行梳理,并逐步完善共享系统设计,以此使财务共享在顶层设计、详细设计中得以落地实施。

其次,财务共享机制是保证财务服务中心平稳运行的重要基础。因此,为建立健全财务共享制度,企业需要依据自身实际发展情况初步构建框架,并依据具体业务特点和财务共享的实施状况,对共享财务制度进行调整和优化。同时,专业人员需要对优化后的机制进行综合评价,以确保其能够在企业内部顺利运行。此外,在试运营阶段,企业要及时搜集员工对财务共享系统的看法和建议,找出其存在的缺陷,并有针对性地对财务共享机制中存在的问题进行优化与改进,以保证财务共享系统能够满足企业的发展需要,使其在后期工作中充分发挥效用,从而帮助企业获取更大的经济效益。

（二）调整会计科目审计方式

新财务会计制度明确规定,财务工作人员要对原财务制度下的所有科目余额进行科学、合理、严谨的整顿和调整。基于此,相关财务人员在调整完科目余额后,为保证其准确性,应采用试算平衡等检验方式对调整后的科目余额进行严谨验算,以此保证财务数据的准确性与可靠性。新制度下,财务审计人员应对所有科目的期初余额进行严格的审计,审计内容应包括期初余额的填列方法与调整选择等内容。

（三）建立一支高素质的人才队伍

财会工作的高效开展离不开优秀人才队伍的支持。新会计财务制度对财务人才提出了更高的技能要求。因此,财务工作人员应不断增强自身的工作责任意识和法治观念,通过不断学习对自身的财务知识与技能储备进行及时更新,以此提升自身财务会计水平。同时,企业应定期或不定期组织开展针对财务工作人员的专业知识培训和专业技能培训,不断提升财务工作人员的职业修养和综合能力,以此使审计人员在审计工作过程中及时发现单位在运营和管理方面所存在的问题,并及时对问题进行分析,提出科学有效的解决对策,从而促进企业的平稳发展。

（四）提高财务会计人员的分析能力

随着企业的不断发展,财务会计信息随之增加,这些会计信息对企业的管理具有重要作用。因此,企业应加强对财务会计人员分析能力的培养,通过定期组织专业知识与技能培训不断提升财务会计人员的分析能力,使其能够准确、及时、全面地记录企业财务会计信息,并且能够对这些会计信息进行全面的数据整理和分析,为企业领导者和投资者提供简明、全面、准确的财务报表,让企业管理者和投资方全面掌握企业的财务情况和资金运转情况,从而有效保证企业各项决策的准确性和有效性。此外,财务会计人员自身也要树立正确的思想意识,增强主人翁意识,不断提高自身的综合素质和专业能力,尤其是数据分析能力,为企业经营战略提出建设性意见,以此促进企业实现快速发展,为企业带来更大的经济利益。

（五）完善财务会计管理制度

要想财务会计充分发挥自身的实际作用与价值,企业管理人员要不断完善财务会计管理制度,让财务会计人员在工作中有章可循。具体而言,企业要制订并落实财务管理的权责机制,明确财务会计人员的职责与义务,规范员工的工作行为,以此提高工作的准确性和效率,避免员工出现违法乱纪的行为,从而提升企业财务会计管理的整体水平。此外,企业制定的财务会计管理制度要与自身实际发展情况相吻合,保证规章制度能够有效应用到实际工作中,以确保充分发挥财务会计人员的作用。

四、会计数字化转型路径

会计数字化转型是财务整体的变革再造,财务共享服务是财务流程的重构与优化,财务机器人则是在业务流程节点上的技术应用和优化,因此,会计数字化转型、财务共享服务和财务机器人形成"面—线—点"的关系。在"大智移云物"背景下,应该以财务共享服务为起点,辅以财务机器人,从面、线、点三个维度逐步推进会计数字化转型。

(一)会计数字化转型——"面"的再造

会计数字化转型是指一个企业的财务部门在财务战略、职能定位、组织结构、人力资源、操作流程和信息技术等方面的全方位转变,其是一个持续的动态优化过程,是企业转型的重要组成部分。会计数字化转型的关键在于明晰财务职能。

财务的基本职能包括:

(1)会计核算,即根据政策法规的要求确定企业会计政策和财务制度,完成会计处理、出具单体报表和合并报表;

(2)资金管理,包括资金的统一收付、债权债务管理、融资管理、全球资金调度管理、汇率风险管理等;

(3)税务管理,即在全球复杂多样的税务环境下,基于税务筹划、税务核算、税务申报、税务检查四个环节构建商务模式,将税务核算与会计核算体系相结合,应对税务稽查与检查;

(4)预算管理,即制定资源的管理机制和目标平衡机制、设立预算目标、编制预算、执行预算及分析报表;

(5)经营绩效管理,包括经营业绩评估与预测、考核评价、出具管理报告等;

(6)成本管理,即采用全价值链成本管理理念,将成本转化为可对象化的费用,使成本的提取维度更加精准。

会计核算、资金管理、税务管理是财务会计的职能,预算管理、绩效管理、成本管理是管理会计的职能。除此之外,财务职能还应包括投资、融资、证券投资者关系和风险内控管理。

(二)财务职能可以分为以下三个层次

(1)执行层:根据决策层、控制层制定的制度和规则,高效、可靠、低成本地完成基础财务处理流程,并提供财务数据。例如,财务核算中的应收及应付、固定资产、工资、费用核算,以及定期挂账并出具财务报表、内部往来清理、自查报告等,都属于执行层的工作。

(2)控制层:一方面,将公司战略决策向执行层推进、落实;另一方面,将执行层提供的财务数据转变为有效的财务信息,及时传递至相关的决策者,提供战略决策支持。例如,税务管理中的税务合规性管既要满足决策层对税务合规性的要求,又要根据执行层完成的税务核算数据,检查是否出现了政策没有覆盖到的新情况,并提交决策层出具指导意见。

(3)决策层:将公司的战略意图转化为更为详细的资源分配机制、绩效考核机制、内控管理机制等,通过 PDCA 循环,助力公司实现战略目标。例如,预算管理中的预算规则、预算流程的制定、预算模型的设计等,都是基于公司战略在政策层面上的细化,引导公司资源分配。

(三)财务共享服务——"线"的优化

财务共享服务是进行会计数字化转型的第一步。财务共享服务是一种新型的财务作业管理模式,通过观念再造、流程再造、组织再造、人事再造、系统再造,将分散于各个业务单位、重复性高、易于标准化的财务业务集中到财务共享服务中心统一处理,以达到降低成本、提高效率、改进服务质量、强化集团内部风险控制等目标。

(1)财务共享服务——流程标准化。财务共享服务是财务"工厂",将财务工作依据流程划分为不同的"流水线",提升了财务工作的质量。业务流程是一组为客户创造价值的相关活动,财务共享服务中心的所有业务都需要流程来驱动,组织、人员都靠流程来实现协同运作,流程的标准化和统一是共享服的核心。财务共享服务从形式上看是一个新型的组织机构,其实质则是再造了企业的流程,将其从以往分散的模式变为集中化模式,进行了专业分工——财务工作不再是一批人负责一个地区或一个公司,而是按照业务流程进行分工,通过各个节点的人员协作完成一个个财务流程。财务共享服务中心的流程框架通常包括核算、税务、资金三类业务相关的费用报销、采购到支付、订单到收款、总账到报表、资金、税务等流程。

(2)财务共享服务——业务集成化。财务共享服务将企业分散式的、大量重复且标准化程度较高的业务活动整合到财务共享服务中心处理,减少了业务部门的重复性工作。财务共享服务中心对财务业务进行集成封装,一个服务端(共享服务中心)向多个客户端(成员单位)提供服务,客户端共享服务端的资源,服务端可根据不同单位业务量的多少在其内部的账务处理单元实现负载均衡。因此,财务会计的工作是对多个企业相同的流程进行专业化分工处理,在对某一个企业进行账务处理时,不必掌握全部财务流程。同时,财务共享服务具有跨组织、跨部门、跨岗位、跨区域的特点,避免了接触式交易的沟通成本和时间成本,处理速度大幅提升。

(四)财务机器人——"点"的自动化

财务机器人是机器人流程自动化(RPA)技术在财务领域的应用,以自动化代替手工操作,辅助人类完成交易量大、重复性高、易于标准化且规则明确的基础业务。财务共享服务中心将跨部门、跨区域的工作整合起来,形成更加高效和标准的流程,且规则明确。因此,财务共享服务中心为财务机器人的使用提供了良好的运行基础和实施环境。财务机器人现已应用于费用报销流程中的智能审核、自动付款,采购到付款流程中的供应商自动对账、供应商资质审核,订单到收款流程中的订单信息录入和变更、发票开具、客户对账与收款核销等。财务机器人以外挂形式部署,不需要改变原有的系统架构,能以更低的成本、更短的周期、更快的部署速度实现异构系统的贯通。财务机器人能提供7×24 小时的不间断服务,且随时响应业务量波峰、谷峰变化的需求,提供更加全面、准确、高效的财务服务。

五、会计数字化转型对组织和人员的影响

(一)会计数字化转型对组织的影响

(1)组织结构变革。财务机器人的应用会带来组织结构的变革,财务组织中出现了新的技术团队和业务团队,包括机器人流程处理团队和例外业务处理团队。机器人流程处理团队负责财务机器人的日常运维和管理,主要包括机器人容量规划和调度、部署过程质量把控、变更请求管理、账户管理以及运营团队支持等工作,该团队的负责人通常是财务机器人经理。财务机器人处理的是规则明确的基础财务业务,而没有明确规则、需要人工判断的业务,即为例外事项,转由例外业务处理团队处理。该团队辅助和拓展财务机器人的工作,主要包括处理例外事项、对机器人出具的报告进行解释和说明,以及审核和检查机器人的工作。

(2)人员结构变革。决策分析型财务人员需求增多。财务机器人能够自动、快速、精确、连续地进行业务处理,将财务人员从大量重复、繁琐的基础工作中释放出来,基础财务人员的比重降低,企业对能够为公司管理和经营决策提供支持的财务人员的需求更大,从而使得财务人员的结构发生巨大的变化。传统的财务人员是典型的金字塔式结构,大部分财务人员从事的是处于金字塔底部的交易处理工作。财务机器人广泛应用后,这一部分的人员将大幅减少,而从事经营支持、支撑商业决策的财务人员比重将显著提升,交易型财务人员的工作内容会有所改变。在交易型财务人员所从事的工作中,手工操作的、有明确规则的工作将交由财务机器人完成,财务人员不再进行基于规则的重复判断,而是投入更多精力在流程优化、业务监控和数据分析上。对于从事交易处

理的财务人员来说,同样也提升了职业能力与价值感。

(二)会计数字化转型对人员的影响

(1)精通会计。企业所处的环境逐渐趋于全球化、数字化和充满不确定性,面对越来越复杂且不可预测的环境,财务人员必须精通会计专业知识,具备专业技术能力,运用专业判断来评价数据和做出决策,同时保持高标准的职业道德,这样才能有效履行岗位职责。

(2)擅长管理。财务人员要有效地管理资源或团队,为组织的管理做出贡献。具体表现为:

a.和团队一同展现主动性,朝着组织目标努力,与他人合作,为他人提供支持;

b.有效地管理时间和任务,满足业务需求和职业发展需求,具备抗压能力;

c.管理资源(包括团队)以求在一致同意的截止日期前实现目标,激发他人的积极性,帮助他人获得发展;

d.使用不同的方法和技术共同努力去认可、评估和改善业务绩效;

e.有效地进行谈判,并有逻辑地、有说服力地向同事和客户阐述解决方案。

(3)熟知信息技术。随着整个财会行业对应用"自动化"软件及其他新兴技术关注度的提升,信息技术对财务产生了日益深刻的影响,成为财务创新与转型的重要工具,信息技术能力也转变为财务人员必须具备的能力,如果不了解和未掌握前沿的信息技术,将难以实现财务对企业经营的有力支撑。因此,财务人员必须了解技术领域的新变化,以及技术对企业战略、商业模式、交付机制、供应链和客户的潜在影响,并不断完善和发展财务信息化应用,借助信息技术更好地发挥财务的价值。

(4)洞察业务。财务需要为业务的发展提出可行的建议并推动业务不断改进。CFO可以扮演企业内外部顾问角色,洞察关键业务信息及其影响,成为其他领导人员仰赖的中坚力量。财务机器人解放了一部分财务人员的时间和精力,使这部分财务人员实现从价值守护者到价值创造者的角色转换,深入价值链各个环节,挖掘有用的信息,将其沉淀成知识、凝聚为智慧,为企业发展和经营决策提供支持。

(5)具备战略远见。财务人员需要具备国际化视野和全局观念。企业的发展日新月异,包括 RPA 技术在内的信息技术更新换代的频率越来越高,"不变"意味着落后,只有持续吸收新知识、学习新方法,才能构建持续竞争力。财务人员要关注以下"五新":新的客户、新的产品、新的商业模式、新的产业方向、新的技术应用。这五个"新"代表着企业未来的发展方向,关系着企业未来的兴盛与衰落。

"大智移云物"时代的到来,互联网思维和"互联网+"对人们思维和行动方式的改变,对社会商业模式和企业管理方式都产生了极大的影响。如何提升财务管理水平、实现会计数字化转型,既是企业转型的关键环节,也是企业核心竞争力之所在。会计数字化转型是财务战略、职能定位、组织结构、人力资源、操作流程和信息技术等方面的全方位转变,是一个动态持续的优化过程。财务共享服务以信息技术为支撑,通过标准化的流程,实现企业基础财务业务的统一处理与流程再造,其为财务机器人的应用提供了优良的场景,从而实现了业务流程节点的优化改造。"大智移云物"技术的发展将不断推动财务工作向自动化、数字化和智能化方向转型,企业应通过引入财务共享服务、积极运用新兴技术、培养复合型会计人才等方式,更好地发挥财务的分析、建议和预测职能,使财务部门成为管理层决策和企业发展的有力支撑。

6

会计的本质与边界

第一节　会计的本质

自会计学建立以来，人们对于会计本质的认知就存在着不同的见解，而造成这种现象的原因可能与会计这门学科内容丰富且发展迅速有关，也可能是讨论者的出发点、看问题的视角有所不同，但最根本的原因应是社会经济环境的发展对会计的需求产生了革命性的变化。

生产力低下时，生活物资严重匮乏，人类的认知水平还处于一个相当低的层次，缺乏对于物质资料的储备与分配思想。随着生产力得到了大幅提升，人类的物质资源开始逐渐丰富，并且人类的认知水平也因为劳动与物质资源的充裕而得到提高，从而衍生出了对于资源的储备与分配的思想。为了解决人类最早的分配问题，结绳记事、岩石刻画应运而生，追求精确的确认计量成为了早期会计思想萌芽的现实基础。

农业与手工业的发展使得生产力再度进入到新的阶段。生产工具的改良大大增强了人类改造现实的能力，生产资料获得了极大的丰富，人口开始大规模地扩张并由游牧改为了定居，原有的生产方式不再能够满足整个社会的生产需要，社会分工加剧，商品经济出现，私有财产占有现象逐渐被社会所认可。此时采用单式记账法记录经济活动与产权归属的账房先生进入历史舞台，会计作为一种维护产权的工具得到了社会认可。

伴随着航海贸易和商品货币经济的蓬勃发展，产权变动更加频繁，经济利益主体分布更加分散，人们需要对权利分布做出更加准确的说明而单式簿记已难以满足这种需求。此时在资本主义萌芽的意大利，新型的复式记账法应运而生，该方法虽然复杂但却能真实全面地反映不同经济主体间的产权关系，保护经济主体的权益。会计作为一种管理活动的本质逐渐显现。

18 世纪 60 年代开始的第一次工业革命及其后的科学技术革命，前所未有地促进了人类生产力的进步，为人类社会创造了巨大的物质财富，工业会计登上历史舞台。由于科学管理理论思想的提出以及提高会计信息质量的要求,会计制度与准则不断发展演变,使得近代会计逐渐形成了一个以货币为计量单位,高度趋同,层次复杂,具有核算、监督、决策等职能的信息系统,认为会计就是提高企业和各单位活动的经济效益、加强经济管理而建立的一个以提供财务信息为主的经济信息系统的会计信息系统论出现。

20 世纪五六十年代至今,信息技术突飞猛进,由于会计处理流程的标准化和规范化的特征,出现了财务共享中心、财务机器人等一系列能替代现有会计人员从事"信息"处理工作的现象,使得原本的会计工作面临被取代的风险。此时学术界认为更多的会计人员将会从机械化的会计工作中解放出来,把更多的精力集中到解决企业的管理活动问题当中,把会计管理工作看作是对市场经济中的产权关系及价值运作过程与结果实施系统控制的一种具有社会性意义的会计控制系统论应运而生。

一、 财务会计的核心内容

财务会计提供的信息主要是财务信息,是由财务报表传递,其核心部分是表内信息。表内信息要通过确认、计量和记录。这部分信息应当最可靠,也最相关。表外的附注仍然是需要的,但必须把它限制在为更好地理解表内信息所必要的范围内。一切同表内无关的信息都应当另行报告。对于附注,不但要防止信息过量,而且要防止主次颠倒,冲淡了使用者对表内信息的注意力。现在有一种倾向:似乎非财务信息比财务信息重要,其他财务报告比财务报表重要。

会计不是一成不变的,会计的本质应当反映会计工作环境与内容的变化,应当体现所有企业利益相关者的诉求。会计是服务于企业利益相关者的,通过运用专门的计量方法,统计、整理、筛选、分析企业在价值活动过程中所产生的财务与非财务信息,从多方面多角度反映企业综合价值信息的服务系统,该系统以提供信息与辅助决策为主要表现形式。从会计的服务对象来看,会计是服务于包含企业所有者、管理者、全体职工在内的内部利益相关者与政府、债权人、供应商和社会公众等所有外部利益相关者的服务系统,该系统会随着政治、法律、企业经营目标和管理决策等因素的影响而在提供服务的侧重上有所不同。其次从会计的价值实现方式来看,会计工作的表现形式是在随着时代的发展而不断发展变化的,不同时代会计的工作方式和工作内容各有不同的特点。具体而言,在当前管理信息技术飞速发展,企业社会角色愈加重要的当下:

(1)会计是企业价值信息的提供者,该信息不仅包含"经济价值",同样包含"社会价值"和"环境价值"等。"决策有用观"与"受托责任观"将会计的服务对象限定为了"理性经济人"假设下的企业投资者、债权人等,忽视了企业在宏观层面的社会价值与社会责任。企业不仅仅是追求经济利益的实体组织,同时是推动社会生产力发展,促进社会资源转换与维护社会稳定的重要力量。企业应当在经营活动中贯彻可持续发展理念,并做好环境、社会和治理绩效的信息披露。企业是社会中的一分子,企业的根本目标与社会目标在本质上是一致的,这就要求企业必须最大化各种形式投入生产要素的组合价值回报,而不是仅仅局限于经济回报。

市场为企业提供了有关环境资本和社会资本的机会成本作为标杆,像经济资本市场那样有效地配置各种资源,所以,企业的目标不应再限于股东价值最大化和经济回报,而是要拓展至包含经济价值、环境价值和社会价值在内的、通过不同形式的生产要素组合而实现的整合性价值最大化。具体到会计的工作当中,会计的服务对象不仅仅是站在企业经济利益上的相关者,而是包含整个社会层面上的利益相关者,会计的信息披露工作不仅要服务于企业内部经营管理,同时也拥有披露公司"社会价值""环境价值",履行社会责任的义务。

(2)财务会计中具有货币化反应这一本质。首先,由于企业财务运行情况分析为经济活动主体,企业应用的财务状态分析体系能够反映出企业财务运行情况,展示出了企业的权利与义务,避免出现经济权益归属分析不合理的问题,保障企业收益支出配比均衡。其次,企业中的资产为过去交易产生的资源、权利,通过这一角度分析能够了解到,企业的负债情况为义务,进而通过会计理论分析能够了解到企业资产=负债+所有者权益,财务会计人员可以应用这一公式分析企业财务发展情况,避免出现经济应用不合理的问题。最后,通过货币化反应分析,能够了解到经济利益之间的关系,使企业经济发展情况进一步稳定化。

（3）会计的工作内容在不同的时代不同的背景下具有不同的特点。随着社会生产力的发展,会计的工作内容随着工作价值的转移而发生了转变。在传统的工业时代,会计的主要工作就是记账算账,会计的管理监督职能没能得到有效的体现;随着会计电算化与财务共享中心的建立,会计人员从繁琐的财务数据收集、整理中走出,管理会计得到了发展的土壤,会计工作的重心逐渐从记账算账变为了对财务数据的筛选分析,会计开始主动参与到企业经营决策的管理当中;人工智能与区块链的普及应用将会基本替代会计在财务数据收集整理乃至部分分析工作,会计的工作重心将会向决策与监督靠拢;同时,在新技术的变革下监督企业的成本将会降低,企业的社会的责任将会愈加得到政府与公众的重视,会计需要能够收集整理企业所有生产要素的价值活动信息以辅助企业在兼顾社会责任下提高整体性的资源配置效率,会计服务的对象不再是单一经济利益的相关者而是整体社会利益的相关者,会计作为企业内外部信息沟通的桥梁和企业信息监督者的身份将会得到加强。

（4）信息技术的发展和应用将使决策有用的信息不再是传统的会计信息。信息技术的高速发展和深入应用使会计信息的生产成本大幅降低,生产周期也大大缩短,会计信息的信息含量不断提高。信息技术的发展和应用使提供多元化和个性化的信息成为可能,但这也将打破以财务报告为主体的信息框架模式,即多元的、个性化的信息能满足决策有用性,但可能不再是以财务报告为主体的信息模式。信息技术会让传统意义上的会计信息与其他业务信息相融合,信息报告甚至抛弃复式簿记的框架,因为借贷复式记账法本身就是非信息技术时代信息处理的手段。

（5）会计本质是信息系统或管理活动的观点无法解释会计信息虚报的动机

信息系统观或管理活动观都不能从根源上解释会计信息虚报的动机。会计本质是信息系统可以理解为企业业务活动信息的输入、存储、处理、输出、反馈的客观过程，会计信息会因为会计人员职业素养和其他技术性因素而与实际存在偏差，但不会被主观虚报，信息系统本身没有虚报的动机。企业会计本质是管理活动的观点也同样要求会计信息必须是对企业真实情况的客观反映，因为企业管理当局要掌握企业经营的真实情况才能做正确的经营决策和管理控制。

二、会计管理实践的变化及其趋势

随着人工智能、互联网、大数据等现代信息技术手段的高速发展，会计管理实践也相应地发生了巨大变化。

行业间开始进行价值链的重构。零售、出行、酒店、餐饮等行业出现了一系列颠覆性创新，如滴滴出行颠覆了传统的出租车行业。这是新技术驱动行业价值链重构的结果，彻底颠覆了原有的行业价值链结构，创建了新的行业价值链结构。产业互联网时代将会进一步推动行业创新和价值链重构。

企业的核心竞争力正在发生改变。核心竞争力以往是指企业的技术、成本、资源等因素。而当下企业的核心竞争力更多的是指如何利用技术去满足客户需求。最核心的竞争力在于企业管理层要洞察、应对和借力于环境的变化。而这些需要的是顶级的人才，人才资源开始成为企业最重要的资源。

数字化技术正在引领财务管理的变革。数字技术可概括为"ABCD"，即人工智能(Artificial Intelligence, AI)、区块链(Blockchain)、云计算(Cloud Computing)和大数据(Big Data)。人工智能引起了财务各个专业领域的变革；财务机器人能够替代机械重复性的记账、核算工作；区块链通过公有链、联盟链、私有链把企业、行业连接起来，在技术上实现了"去中心化"；云计算更是让企业和客户零距离地在一个平台上开展合作；大数据技术使得企业的采购决策、成本分析、销售预测变得前所未有的轻松、可靠。

管理模式正从金字塔模式转变为前、中、后台模式。企业管理模式以往常常采用金字塔式自上而下的管控,需要借助于关键绩效指标(KPI)进行较多的人工干预。有了数字技术的支持,企业管理模式将会逐步转向前、中、后台模式,这种模式通过共享的服务中心,同时为各个业务板块提供支持,从而进一步提高管理效率。

会计准则、会计制度面临的巨大挑战。

(1)权责发生制这一制度确定会计期间内应该进行财务整理工作,能够了解和确定企业财务上的期间收益;并且通过对财务信息进行整理之后,能够明确企业在一个会计期间的资产、债务等变动情况,甚至掌握企业所处的行业发展现状,从而及时进行运行调控,避免出现降低社会经济效益的问题。企业在运行发展中,对自己的资产有权利支配的同时也对自己的负债需要承担责任和现时义务,进而在应用权责发生制进行财务会计分析时,能够满足企业会计确认和计量处理需求,并推动财务会计运行发展。

在权责发生制下,现金的流入与流出是不重要的。你没有收到现金时,可以确认收入;你没有支付现金时,也可以确认相关的费用。现金流量表则记录现金的流入和流出,现金流量表中的经营活动现金净流量可以视为权责发生制下利润指标的一个替代业绩指标,如果一家企业的经营活动现金净流量远低于净利润,说明利润质量有问题。

从当前会计准则的角度看,公司投入现金后,需要按照权责发生制确认为收入和利润,而收入和利润体现为收回更多的现金。收入规模和利润固然是重要的指标,然而,更多的现金流入是更加重要的指标。利润与现金流匹配程度越高,利润质量就越高;利润与现金流匹配程度越低,利润质量就越差。

财务报告是基于权责发生制原则编制的。由于权责发生制的存在,让财务人员在业务处理过程中存在大量的估计和判断,财务人员可能会从公司利益最大化角度进行账务处理。

会计上采用权责发生制原则来核算利润,即以取得现金收入的权利和产生支付现金的责任作为收入和成本费用确认的依据。利润就不是唯一的盈利数字反映。我们只好再编制现金流量表来验证利润表的质量,看看企业的利润有没有转化为真实的现金流,以避免掉入财务造假的陷阱。很多企业往往把利润表做得很漂亮,到最后可能发生财务危机甚至出现资金链断裂导致破产的现象,原因就是权责发生制让利润成功地摆脱了现金流的束缚。

(2)美国制定公允价值准则的目的是为制造纸面上的财富大开方便之门,搞所谓的"金融工具"创新,让不值钱的金融资产包装成值钱的东西,卖给全世界人民,进而愚弄和盘剥全世界人民。公允价值准则是美国盘剥全世界人民的工具。

历史成本很实在,因为有购货合同、销售合同、支付凭证等多种原始凭证作为支撑;公允价值很虚幻,因为公允价值并非来自真实的交易,而是一种估计,是对资产未来价值创造能力的一种判断。允许公允价值计量在一定程度上是为企业盈余管理大开方便之门。在历史成本下,企业如果企图操纵数字,只能涂改、虚开、隐瞒真实的原始凭证,这些均属于违规行为,而公允价值是一种估计,估算错了,只能说是偏差,而不能定为舞弊。因此,在法律上很难追究企业公允价值使用不当的责任。

历史成本原则并没有否定公允价值,历史成本在完成交易的那一刻就是公允价值;但是在资产持有阶段就用公允价值进行计量,去提前确认损益的做法。这在会计历史上是前所未有的"自扇嘴巴"的行为,会计核算还要遵循谨慎性原则,而把估值当成价值进行核算,违背了谨慎性原则。对于可能发生的损失有或有负债,那么公允价值对应的应该是或有收益,但是谨慎性原则要求不能把或有收益进行核算。国际公允价值准则的出台是为欧美国家金融工具创新服务的,实际上,所谓的金融工具创新就是将不值钱的东西包装成值钱的东西,比如包装"次级债"。

"配比原则"基于历史成本原则,如引入了公允价值,它就没法配比了。"公允价值变动损益"找不到配比对象了。因此,为了避免现行会计准则体系中存在相互矛盾的现象,只好取消"配比原则"。

其实要不要采用公允价值进行计量,核心问题是未实现的利得和损失是在表内确认还是通过表外披露。进入表内确认是不恰当的,它让报表反映了主观预测的东西,让历史信息与主观预测等信息混淆在一起,会计数据就"合理"地成为估计数据,长此以往,将导致会计与科学越走越远!

采用公允价值计量,"公允价值变动损益"就可以鱼目混珠,进入利润表。比如某上市公司将投资性房地产后续计量由成本计量模式变更为公允价值计量模式,无须再计提折旧和摊销,公允价值变动高达 8 000 多万元,一举消化了历史形成的巨额未分配利润负数,降低了资产负债率近 13 个百分点,从而为进一步融资运作或保持目前的贷款水平打下了基础。其实,它是假装在"赚钱",其利润含量为 100%,但现金含量则为零。这些投资性房地产价格或投资的股票如果后来突然暴跌了 50% 甚至 80%,则账面"利润"亏损会惊人。

在会计准则中明文规定了提前确认收益的情况。比如以公允价值计量的交易性金融资产,当它价值上涨时,是要通过"公允价值变动损益"确认收益的,以公允价值后续计量的投资性房地产也一样。以公允价值计量的资产,还没有实际处置前,只要其价值变动都可以提前计入当期损益。

欧美国家会计界提出的"公允价值"概念,是为服从金融寡头的利益而专门创建的,大量的金融工具需要公允价值从会计上进行配合,将不值钱的东西卖个高价,欺负不懂行的老百姓。严格意义上讲,公允价值是金融寡头操纵会计的结果,只由会计人代为受过。经济上升周期时金融寡头希望引入公允价值来修饰报表,一旦经济下滑,公允价值会使报表变得很难看,金融寡头就开始攻击公允价值,甚至逼迫准则制定机构不让公允价值损失计入到利润中去。

经济收益=会计收益未实现的有形资产(增减)变动−前期已实现的有形资产(增减)变动下无形资产的价值变动,会计收益是已实现的收入与其相关历史成本之间的差额,公允价值的提出,等于将未实现的资产价值变动等经济学收益纳入会计收益。

"公允价值变动损益"彻底颠覆了"历史成本原则"。没有实现的资产价值变动可以作备查登记,以供决策使用,并不影响信息的相关性。但如果放任"公允价值",会计信息就丢掉了"可靠性"的根基。

第二节　财务会计的边界

边界指的是一种界限,一定的范围,财务会计核算及其提供的信息要具备一定的界限和范围。财务会计是为公司提供重要财务会计信息的工具,而会计的界限也是财务会计的界限,同时也是其提供的会计信息的界限。财务会计信息是指企业在经营和发展中的资金流向,但是企业主体所提供的信息并不具备一定效力,因此需要对其进行必要的会计核算。财务会计核算须依据会计信息需求对会计核算内容进行指导。具体的会计对象要按照会计信息需要和会计准则要求提供相关会计信息,然后从价值类型中进行抽取。

一、财务会计信息供给与需求应趋于一致

财务会计信息的应用,其供给与需求必须要保持相对一致的会计范畴,以此确保实现对财务会计边界的最优设定。只有设定出最佳的财务会计范畴,才能够保障会计信息功能的充分发挥。基于此,对于财务会计供应商来说,其必须始终以需求为导向。财务会计边界能够对财务会计信息需求者的行为进行针对性引导,并在明确特定主体的基础上,保障财务会计信息供给和需求保持较高的一致性,从而使所有相关主体的核心利益得到充分保障。

财务会计工作是通过报表展现出来的,企业管理人员能够通过报表了解这一段时间的企业发展情况,但由于不同管理人员对企业财务情况的了解需求存在差异,进而在整理财务信息时,可以适当地调整信息整理方向,发挥出财务会计的实际意义。例如:企业管理人员为了保障财会信息具有科学性,需要在企业明确财务边界,提高财务会计的机密性,推动企业运行发展。财务会计数

据、信息中一旦出现虚假信息时,会对企业调控、财务发展等工作有一定的影响,进而为了提高财务会计准确性,需要管理人员按照行业发展需求,构建财务边界标准,提高企业管理科学性。

二、财务会计信息范围和界限应该一致

从财务会计信息提供的角度分析,要想确定财务会计的边界,最重要的就是对企业所提供的财务会计信息制定范围和界限。从这一方面来看,国家应尽快制订和完善财务会计边界制度,同时要对企业财务会计信息进行加密和保护,如果要进行公开披露,就必须满足一定条件,以保证企业财务信息的完整性和安全性。

财务会计需要明确披露边界。财务信息的真实性与数据结构合理性对企业制定决策有一定的影响。为了保障财务会计工作的平衡性,需要将供给两方之间的需求进行协调整理,并将财务会计需求进行明确整理,为企业运行发展奠定良好的基础。例如:管理人员在进行披露边界分析时,需要管理人员提高管理力度,并对模糊财务信息的员工进行处罚,提高财务人员的财务会计准确性分析意识。第二,现阶段部分财务报表中存在披露边界过大的问题,没有发挥出财务会计可靠性、关联性,为了改善这一现状,需要对财务人员开展培训工作,并对员工进行职业素养培养,使员工能够提高工作的严谨程度,提高财务信息的真实性。另外,为了发挥出财务边界划分的科学性,需要明确披露边界,管理人员按照这一标准进行管理,达到提高财务信息可靠性,推动企业运行发展的目的。

财务会计工作的根本职能是通过会计报表的方式,对当前企业的经营活动进行真实可靠的记录。财务会计的工作性质决定着财务会计的自身特征,以下是对其主要特点的具体分析。

第一,规范性是财务会计的一个重要特点,财务会计工作与资金联系紧密,因此,为更好地推动企业的规范化发展,财务会计工作需要严格对自身资金管

理行为进行规范,同时要按照国家有关税收规定和资金使用要求规范自己的业务活动,以避免出现有悖法律法规的行为。财会工作的开展实际上是为企业单位提供真实的会计信息,在财务会计工作开展过程中,相关财务人员需要严格遵循相关的会计制度与法律法规对企业运行流程的相应要求,从而为提升企业主体的运行水平奠定良好基础。我国现行会计制度的实行,为我国大型组织机构的财务核算提供了基础,使其能够准确反映企业的运行状态、财务信息、资产运作等财务管理问题,为今后的经营提供了指导和发展依据。此外,我国现行的会计准则在实现对会计从业人员进行规范和约束的同时,还为会计业提供了更为统一的标准。

第二,灵活性是财务会计的另一个重要特点。目前,经济发展形势变化较快,财务会计不仅要完成自己的资金核算任务,还要承担资金流和资金流的分配任务。这就需要财务会计在开展工作过程中,根据市场变动情况做好资金的规划工作,尤其是需要对资金运行过程中出现的风险问题迅速进行有效应对,以确保企业的稳定发展。

第三,科学性也是财务会计的一个特征。财务会计主要是通过数学方式对资金运行状况进行计算,在计算的过程中必须要保证准确性、科学性,这样才能使公司预算与经济活动充分契合,从而为后续经营决策提供科学依据。

第三节　管理会计的边界

管理会计是从传统的会计系统中分离出来的,是与财务会计并列的,着重给业管理层提供合理决策建议,用来改善企业经营管理,提高企业经济效益的一个会计分支。管理会计是根据企业编制的计划、作出的决策以及不同的经济活动,运用管理会计的相关工具,参与到企业的规划、决策、评价等活动中,进而推动单位实现战略规划。财务会计是对企业过去发生的经济业务或事项,用书面的形式进行确认、记录、计量和报告,为企业利益的不同相关方提供财务会计报告,因此财务会计是对外报告会计。而管理会计是以财务会计信息为基础,利用专门的工具方法分析处理业绩数据,为企业的经济活动进行事前规划决策、事中监督控制、事后评价考核提供有效的信息,因此管理会计是对内会计,对于提高企业管理水平和决策能力都具有非常重要作用。

管理理论应用成熟离不开管理会计的发展完善,在管理理论融入管理实践的过程中,管理会计与管理之间流动着管理会计信息,传递着管理思想,体现了管理会计的会计方法属性,突出了管理会计"为管理而生"的管理本质属性。管理会计以会计最基本的确认、计量程序满足管理理论应用的信息需求,推进管理理论应用成熟,这体现在管理实践的方方面面。

企业的管理活动可以大致分为战略、战术和作业三个层次,在每一层次管理活动中反复进行着计划(P)、执行(D)、检查(C)、行动(A),管理会计便是对各层次的管理活动执行会计最基本的确认、计量程序,在信息的归集、分析、编报和解释过程中服务于 PDCA 循环,推进科学决策,最终促进管理活动目标的实现。管理会计进行确认、计量的动力源于管理理论应用的需要,标准成本法对作业层成本的关注源于科学管理的需要,目标成本法对目标成本的确认和计量源于目标成本管理的需要,平衡计分卡从财务、客户、内部营运和学习与成长四个层面计量未来组织绩效源于战略管理的需要等。这是管理会计管理本质属性的体现。

管理会计为管理而生,在满足管理实践信息需要和推进管理理论应用成熟过程中不断地自我完善,这是管理会计的本质所在。在一个管理会计信息无所不在的无界空间中,管理会计始终守着管理的需要,这便蕴涵着管理会计的学科边界、作用边界和活动边界。

管理会计的定义,"管理会计应是以组织(企业)所追求的经济效益和社会效益为目标(战略考虑),以现代经营管理学、经济学为理论基础,以电子计算机和计算机网络为手段,采用各种有效的方法和措施,能在组织整个生产经营过程中进行预测、决策、计划、控制考核和分析,以财务数据为主要内容,同时结合非财务信息,为组织提高竞争能力和适应能力提供相关信息支持的管理信息系统。"此定义更多地强调了管理会计提供管理需要的信息,却忽视了管理会计提供信息的背后机制——管理会计的会计方法属性。

管理会计的会计方法属性也决定了管理会计只能辅助管理而非直接参与管理。过分赋予管理会计以管理的职能是管理会计研究中普遍存在的问题,如"管理会计以现代经营管理学为理论基础,广泛利用会计部门提供的会计信息和其他部门提供的经济信息,采用各种有效的方法和措施,产生出许多新的管理会计信息,为企业经营管理服务,并直接参经营管理。"

管理会计职能是什么,这是由管理会计的会计方法属性和管理本质属性共同决定的,不能过于偏颇。管理会计的管理本质属性决定了管理会计确认、计量的对象是不变的,即是战略、战术、作业等多层次的管理活动,而这也是学术界在管理会计本质探索中没有加以明确的方面。

一、管理会计本质

(1)管理会计的会计方法属性,即以会计确认、计量、记录、报告、评价最基本的方法为企业管理提供决策有用录、报告、评价最基本的方法为企业管理提供决策有用信息,从而形成了一个支持企业管理的信息系统。

(2)管理会计的管理本质属性,即管理会计的信息提供始终围绕着管理的需要,每一种管理理论的提出都构成管理会计发展的指南,管理会计正在不断完善中推进管理理论应用的成熟。

(3)管理会计有所作为的对象包括战略、战术和作业等多层次管理活动,在提供相应层次信息基础上传递决策有用信息,进而参与管理,辅助决策,实现组织目标。

(4)管理会计处理的数据包括财务和非财务数据,输出的信息也是多样的,而不仅仅局限在财务信息。所以说,管理会计是为管理而生的,对组织战略、战术、作业等多层次的管理活动进行确认、计量、记录、处理、报告和评价,实现由财务和非财务数据向组织管理所需微观和宏观多层次信息的转化,对决策有用信息的归集、分析、编报、解释和传递过程中使 PDCA 循环顺利开展,在参与管理、辅助决策中,实现组织目标。

从管理会计的会计方法属性上看,作为会计的分支,管理会计有个最重要也是最基础的职能就是,在计划、组织、协调和控制等过程中发挥的确认、计量、记录、处理、报告和评价的职能。从管理会计的管理本质属性上看,管理会计为管理而生,适时地满足管理信息需求,在服务于企业管理宗旨下管理会计日渐显现其辅助职能,既参与管理和辅助决策,且其具体内容会随着社会经济的发展在一定范围得以扩展。

管理会计的基本职能是管理会计服务于企业管理的保障,较好地体现了管理会计作为一个信息系统服务于管理人员信息需求的状态,而这也是国内研究中几乎被忽视的内容。结合管理理论应用成熟的过程:从科学管理理论的出现到科学管理实践的成熟,从行为科学管理理论的形成到管理实践中对人的社会性价值的深度认知和满足,从目标管理理论的探索到生产中目标成本管理的成功运用,从作业管理理论的提出到作业成本管理的践行,从战略管理理论的震撼到战略管理行动的务实等。

管理会计是一个信息系统,又是一项建立在信息系统之上的管理活动。管理会计学科是有边界的,管理会计职能也是有边界的。因为管理会计本质是不变的,管理会计职能的基本部分是相对稳定的。管理会计的基本职能是在计划(决策)、组织、协调和控制等过程中进行的确认、计量、记录、报告和评价。在此基础上,伴随组织环境的不断变化。

管理会计职能会在管理会计本质为核心的前提下,在基本职能之上适当发挥,将其职能边界延伸至参与管理、辅助决策。管理会计是一个以会计的基础服务于企业管理的信息系统,其职能离不开其确认、计量等基本职能。管理会计辅助职能是随着管理实践日益凸显出的参与管理、辅助决策职能,形成了以管理职能为边界的职能范围。企业宏微观环境的变化会引起企业管理策略的变动,会影响管理会计参与管理、辅助决策的具体内容,但管理会计的基本职能是不会动摇的。管理会计的基本职能建立在管理会计"信息系统为主导,兼具管理活动特性"的本质上,是相对稳定的,也是探索多样化管理会计思想的关键出路;管理会计的辅助职能则是以管理职能为外延,在管理活动的未来发展中与时俱进;基本职能和辅助职能共同构成了管理会计职能的确定性,形成了管理会计的作用边界。

财政部的《关于全面推进管理会计体系建设的指导意见》指出,管理会计是会计的重要分支,主要服务于单位内部管理需要,对财务与业务活动进行有机整合,利用相关信息在单位的规划、决策、控制和评价等方面发挥相关作用。英国管理会计师协会指出,管理会计是对会计和财务管理的应用,主要为了保护企业利益相关人的价值。这种认为管理会计属于会计分支的观点使企业在管理会计的实践中面临了一些问题。

(1)业财融合不足。企业在推行管理会计时往往强调业财融合,融合性也是管理会计基本指引中的管理会计四大原则之一。从财务角度,管理会计作为会计工作的一部分,在推行管理会计时需要将日常的会计工作嵌入到公司的各项业务流程中,与业务环节相互契合,从而达到实现业财融合的目的。而从业务角度,能借助会计工具帮助自己决策才是配合业财融合的初衷。长此以往,业务与财务在融合的道路上往往南辕北辙,渐行渐远。

(2)信息取舍随意。财务会计、日常管理、管理会计都会产出各式各样的信息,在缺乏共同融合目标的环境下,管理会计信息的使用者就会按照自己的管理诉求,甚至是某一次决策目的的选择对自己的结论最为有利的信息,从而使得管理会计的结论有时候难以保持应有的公平性和一致性。

(3)目标难以持续。由于缺乏战略规划的指导,管理会计的分析往往是头痛医头,脚痛医脚,在解决局部问题,或者收不到预期效果后,就会减少对已有指标的核查与跟踪,转而寻找其他的管理会计问题,并以新目标为导向重新进行指标设计甚至寻找更为新颖的方法,从而使管理会计工作往往更多的是创新,而不是持续的工作。

二、管理会计的核心价值

《全球管理会计原则》对管理会计的定义是"集财务与管理于一体",管理会计主要是为了帮助单位搜集、整合、传达与决策相关的财务和非财务信息,并推动其运用到公司管理中,以实现增值和保值的目的。在这个定义中,它强调了管理会计的三个核心价值,一是决策,二是信息,三是价值创造和保值,无论是信息还是决策都不仅仅限于会计的工作范畴。

管理会计应该以高质量的决策为中心,将最相关的信息与相关分析放在显著的位置,用于价值的创造和保值。

围绕信息的相关性。管理会计作为信息提供者,其价值在于能为决策所用,而决策实际上就是信息使用者在各种可选的信息中进行选择并通过认知、行动到产生结果的一个过程。管理会计信息既包括与过去和现在相关的信息,也包括和未来所相关的信息;既包括内部的信息,也包括外部的信息;既包括财务方面的信息,也包括非财务的信息。不管是哪些信息,管理会计所提供的是可靠和可以掌握的,与时间、主体及数据源具有相关性,能够起到预测的作用。

立足价值的最佳化。管理会计立足于帮助组织了解内部运营情况,促使其进行合理的决策,优化配置各项资源,以达到最佳经济效益与社会效益。使用者应充分认识到管理会计和商业模式之间的相关性,通过业绩管理体系将战略与商业模式联系起来,通过不同的场景选择,以价值创造为目标进行分析,在机会、成本、风险、收益之间进行选择,全面分析其对价值创造所产生的影响。

力求方案的结构化。置身于这浩如瀚海的信息里,人是很难做到完全理性的,信息处理过程往往受到思维固有局限的影响。真正有价值的管理会计并不是提供形式多样的工具和方法,而是将复杂问题简单化,为非结构化的问题提供结构化的解决方案。管理会计系统应从广泛运用非财务指标的要求回归到以运营为基础的评估指标上,这才是应有的状态。

　　管理会计核心价值特征并非独立存在的,决策相关性和价值最大化已经为人们所认识,但管理会计的神秘面纱常常使得操作者乐于叠加所有能收集到的指标,启用各种复杂的方法体系,来体现管理会计的价值。但这不仅增加了管理会计的运行成本,而且使得使用者更加无所适从,只能随机性选择对自己有利的部分信息作出片面结论。所以在企业推行管理会计工作时应注意以下几个方面:

　　(1)管理会计框架设计应该有明确的战略目标。管理会计的战略目标未必和公司战略完全一致,但是首先应该立足于保护相关利益者的长期利益,以长远利益为导向,保证企业的可持续发展。为了能推广到各项业务活动,真正有助于提高管理的决策能力,这个目标还应经过全面、反复、透明的沟通,最终达成共识,使得管理会计能切实有助于创造和保护价值。

　　(2)管理会计方法工具应该以实用为选择标准。传统管理会计职能已经融入财务会计工作中,例如预算管理、关键绩效指标、企业风险管理等,有些企业在设计管理会计工作范围时往往刻意回避这些工作内容,反而刻意去寻求一些实践中并未使用过或者仍停留于理论阶段的管理会计方法。其实,管理会计工具并没有优劣之分,例如对于卖方市场而言,成本控制就是一个最适合企业的管理会计手段;对于以技术创新为核心的企业来讲就没有必要强制推行作业成本法。企业应该尽量将已有的管理会计工具充分利用起来,在缺失之处再有选择地引入一些新的方法。

　　(3)管理会计指标结果应该有长期的数据积累。管理会计方法并不应该追逐新颖性,而是应根据企业规模、管理目标、管理环境进行适当选择,一旦选定就应该坚持不懈地积累数据,对管理会计信息中可标准化的部分,如格式、评价指标等尽量予以标准化,这样才能帮助使用者面对大量任务和复杂任务时能减少信息处理时间,降低信息记忆和分析的成本,而将更多的精力放在如何突破思维定式挖掘价值增长的关键点和核心资源,从而实现简单化的价值。

2

企业的发展与演变

7

第七章

企业的发展历史

第一节　西方公司的起源和发展

在古罗马时期曾经出现"包税商""船夫行会"等类似公司的组织形式。古罗马人是靠战争发迹的战争使罗马疆域扩大也使商人大发其财。但是战争以及维持辽阔疆土却耗资巨大。于是某些大商人联合起来为政府解决部分财政问题政府允许他们组成一定的商人组织承包某些过去由政府控制的贸易、工程甚至收税职能。到了罗马帝国时期更出现了类似股份公司的组织虽然其数量极少活动范围也受到了限制仅限于履行政府合同。当时的"船夫行会"就是这样的组织。最初出现的那种类似公司的团体在欧洲长达几百年的时期里并未得以延续因为随着日耳曼人的入侵和罗马帝国的灭亡商业衰落城市废弃从而破坏了公司赖以存在的基础。直至 10 世纪之后贸易才同城市一起重现繁荣。

12 世纪左右,意大利沿地中海商业城市中的一些从事贸易特别是从事海外贸易的贵族,为了分散经营风险和适应大规模商业经营对营运资本的需要,开始在家族内部实行资本联合,组成公司形式的企业,这就是公司企业的萌芽和雏形。

公司制度和中世纪修道院的组织制度有不可分割的联系。公司制度事实上是法人观念在商业领域的体现,它的兴起和发展首先是与人类社会的"结社特性"密切相关的。中世纪的修道院包含了很多种独立的社会功能,首先修道院是欧洲各城市人流量最多的地区,它的存在天然地拉近了人与人之间的关系与联系;其次,修道院并不仅仅是进行与上帝沟通和交流的地方。

除了它的主要功能之外,修道院自身还有着福利院、医院、图书馆、职业介绍所等在它职权范围以外的功能;之后,修道院又发展了人类原始的"自然物共享"的观念,在继承日耳曼人法典和古罗马法典的同时强调了同一村庄、同一城镇居民理应相互帮助的责任。

修道院具有相对统一文化的人口,十分有利于形成除了家庭和地域之外的第三集体。修道院的职能范围的延伸,给了民众利用和进一步延展修道院功能的权力,一些无处可去的商人们在修道院相识,并共同积攒资金重搞投资,就这样改变了自己的命运。这同时也标志着募资行为在欧洲正式出现。因为基督教提倡互助而反对互相借贷和剥削,因此共同合作要比相互食利更符合信仰的需求。再加上罗马法本身极大地保护了私有财产神圣不可侵犯的属性,这就为欧洲人财产与个人相分离的设想打开了大门。修道院组织功能是公司制度的雏形,也是现代公司制度、法人制度和慈善事业的骨架。

现代公司制度有两大基本特征:一是公司若成立,则必须有一个独立于股东的法人组织维持经营和运作,集中行使公司的权力;二是,公司的股东(出资方)和经理(经营方)相分离,经营者由公司统一雇佣,各司其职。而中世纪的城市行会,是正式拉开公司序幕的重要一步。上述公司制度的特征,统统包含在了行会制度的内部。

行会最初是中世纪城市商人们保护自己的一种尝试,用于联合起来制定统一的价格、提升产品的质量等来提高利润。行会是中世纪城市最基本和广泛的商业组织,以往史学界常将行会视为一种原始垄断的标志,但这种单纯的偏见如今已被人们所抛弃。

英国的中世纪行会对经济权力有一定的控制权和组织权,其中行会的"长老"颇似现代公司的董事长,主要在行会内部负责利润统计和贸易路线的安排;"监士"则很像企业里的监督岗,负责管理和监督单行会内部的公共财产,对生产产品的质量作出评估提出要求;而负责召集会议、登记造册的负责人"执事",则是现代企业执行委员会和经理人的前身。

12—13世纪的欧洲,商人基尔特(Guild)群体大范围出现,他们是每一座城市内具有商业性贩卖行为的人的共同组织。在基尔特中,会有官员从成员集体中募集基金集中购买有利可图的货物,货物到达后按照投资比例为每个人公平分成,这种交易颇有些"合股"的形式在其中。

基尔特中的会员可以享受优先购买货物和原价购买货物的特权,这可能也是基尔特组织吸引商家加盟的重要福利。这种特权在现在是很难想象的。设想我们能够从某宝商家中买到免除运费的最低价格的每一款货物，并且商家向我们保证在出货之前是不会有别人提前买到的。这样，货物到手之后我们就可以极力地提高它的价格，赚取差价。

意大利由于扼地中海东西交通之要冲，自迦太基占据西西里岛以来便成为了商业繁盛的地方。同样，中世纪的意大利还是因为享受到了她得天独厚的地理优势，由此孕育了最初意义上的公司。

意大利的公司最初大概有两种，一种是以家族经营为主的商号。这种家族企业逐渐在竞争中扩大规模，触手遍及各大城市，经营范围也逐渐扩大，承受风险的能力也大大地加强了。有趣的是，这些公司在集中了大量的资金之后，常常将资本投给活跃在市场上的投机者。这些人拿到投资后会转投市场运转生利，这实际上也就是近代金融业的雏形了。第二种公司是最符合现代概念的合伙公司，出资方往往是经由中介介绍或在经商过程中碰头的陌生人。

合伙公司的形式主要有两种：一种可被称为"托管企业"，即企业在受托人的经营下运作，但利润要按惯例归出资方所有。等待最终结算后，出资方再将工资偿付给经理人。这种"经理人"的职业简直像极了今天的企业经理。第二种形式是出资人和托管人签订共同承担风险的契约，两者多搭建的是一些临时性的经营合同。其针对的市场往往是季节性、时效性比较强的买卖。

至此，"合作""共管"与"合股"三大特征均在中世纪的欧洲城市中出现，但它们要走的路还远远不止于此。

在中世纪贸易与城市发展的刺激下，公司这一组织形式重新萌生起来城邦政府的军事开支和行政费用均需大量资金的支持，于是商人们便以替政府筹款为条件取得成立公司的特许权。贸易特别是海上贸易的发展要求扩大投资规模并减少投资风险。所需资金较大的海上航行不仅风大浪险而且商船常遭海盗拦截因此海上贸易有可能造成人财两空的局面。于是易于集资又能把投资风险分散化的公司形式便开始出现。与海上贸易有关的公司形式有康枚达

（Commenda）、索塞特（Societas）和"海上协会"。

第二节　资本原始积累阶段的特许公司

从 14—15 世纪资本主义在地中海沿岸一些城市稀疏地出现,到 18 世纪中期资本主义生产方式正式确立这是为资本主义奠基的序幕时期也称为资本的原始积累阶段。真正的公司正是在这一时期才开始形成并得以发展起来。15世纪末之后由于新大陆的发现和新航线的开辟刺激了远洋贸易的发展。欧洲商人活动的领域从地中海周围扩展到了大西洋,东西半球各地贸易额大幅度增长。远洋贸易的发展迫切需要组建一批大型贸易公司。于是在西欧各国重商主义政府的支持下一批特许贸易公司纷纷出现。在英国从 1553—1680 年先后有 49 个远洋贸易公司成立。它们从国王那里获得特许专营海外某一地区的商业。法国在 1599—1789 年间建立了 70 多家这类公司不过这些公司大多并不成功,最后在 1789 年的大革命中消失了。

由于当时西欧各国盛行重商主义,政府不承认贸易自由,建立贸易公司必须取得皇家的特许。上述贸易公司都是以承担某些义务换取皇家"特许状"才得以成立的。这些特许贸易公司在承担一定义务的同时也就拥有了垄断性特权,或者垄断经营某一行业或者垄断海外特定地区的殖民活动。

英国在詹姆士一世(1566—1625 年)在位时期确认了上述特许贸易公司的法人地位。所谓"法人",早在中世纪时就已经存在了。在当时,法人是指一些得到领主或王室给予的特许权(特殊优惠权或豁免权)的团体,如自治城市、行会、教会、慈善机构等。特许贸易公司取得了法人地位,意味着在法律上把它们同在若干个合伙人的自然人财产基础上营运的合伙制企业区别开来,承认他们具有同一个独立的自然人相同的民事权利能力和民事行为能力。于是,这种取得法人地位的公司也就袭用了中世纪法人团体的名称—Corporation,或者称为法人公司(Incorporated Company)。

这时期的特许贸易公司还带有中世纪公司临时性的特点。英国东印度公司无论就其规模、影响、获利程度及其在海外贸易中的地位来说,都是相当重要的。它最初只是一种临时性的松散的组织,并不具有稳固定性。东印度公司最初 12 次航行运营表明,它只是一种临时性股份企业,可能是以一次航行为限,也可能以几次航行为限。该公司 1720 年要求永久特许状,但未获准。第一家永久性公司是 1602 年成立的荷兰东印度公司,它已具有公司的一些基本特征:靠募集股金建立,具有法人地位,由董事会领导下的经理人员来经营等。该公司在组建时,56.9% 的股份为阿姆斯特丹商会拥有,其余的面向全国招募;公司设立股东大会作为最高权力机构;由股东大会选出 60 名董事组成董事会,为公司决策机构;另选 17 人组成经理会为执行机构,主持日常事务;公司所得按股份分红。

荷兰东印度公司有如下特点:(1)股东的有限责任的确立;(2)公司治理机构的建立;(3)发行股票和允许股票转让;(4)公司生命的永久化。虽然某些特许贸易公司具有一些公司的基本特征,但它们都是靠政府(或皇家)的政治权力特许建立的,用向政府(或皇家)提供贷款或承担其他义务换取贸易垄断权,拥有特许贸易公司的股票也被看作一种特权。因此,这种公司还不能被认为是严格意义上的公司。

1555 年,英国女王特许与俄国公司进行贸易,从而产生了第一个现代意义上的股份有限公司。一般认为,股份有限公司起源于 17 世纪英国、荷兰等国设立的殖民公司,比如著名的英国东印度公司和荷兰东印度公司就是最早的股份有限公司。英国的伊丽莎白女王时期,由于缺少国内资本市场,伊丽莎白女王被迫不断的从国际资本市场上借款。由于频到借款但不能及时还款,英国的信用等级已变得非常糟糕,贷款利率达到 14%。和欧洲大陆的其他城市不同,英国在过去没有发行过债券,当时的政府只有为数不多的选择:可以征税,可以借款,可以出售或转让权利。但大部分可以出售的权利过去都已经出售了。

在 1553 年,伊丽莎白接受了一个重新寻找前往印度的替代路线的方案,这个方案来自莫斯科威公司。它成立的目的是开拓一条东北方向的航线,从而环绕西伯利亚前往中国,同时它们将获得位于北方的未知大陆的垄断权益。莫斯科威公司被广泛认为是第一家现代的股份制公司。富有的投资者们,将资本投入公司,分享风险回报,股份制公司作为投资者团队而永续存在。英国东印度公司创立于 1600 年,荷兰东印度公司创立于 1602 年,这两家北欧的贸易企业,在接下来的两个世纪中,垄断了欧洲与亚洲的贸易,他们同时扮演着公司和殖民统治机构的角色,从私人企业演进到国家工具。投资者们可以每天到公司巡视自己的资产状况,然而去地球另一端进行贸易的风险几乎是完全未知的。正因如此,股份制公司企业组织形式,通过流通股份以及所有权和控制权的分离,满足了双方的需求。

1612 年修订章程之后,荷兰东印度公司开始向永久资本制转变。这一方面是由于政府对于公司的延续,就有很强意愿,因为东印度公司代表为国家在外的在海外的利益,并且东印度公司的海外资产也很难定价和流动。

公司制度执行是否是进行海外贸易以及最终开展殖民扩张的最佳模式呢?对此人们尚有争议。一种比较合理的观点认为,英国人和荷兰人的相对成功,源自先进的金融技术。与需要考虑许多其他目标,同时也缺乏足够资金去实现这些目标的王室相比,由商人控制的实体制定的经济战略政策,更能确保经济增长。这样看上去,在某些情况下,私人企业也可以作为国家工具去实现其战略目标。将更多的领域和行业开放给私人企业,也许是一件值得考虑的事情。

特许贸易公司的直接衍生物是"特许专营公司"(Franchised Corporations)。这些公司与特许贸易公司的经营方向不同,但组织形式类似,也是以政府(或皇家)的权力作为基础。在贸易领域外,金融保险业也相继成立各种公司。1694年,英格兰银行成立。它拥有 120 万英镑的资本,政府从它那里取得贷款,并将相当于这笔贷款的银行券的发行权授予英格兰银行。通过发行银行券,英格兰银行吸收社会资本。在 1841 年,英格兰和威尔士已设有 115 家股份银行。保险公司也有丰厚利润,股票发行数量增长迅速。1720 年 2 月至 5 月,保险公司的股票竟增长 5 倍之多,鉴于英国的经验,后起资本主义国家一开始就瞄准银行作为股份公司的重点。

美国的股份公司首先是在银行业中产生的,日本的股份公司也是首先产生于金融业。流通与交通是密不可分的。商品流通的发展必然要求交通状况与之相适应。提高内陆运输效率的需要导致了英国 1660—1730 年间内河航行条件的改善。然而真正的"运河热"是从 1730 年以后开始的。1730—1790 年是运河热的极盛时期。其间运河总长度增长一倍达到 2 200 英里。1791—1794 年进入运河热的新阶段此间共通过运河法和其他航运法 81 项。由于修筑运河耗资巨大。于是便于集资的运河公司便应运而生。19 世纪上半期,欧美各国又掀起"铁路热"其广度和规模大大超过了"运河热"。英国 1824 年设立 234 家大公司其中主要是铁路公司和汽船公司。1825 年英国第一条铁路即斯托克顿至达灵顿的铁路开通。1834—1836 年在新成立的 300 家公司中居于首位的仍然是铁路公司。

资本原始积累时期的公司已经摆脱了它的胚芽状态,它已经在许多国家和许多部门产生。虽然还很幼小,但毕竟已经成形。当然,它同现代公司相比还不够成熟,概括起来,资本原始积累时期的公司具有如下特点:

(1)公司的经营主要是为获得利润,而不是为政府筹集资金;

(2)公司的经营范围已有所扩大,不仅是"包税"和"贸易",而且扩大到银行业和交通运输业;

(3)公司已经从合伙企业中分离出来,所有公司都已采用合股或发行股票和债券的方式筹集资金,并根据出资比例分配利润;

(4)相当数量的公司都是临时性的,它们的生存时间以若干次航行为限,或以修一条铁路和运河为限;

(5)公司制度还不完善,"公司法"尚未形成,严格的公司管理制度也不存在。

第三节　19 世纪公司的成立及发展

公司制的直接祖先是 18 世纪发展起来的合股公司（Joint-stock Company）。特许贸易公司在聚敛财富方面的示范作用，使公司数量迅速增加。商人们发现在没有取得皇家"特许状"的情况下，也可以模仿特许贸易公司的组织形式，通过发行股票来吸引投资者。这样组建起来的公司被称为合股公司。合股公司不同于特许贸易公司，因为它没有皇家的特许状；它又不同于合伙制企业，因为它的股票可以自由转让，股东只负有限责任，股票持有者并不像合伙制企业中的合伙人那样有权代表其他合伙人签署对所有合伙人都有约束力的合约，而是由被股东集体授权的经理人员来经营。

英国发生了一场由一家特许贸易公司——"南海公司"掀起的股票投资狂潮，史称"南海泡沫"（South Sea Bubble）。在泡沫膨胀的年代，形形色色未经皇家特许的合股公司也雨后春笋般地出现，仅 1719 年 9 月—1720 年 8 月这一年就新成立 195 家公司。由于这些泡沫公司股票的发行使南海泡沫的继续膨胀受到威胁，在南海公司的游说下，英国议会 1720 年通过了"取缔投机行为和诈骗团体法"，即"泡沫法"（Bubble Act），禁止没有特许状的企业发行股票。这一法案的颁布使众多的合股公司倒闭。不过，这并没有阻止合股公司的变相发展。

工商业的发展迫切需要创立大型企业组织，商人们很快想出了绕过法律障碍的办法，这就是将两种早已存在的合法组织形式——合伙和信托结合在一起，通过指定合伙人中的某些人作为其他合伙人的财产（股本）托管人、授予他们与其他个人或团体订立合同的权力，将经营权集中到少数人手中。通过这种方式，合股公司得以继续发展。

合股公司虽然使商人们能够获得特许公司的某些好处，但仍然被英国的习惯法视为合伙制企业，而不是法人实体，相应地，也就不可能像法人公司那样以法人身份签订受法律保护的合同,也不能以法人身份起诉和应诉,而且每个合伙人都要对公司债务承担无限责任,因而这种合股公司被称为"没有法人地位的合股公司"或"非法人公司"。

尽管合股公司从18世纪中期起100年左右的时间内在法律上被作为合伙制企业,不完全具备法人公司所具有的许多优点,但由于它具有可以筹集较多资本、所有权易于转让、经营有连续性和由所有者的代理人而不是所有者本人来管理等优点深受投资者欢迎。这就推动了法律制度向赋予合股公司以法人地位的方向变革。英国议会首先在1825年废除了"泡沫法"不再禁止创办民间合股公司。1834年又授权君主向合股公司发放特许证书,使之具有通过政府官员进行代理诉讼的权利这就在事实上接近于承认合股公司的法人地位。1837年,美国的康涅狄格州颁布了第一部一般公司法这项法律规定了标准的公司注册程序。此后美国的其他各州也相继采纳了康州的一般公司法。英国议会也在1844年通过了公司法。规定建立公司不必事先获得特许,只要通过简单程序就可以获准登记。但是在这种合股公司中,股东的债务责任仍然是无限责任。直到1856年,英国议会才正式确认了注册公司对债务只负有限的赔偿责任。这样,公司新制度的基本框架就在英美两国确立起来了。

信用制度的出现也为公司的创立提供了条件。银行对公司产生所给予的影响是多重的:

(1)银行以利息作为刺激物可以把闲散社会资金集中起来又以利息为条件把资本贷给经营者。这种集资方式和所有权同控制权相分离的功能,对于公司形式的发现具有很大的启示性。

(2)鉴于银行等金融机构的专业性和信用性公司股票的发行和流通。通常要借助于这样的机构。从这个意义上讲金融机构又是公司创立的中介和助手。

此外,许多股份公司的设立一开始就是以股份银行的形式出现的。除了贸易的发展和信用制度这样一些基本条件外公司的产生还同一个国家和社会的商品经济意识相联系。

银行信用制度虽是公司产生的一个条件。但私人银行、合伙银行和国家银行先于股份银行。股份制在金融领域的发展晚于贸易领域。贸易和交通运输业的发展不仅依靠建立公司来筹集资本。而且离不开银行贷款的支持。即使通过公司形式进行集资。也往往要借助于金融机构发行股票。这就刺激了金融业的发展。由于银行投资风险较大除国家银行外股份银行也纷纷兴起。英国在 1825 年危机中许多银行倒闭,恰恰从这时起大量股份银行相继成立。有些国家的中央银行也采取了股份银行的形式如法国 1800 年成立的法兰西银行就是由国家参股的股份银行。创业资本为 3 千万法郎分 3 万股,每股 1 千法郎。国家出资 5 百万法郎占 1/6。至于 1848 年、1863 年、1864 年分别成立的国民贴现银行、里昂信贷银行、法国兴业银行等都是民间股份银行。

公司大量向制造业扩张始于 19 世纪下半期。从时间顺序看晚于海上贸易、交通运输业和金融业。这是由于制造业企业规模的扩大有个较长过程。最初在这个部门建立的企业,一般所需资本并不多,不像海上贸易和铁路,不筹集巨额资本根本无法建立企业。制造业部门各种企业规模的扩张是与垄断的形成同步进行的。而竞争走向垄断也恰恰发生于 19 世纪下半期。由于制造业发展迅猛公司形式已经进入制造业,便雨后春笋般蔓延开来。例如 1900 年美国已经拥有各种制造公司 38 700 家。随着 19 世纪下半期公司在制造业的扩展公司也就成为整个国民经济中占统治地位的企业形式。整个国民经济命脉如钢铁、石油、汽车等部门均由公司控制。

公司发展的这种顺序表明,在社会化生产和市场经济条件下,一个国家的经济起飞往往是首先从第三产业,即从贸易(特别是对外贸易)和金融业的发展开始。百业兴邦,投资为先。外贸和金融是解决资本积累问题的两大工具,经济起飞从这里开始是合乎经济发展规律的。交通运输业的发展晚于贸易的发展,却又先于制造业的发展。因为制造业产品及其所需生产要素广泛而大量地流通,依赖于交通运输业的先行发展。

公司发展的这种顺序还表明,证券市场是资源合理配置的一种有效机制,它能按照经济发展的客观需要,自动地把有限的资源按照先后顺序和一定比例分配到各个产业部门,它在一定程度上能避免许多由人为的失误所带来的重大损失。公司在各产业间发展的顺序,是从世界经济史范围观察所呈现出的一种大体的规则和趋势,不能绝对化地理解。事实上,各产业部门的公司是交叉发展的。例如,当出现"运河热""铁路热"时,不仅交通运输领域形成设立公司的高潮,而且贸易、金融等领域的公司也未停止扩展,制造业领域的公司也时有开办。此外,并非所有国家公司的发展都从用海上贸易开始,顺序经过上述各阶段的。

后起的美国和日本,其公司制一开始就大量产生于银行业。这是因为18世纪末和19世纪初,金融业在积累资本方面的作用已提到突出地位,完全不必像十五六世纪的英国、荷兰那样,先从建立贸易公司做起,经历12个世纪后再去建立股份银行。此外,由于英国和欧洲大陆其他国家在金融业发展公司的经验,使它们完全有可能直接发展股份银行和各种保险公司。美国股份制的大发展始于19世纪中期,但在此前股份制却在金融业得到广泛采用。美国1790年建立的第一家国家银行——美利坚合众国银行就是一家股份制银行,成立时共发股票2.5万股,每股400美元;其余两家银行,北美银行和纽约银行也是股份银行。1818年纽约证券交易所成立时,上市交易的股票几乎全部是金融业股票。1862年根据州银行法令,美国竟建立1 600家股份银行。次年,联邦政府颁布国民银行制度,以公司形式开设的国民银行数量更多。在日本,股份制在金融业的发展也先于其他行业。1873年日本制定《国民银行条例》,根据该条例成立的股份制银行,于1879年已达153家,以后股份制又扩展至保险业。

19世纪下半叶,有两个因素强烈刺激了欧美各国在公司规模和数量上的急剧发展,一是科学技术新发现和新发明在工业上的广泛应用;二是市场竞争异常激烈,并达到了空前的程度。新兴工业部门,如电力、石油、汽卡车、化工等部门开始崛起,矿业、钢铁、运输等部门日益居于统治地位。这些部门的发展要求企业具有较大规模,个别资本一般难以胜任。在这种情况下,能够满足上述部门发展要求的就是利用和发展已经出现的股份公司组织。此外,这一时期的市场竞争空前激烈。企业为在竞争中取得优势,也纷纷采取股份公司形式,以扩大其规模和实力。由此导致 19 世纪末和 20 世纪初,股份公司普遍得到了发展,不仅数量激增,而且分布范围大大扩展,规模日益扩大。

德国是后起的工业国家,直至 19 世纪七八十年代才完成工业革命。1850 年以前,股份公司在德国还很少见,但此后发展迅速。自从 1851 年颁布"联合所有制法"之后,从自耕农到拥有贵族头衔的各个阶层纷纷组建公司。德国的公司不仅发展迅速,而且具有联合倾向。世界上第一个卡特尔组织——德意志钢铁联合组织就产生于德国。1896 年的德国,国内卡特尔组织已有 250 个。1905 年增为 350 个,参加的公司或企业达 12 000 家,控制了全国半数以上的气力和电力。继卡特尔之后,又出现了另一种类型的公司联合组织——辛迪加。有些部门的辛迪加组织规模巨大。至于 19 世纪末首次出现于德国的一个母公司、若干个子公司和参股公司构成的康采恩组织,其规模之大更为惊人。这是一种跨行业、跨地区,甚至跨国界的"集团"。德国的公司有许多不同于英国之处,在英国延续了数百年之久的公司发展史,在德国只用 60 多年就完成了,而且规模更大,组织更加复杂。

美国也是后起的工业国家,其股份公司的发展与德国有类似的特征,即发展迅速、扩散面广、规模巨大。美国从 19 世纪 50 年代起,股份公司开始在纺织、面粉、农机、军火等行业出现。19 世纪 80 年代以后,股份公司在制造业也大量出现。公司的规模日益增大,除采用卡特尔、辛迪加等联合组织外,在美国还首先产生了将许多公司兼并而成的"托拉斯"组织,它很快成为美国垄断组织的主要形式。大量经济史资料表明,19 世纪后半期是公司这一企业组织形式广泛发展的年代,无论就其数量规模,还是就其地位影响来说,它在西方各主要国家经济生活中越来越变得重要起来。20 世纪初,在英、美、法、德等国,股份公司控制了国民财富的 1/4 至 1/3。

第四节 公司的组织形式

在公司出现以前,个人独资企业是最典型的企业形式;与独资企业并存的是各种合伙组织,当时的合伙组织中最典型的就是家族经营团体。

合伙组织都没有取得法人的地位,但是却有其他的一些法人团体出现。这种情况最早可以追溯至古罗马时期。在古罗马,国家、地方自治团体、寺院等宗教团体、养老院等公益慈善团体都取得了法人的地位。到了中世纪,有一些贸易团体取得了法人的资格,尤其是其中从事海外贸易的组织。在中世纪英国,这样的组织享有相对合伙更大的独立性。

最早产生的公司是无限公司。但是,无限公司与合伙没有本质上的区别,只是取得了法人地位的合伙组织而已。有关无限公司的第一个立法是1673年法国路易十四的《商事条例》,在当时被称为普通公司。

联合公司是由15世纪出现的康曼达组织演变而来的。在康曼达组织中,一部分人出资,但是承担有限责任;一部分人出力,但是承担无限责任。

康曼达组织发展为两种企业形式,一种是隐名合伙(有限合伙),一种是联合公司。在股份有限公司出现以后,联合公司还演变出了一种新的形式:股份联合公司。但是最终由于股份有限公司和有限责任公司的出现,联合公司也没有得到很大规模的发展。

在资本主义发展的早期阶段,包括工场手工业时期和机器大工业初期,通行的是规模较小的独资经营的业主制企业。这种企业由私人资本家自己出资,自己经营,财产所有权中的占有权、经营权、处置权和收益权也是统一的。

随着社会生产力的进步,机器生产逐步取代手工生产,由于生产中更多地使用机器设备等固定资本,生产规模的扩大需要更多的流动资本,仅靠私人资本单独出资已经不足以兴办更大规模和竞争力更强的企业,从而产生了合伙制企业。

合伙制企业,其资本是若干私人资本的联合,企业财产是合伙人的共同财产,合伙人共同拥有企业财产的占有权、经营权、处置权和收益权,都从事一定的管理工作。无论独资企业还是合伙制企业,对企业均承担无限经济责任。合伙企业还要承担连带无限经济责任,以保障债权人的利益不受侵害。

随着科学技术革命的发展,生产规模进一步扩大,出现了使用庞大的技术手段的机器大工业,需要进一步扩大资本联合的范围和规模。这时,合伙企业继续扩大资金筹集出现困难,主要是某些拥有资本的人不愿意承担无限经济责任的风险。为了筹集资金,某些合伙人被迫对新加入的合伙人作出让步,即新合伙人只承担所出资本的有限责任,原来的合伙人仍承担无限责任,这种公司被称为"联合公司"。联合公司对社会来说还是无限责任公司,但是出资人分为承担有限责任和无限责任两种。

在 19 世纪中叶,就经济上来说,市场经济有了长足的发展;就物质技术来说,机器大工业获得了全面的发展,出现了大规模的铁路建造,使用汽船的海运业也迅速发展起来。这些大生产需要远远超过合伙企业所能集中的资本,需要更大规模的资本联合,同时,资本所有者希望承担有限责任的要求日益迫切。由此,主要资本主义国家的公司法应运而生,从法律上赋予法人企业独立承担经济责任的地位和出资者只承担投入资本的有限责任。公司制企业产生以来,迅速为现代社会所接受,成为最普遍的企业形式。

1807 年《法国商法典》第一次对股份有限公司作了完备、系统的规定。到现在,股份有限公司已经成为西方资本主义世界占统治地位的公司形式。《日本商法典》中也规定有"合名会社"。无限公司在产生以后,曾经有过长足的发展,但是随着股份有限公司和有限责任公司的产生,无限公司已经退居次要位置。

有限责任公司最早产生于 19 世纪末的德国。有限公司基本吸收了无限公司、股份有限公司的优点,避免了两者的不足,尤其适用于中小企业。最早的有限责任公司立法为 1892 年德国的《有限责任公司法》。之后,1919 年的法国,

1938 年的日本也相继制定了《有限公司法》。

公司的投资者所持有的股份代表了所有权,但与现代的股权不同,当时的投资者还有义务在公司需要的时候提供追加资本,而这一资本追加为投资者带来了不平等的负担。有一部分投资者不能投入更多的资本来满足公司需求,就只能出售股份给原有的或者新的,能够提供追加资本的投资者,于是公司股份的二级市场就顺理成章地出现了。而今天一家现代公司还可以通过发行和出售新股的方式继续融资。因此莫斯科维公司拥有一些现代公司的特征,但也欠缺一些其他的特点,比如有限责任。

企业一般是指以盈利为目的,运用各种生产要素(土地、劳动力、资本、技术和企业家才能等),向市场提供商品或服务,实行自主经营、自负盈亏、独立核算的法人或其他社会经济组织。在商品经济范畴内,作为组织单元的多种模式之一,按照一定的组织规律,有机构成的经济实体,一般以营利为目的,以实现投资人、客户、员工、社会大众的利益最大化为使命,通过提供产品或服务换取收入。它是社会发展的产物,因社会分工的发展而成长壮大。企业是市场经济活动的主要参与者;在社会主义市场经济体制下,各种企业并存共同构成社会主义市场经济的微观基础。企业存在三类基本组织形式:独资企业、合伙企业和公司,公司制企业是现代企业中最主要的最典型的组织形式。

8

英国东印度公司的起源与发展

第一节　殖民地的大掠夺

15 世纪末—16 世纪初的地理大发现与新航路的开辟,使世界市场不断扩展。美洲、非洲的白银黄金在欧洲市场大量流通,引起通货膨胀及物价上涨的"价格革命"。价格革命打乱了西欧各国传统的经济关系,从事商业的人大发横财。在重商主义思想的影响下,法国、荷兰、英国的商业发展极为迅速,面对先期走上大洋洲际贸易和殖民扩张道路的葡萄牙、西班牙、荷兰,英国呈现出后发之势,以更强劲的势头参加到这场争夺远东乃至世界贸易主导权和殖民地的角逐中来。

在 16 世纪前期时,英国最初对外贸易主要是伦敦与安特卫普之间的贸易,50 年代英国呢绒在安特卫普出现了供过于求的现象,1552 年由伦敦出口的呢绒从 13.3 万匹下降到 8.5 万匹,政府关税收入减少了 40%。1566 年,尼德兰爆发反西班牙专制统治的革命运动,局势动荡,安特卫普贸易受到严重影响。同时,英国与西班牙之间由来已久的宗教分歧、政治矛盾和贸易冲突也日趋尖锐。1568 年,英国海盗抢劫了到英国港口避难的西班牙船只上的财宝,正统治着尼德兰的西班牙阿尔发公爵逮捕英国商人,没收其财产,并宣布禁止英商到尼德兰进行贸易,致使伦敦—安特卫普贸易中断。在这种情况下,英国人采取积极的态度,另开辟新商路和市场。

16 世纪末和 17 世纪,以殖民地贸易为基础的外贸公司有极高的利润,但是,远洋海外贸易往往有很大的风险,或来自自然,或来自殖民地的危险,而这种风险并不能够为单个资本所有者所承担;同时,要从政府那里谋取贸易特权以及组建和维持大规模的远洋航队也需要巨额的资本。追求高额利润的强烈欲望使人们很快将股份公司这种形式引入到了外贸公司中,并成功地解决了上述两方面的困难。随着海外贸易距离急剧增加,时间跨度变长、资本额扩大及海外市场的巨大风险,迫使英国商人变革原有以单个商人经营为主的经营方式。这样,以资本联合为基础,具有独立法人特点的新兴企业组织形式—商业股份公司适应了时代的要求,在不断扩大的海外市场中迅速发展。1555年,英国第一个商业股份公司—俄罗斯公司开始组建,此后新的商业股份公司纷纷成立,英国的对外贸易持续扩大。

1600年,一群商人在英国政府的支持下,在伦敦成立了名为"伦敦商人对东印度贸易联合体与管理者"的贸易公司。成立了一家协会,并募集基金达30 133镑6先令8便士,共由101份股份构成。个人认购的股份从100镑到3 000镑不等。东印度公司最初的股本只有3万英镑,到1657年增加到73万9千多英镑。由入股的商人产生一名总裁和24名董事组成的董事会,负责开往东印度的远航船队,其盈利收入按入股多少进行分配。可以看出,公司最初的性质是属于合股集资、共同经营的贸易股份公司。在同时代,不同的海外殖民商业公司有不同的经营范围。例如东地公司就是英国与波罗的海贸易的公司,利凡特公司就是与地中海东部贸易的公司。而为与印度直接贸易,则成立的就是英国东印度公司。

公司刚成立,就得到英女王伊丽莎白政府的支持并得到所颁发的特许状,赐予其独占好望角至麦哲伦海峡之间的贸易特权十五年。根据英王室的特许状,东印度公司获得了如下最主要的三项贸易特权:

(1)自好望角以东一直到麦哲伦海峡整个东方地区的贸易属于东印度公司的专利,在公司专利期内,"禁止其他团体从事属于公司授权范围内的贸易活动,但准许他们在任何时候申请得到从事该项贸易的许可证。"凡有侵犯公司贸易专利权者,货物没收,一半上缴国库,一半归公司所有。

(2)允许公司每次航行可以输出约3万英镑的金银。前四次航行中所有的英国商品都免于征税,在特许状终止之前,在公司商船上所有复出口的印度商品也享有同样的特权。

(3)特许状有效期15年,"但是,如果发现它不能给国家带来好处,可以下令自颁布命令起两年之后的任何时间内取消。如果发现它对国家有利,同时公司也提出要求,可以再延长 15 年。"

1609 年,詹姆斯一世颁发给公司永久的独占特许权。虽然有永久性特许状,但 1603 年伊丽莎白时代结束后,随之而来的是斯图亚特王朝,主要是由封建贵族中的保守势力把持,东印度公司的垄断权常常受到破坏而得不到保证。斯图亚特王朝曾于 1604 年、1617 年、1635 年三次取消了东印度公司的特许证。东印度公司不得不经常改组以求发展。1650 年公司并入科尔会社,1665 年又并入冒险商人公司。到 1689 年,威廉三世的政府给予另一家"英国对东印度贸易公司"以特许状,从而一度形成两家公司同时进行东印度贸易的局面。

随着资产阶级和新贵族力量在政府中的增强,新兴资产阶级为了获取更大的财富,进行大洋贸易和殖民扩张的东印度公司获有垄断权的趋势却是进一步稳固和定型。1657 年,护国主克伦威尔发出特许状,以示对东印度公司特权的确认与加强。1661 年、1693 年,该公司再次相续从王室得到特许状,特权继续得到确认。到了 1709 年,在政府的干预下,两家东印度公司最终完成合并,对东印度的贸易特权统一归并到"英国商人对东印度贸易联合公司"的名下,至此,东印度公司才实现了真正的稳定和统一,公司对中国贸易的特权此后一直得到英国议会的同意,并受到英国法律的确认,直到 1834 年。

马克思曾经谈到:"东印度公司的真正创始不能说早于 1702 年,因为在这一年,争夺东印度贸易垄断权的各个公司才合并成独此一家的公司。在 1702年以前,原有的东印度公司曾经一再陷于危殆。在克伦威尔摄政时期,它的活动曾中断多年,在威廉三世统治时期,它又因议会干涉而几乎全部解散。但是,正是这位荷兰亲王的统治时期。那时,辉格党人成了不列颠帝国的保税者,英格兰银行创办了,保护关税制度在英国确立,欧洲的均势最后稳定了,仅仅是在这个时候,东印度公司的存在才由议会承认"。

第二节　英国东印度公司的性质

英国东印度公司在经济上是一个商业股份制公司,在政治上却是侵略征服的殖民扩张的机构。对公司的经济制度,英国经济学家亚当·斯密在论述英国东印度公司最初发展的时候,在他的著作《国富论》中写道:"旧的英国东印度公司于1600年根据女王伊丽莎白的特许状设立。在它最初十二次的印度航行中,只有船舶是共有的,贸易资本还是各个人的,仿佛是以一种合组公司的形式在进行贸易。在1612年,各个人的资本才合并为共同资本。该公司持有专营特许状。这特许状虽未经议会确认,但当时被认为具有真正的专营特权,所以经营许多年,该公司从未受其他商人的侵扰。它的股本,每股为五十镑,总额仅七十四万四千镑。"从亚当·斯密的论述可以看出,东印度公司最初成立的时候,是一个股份公司,但它还谈不上现代意义上的股份公司。投资者是为每一次航海筹集资本,公司每航行一次,就募集一次资本,每次航行结束后,资本退还给投资者,获得的利润则按资本的大小在入股者之间进行分配。

每次航海的投资者都有所变化,投资者不同,投资者的人数也不同,投资额也有差异。1601年2月按合股原则组织远征,资本为68 373英镑,参加商人有100人,而在1617年,入股者则达162 040英镑。但随着资本主义商品经济的发展,要求有一种独立、固定的股份集资组织形式。自从英国詹姆士一世统治期间首次确认公司作为一个独立法人的观点之后,1657年英国出现了一种较为稳定的公司组织,股本趋向于变为长期的投资,股息定期发放,股票出售市场也已经出现。传统的、近代的股份公司逐步地过渡为现代意义上的股份公司。

东印度公司在1657年,创立"新的共同股份",构成公司的永久资本,股本经常增加,但不再分还给认股人。直到这时,东印度公司才基本上成为现代股份公司的规模。对于这一类早期股份公司的特征,亚当·斯密归纳提到:

(1)股份公司不许股东要求取出股本,但转卖股票,从而介绍入新股东,却无须公司同意。股票价值,体现在市场上的价格。这价格时有涨落,因此,股票所有者的实际股金,就与股票上注明的金额,常有出入。

(2)股份公司在营业上的亏空,各股东不过就其股份范围内,负其责任罢了。股份公司的经营,例由董事会处理。董事会在执行任务上固不免受股东大会的支配,但股东对于公司业务多无所知,如他们没有派别,他们大抵心满意足地接受董事会每年或每半年分配给他们的红利,不找董事的麻烦。

英国东印度公司从最初的发展到 17 世纪中期的稳定成熟,基本上是一个有限责任股份公司的商业组织。在公司东方贸易的管理机构中,实行委员会集体决策,互相监督的管理机制。在公司人事制度上实行的是,管理人员的最高领导都必须经过至少 15 年的基层锻炼选拔。这显示公司人事制度的科学合理性。在公司大班薪酬制度上,公司采取了通过分割一部分公司利益来提高职员的积极性,吸引更多的人为公司服务。这种人事制度有力地保障了防止公司成为腐败贪污的堡垒。试想这样的海外贸易公司如果只是王室成员榨取钱财的工具,英国东印度公司也不可能会给英国带来如此巨大的利润和给英国带来如此巨大而深刻的变革。正是因为东印度公司这种"以其特有的功能机制(如企业独立实体原则,有限责任原则,投资收益原则,分权与制衡的内部管理原则,企业财产资本化与股份化原则等)实现权利的社会分享、利益的社会分配、风险的社会分担"的股份公司制度,它初期的 12 次贸易航行中,获得了高额的利润,最高一次的利润率竟达 1 500%,极大地鼓励了投资者的投资热情,致使英国东印度公司在最初发展的困境中壮大起来。

英国东印度公司从事东方各种贸易,所获利润相当可观,公司股民每年所获红利可达 20% 左右,最高可达 50% 以上,以致公司股票的价格一涨再涨,100英镑的股票在 1669 年的价格为 130 英镑,1677 年上升为 245 英镑,1683 年再升至 360 英镑。

当然这些发展还与东印度公司得到政府委任的支持以及殖民活动分不开。因此,英国东印度公司还具有殖民扩张性的一面。17 世纪后期,英国政府对公司大力支持,1660—1688 年,政府颁布一个又一个特许状,扩大公司的政治和经济特权。1661 年,查理二世授予公司"对东方所有英国人的司法裁判权以及维修其防御区并扩充其防卫军队的权利"。在公司成立后的数十年中,逐渐得到了许多贸易外的特权:

（1）政治上，公司有权对非基督教居民的国家宣战媾和，占领领土，铸造货币和统治殖民地（英王保有最高权）。

（2）司法上，授权公司设立海事法庭，处罚公司职员以及有权在当地制定法律。军事上，公司可以在殖民地建立要塞，建立军队。

（3）在商业上，严禁无特许权者在公司独占范围内经商。

这些特权有些是事先诺许，更多是适应公司扩张需要随后授予的。既得到这样广泛的权利，公司就不再是单纯的商业组织，而是一个商业、政治、军事、司法四合一的组织。英王和议会这样做的好处是，让公司具有迫使东方民族就范的实力，有利于击败国际竞争者，让公司出面扩张，政府可躲在幕后，坐收渔人之利，又无须承担费用和风险。

东印度公司扩张，其幕后正是英国统治当局。进入19世纪，随着自由贸易原则逐渐为西方各国所认同，东印度公司对东方贸易垄断权遇到前所未有的挑战。在英国新兴工业资产阶级、港脚商人（在广州从事贸易的英国和印度的散商。英文是"country merchant"。从17世纪末叶—19世纪中叶，印度、东印度群岛同中国之间的贸易叫作港脚贸易，这些商人叫港脚商，其中主要是经过东印度公司特许的从事贸易的私商。他们多是鸦片走私贩子，又是最早把英国的棉纺织品带到中国市场的自由商人。他们的贸易活动逐渐改变了由东印度公司和广州商行所构成的垄断性中英贸易格局，使其向着自由贸易的方向发展。在鸦片战争前，他们积极鼓吹对华战争，打开中国的大门，以扩大中英贸易，特别是其中的鸦片贸易。英国政府的对华政策深受他们的影响。鸦片战争中英军的作战方案和《南京条约》的重要条款都是根据他们的建议确定的。）以及美国商人的强烈反对下存在了233年的东印度公司对东方的贸易垄断权终于被英国政府明文禁止了。东印度公司也改组为英国政府统治印度的政权机关，直到1858年才最后撤销。英国东印度公司对东方贸易为基础的英—印—中三角贸易，为英国从商业资本主义向工业资本主义的发展提供了雄厚的资金，为英国从民族国家走向世界性殖民帝国奠定了坚实的物质基础。

第三节　英国东印度公司的历史影响

英国东印度公司是近代世界史上一个臭名昭著的殖民扩张机器,它从事的大洋洲际贸易,野蛮的掠夺性贸易为英国资本主义的工业革命发展提供了雄厚的资金,完成了重要的资本原始积累,使得英国综合国力提高,发生了文化制度的革命性变革,成为当时世界上最强大的资本主义国家。英国东印度公司的成功,是多种因素共同作用的结果。其中有:公司巨大商业资本的参与、近代资本主义银行信贷制度的通畅发达,东印度公司得到英国政府委任东方贸易的专利权支持,当然也还有政府逐渐授予的许多贸易外的特权,例如海外组建军队、占领统治殖民地,发行货币等政治经济军事特权。然而这样的特权授予,在世界近代历史上,其他从事东方贸易的公司也曾得到过各自国家的支持。例如荷兰东印度公司、法国东印度公司、瑞典东印度公司等。

只有英国东印度公司对东方的贸易获取了如此巨大的利润并对东西方的世界近代历史产生深远影响。当前很多人以为公司所具有的"以其特有的功能机制(如企业独立实体原则,有限责任原则,投资收益原则,分权与制衡的内部管理原则,企业财产资本化与股份化原则等)实现权利的社会分享、利益的社会分配、风险的社会分担"的股份公司商业组织的机制应该是一个重要的原因。本书认为英国政府委任的东方贸易专利权,授予的许多贸易外的特权才是主要原因。一个公司的壮大主要就是靠特权和垄断。当东印度公司的垄断权被其他公司打破的时候,东印度公司的存续也就出现了问题。

英国东印度公司则给亚洲人民带来了沉重殖民灾难,提升了英国的综合国力,促进了英国的制度变革。英国东印度公司的所谓"成功"掺杂着复杂的野蛮和文明的因素。对于英国东印度公司来说,它的"成功"与它野蛮的殖民扩张和对东方各民族的压迫剥削有关,英国东印度公司就其性质而言,应该是一个集商业、政治、军事、司法四合一复杂的历史复合组织。包括殖民扩张以及全球化的商业制度文化两方面。

9

西方银行的兴起与发展

公元前 2000 年的巴比伦寺庙、公元前 500 年的希腊寺庙,都已经有了经营保管金银、收付利息、发放贷款的机构。私人银行业在公元前 600 年就存在,希腊人、罗马人对银行业务的发展曾做出了贡献。在 5 世纪前后,犹太人到威尼斯避难,在接下来的几个世纪里,犹太商业资本、金融资本在威尼斯得到大量积聚。到了 12—15 世纪,意大利北部和地中海沿岸的某些城市,已经稀疏地出现了资本主义生产关系的萌芽——手工工场。意大利的佛罗伦萨、葡萄牙的里斯本、西班牙的马德里、荷兰的阿姆斯特丹和安特卫普、德国的汉堡和纽伦堡、英国的伦敦等地,陆陆续续成立了一批银行。

第一节　中世纪时期欧洲银行的发展

12—15 世纪西欧银行主要位于大西洋沿岸两侧,尤其是海港沿海城市。由于资本主义和商品经济的发展,当时商人有着大量的钱财,因此西欧银行主要替商人保管钱财,收取一定金额作为保管费,这是当时银行最基本的功能和赚钱方式。而对于海外探险的航路商人,会在当时的银行进行汇兑,换取当地通行的货币。汇兑可以缓解商人带着大量货币航行的不便,从而为海外航行提供了金融服务。此外,自从 1171 年开始,银行发行的公共债务就像现代登记债务一样,已经变得可以转让。它被认为是一种有用的支付手段,成为存款和转移货币制度的核心,这使得银行在欧洲航运商业中占据了重要的地位。

13 世纪时,欧洲商品生产和货币经济已有了相当可观的发展。同时,由于十字军东征对于东西方贸易的扩大,在客观上起了很大的推动作用,西欧商人与东方国家建立了直接的贸易关系,东方商品大量流入西欧市场,东方先进的生产技术也传入西欧,更加刺激了西欧商品生产和货币经济的发展。欧洲逐渐形成了两个主要的商业区,一个是南部的地中海区,以意大利城市佛罗伦萨、热那亚、威尼斯等为中心,这些城市联系着西欧与东方的市场,成为东西方贸易的枢纽。来自东方的商品,首先经过这些城市,然后分销于各地。法国南部和西班牙东海岸的一些城市也起着巨大作用,另一个商业区是北部的波罗的海区与北海区,以汉堡、吕贝克为中心,德国北部、尼德兰、英国、斯堪的纳维亚诸国,都参加了这一区域的贸易。世界上早期的银行事业,就是以上述欧洲南北的两大商业区为中心和基础而逐渐扩展起来的。各国之间以及每个国家各地城乡之间日益频繁的商品交换,主要通过定期市集进行。定期市集在上述两大商业区普遍存在。在市集上,货币作为一般等价物,成为特殊商品,商品的交换都必须用货币做媒介,这样,商品生产者之间的联系,就通过货币来实现,货币似乎具有一种支配商品生产者命运的魔力,成为商人们崇拜的偶像。

一般认为最早的银行是意大利1407年在威尼斯成立的银行。其后,荷兰在阿姆斯特丹、德国在汉堡、英国在伦敦也相继设立了银行。十八世纪末至十九世纪初,银行得到了普遍发展。新航路的开辟少不了资本角色的存在,资本投资在新航路开辟中,占据了重要地位。没有金钱支撑,海外探险只能是纸上谈兵。由于当时的西欧银行主要替商人保管钱财,收取一定金额作为保管费,因此当时西欧银行里有着大量资本,可以用作投资。

瓦斯科·达·伽马于1498年开辟了欧洲绕好望角达到印度的航线,并且带回了大量的香料、肉桂、丝绸、宝石等一系列的东方珍品。银行家们看到了投资海外探险的高回报率。于是,在后续的时间里,纷纷投资海外探险,以谋求最高的利润回报。而这些银行眼光也确实独到,通过新航路为欧洲掠回了大量金银。据统计,截至16世纪,欧洲的黄金数量从约55万公斤增加到119.2万公斤,增加了一倍多;白银从700万公斤增加到2 140万公斤,增加达两倍多。虽然新航路开辟得到了专制政府的支持,例如葡萄牙、西班牙大力支持远洋航行,给予大量人力物力财力支持。但并不是每一次远洋航行都能得到政权的财力物力支持。例如,麦哲伦的要求并不高,仅仅要求葡萄牙国王每个月多半个"克鲁萨多",葡萄牙曼努埃尔国王看着眼前这位瘸腿老兵闪烁着执拗冷傲的眼睛,命令麦哲伦离开他的王宫。于是曼努埃尔国王给他的对手西班牙送去一份大礼。像麦哲伦这样有着丰富经验(曾在少年时期就开始接触航海知识、天文和制图学），且有过军队服役背景，都遭到专制王权的拒绝，更何况其他的航队。遭到专制王权拒绝给予财力支持的航队，只有求助于当时的银行，也就是航路贷款。

12—15 世纪，银行总计投资海外探险几十次，资金达几十万黄金。尽管近两个半世纪以来发生了一连串的灾难，但是银行对商业的服务总的来说是至关重要的。

第二节　银行信用的来历

欧洲的货币体系非常混乱，种类繁多，各国的国王、每个封建领主、主教，甚至各个城市，都可以自行铸造货币，他们都以铸造货币作为换取暴利的一种手段，往往把劣质金属掺杂在贵金属货币中，使得市集上的币质低劣，成色不足，伪币流行，例如，法国共有一百多种不同的货币，其中"尼革罗钱币"所含贱金属（铅）特别多，致使币面呈黑色。这样，欧洲各地使用的货币其名称、重量、成色或价格各不相同。商人在进行交易之前，首先必须分辨对方所使用货币的真伪，需要严格审查和确定各种货币的兑换价值，否则交易就根本无法进行。货币的不统一，使得各地的商贩需要携带大量金属货币，不仅带来了携带的不便，也带来了货币丢失或被盗的各种风险。有人从中发现了商机，在当时的岸边设立了柜台，为来往的商贩，兑换和保管着货币。于是，在市集上就出现了专门以鉴定货币品质、兑换或估量货币价值为职业的钱商，称为兑换人。兑换人通过经营汇兑和借贷等业务，获得高额利润，后来积累了大量的货币资本。久而久之，兑换人就变成了银行家。银行就源于银钱兑换商。

兑换人开始只经营兑换业务，收取商人从外地带来的各种货币，称货币的重量和识别货币的真假，按照一定的比例兑换成当地流通的公认标准的货币。后来兑换人扩大业务范围，逐渐代商人保管现金存款，收存游资。大宗硬币的携带非常不方便，并且旅途上很不安全，于是，兑换人想出了一个代替的办法，商人把自己要带的巨额货币交给兑换人,由兑换人开出凭据,商人只携带凭证到达预定的经商地点之后,以凭证在市集上兑取他所需要的当地货币。这种凭证就是汇票,这是汇票制度的起源。

由于贸易不断扩大,需要现款的商人可以向兑换人借款,由借款人出具期票给兑换人,按期票规定的日期,必须到期归还,并付给利息。这样,代替现款的期票开始在信贷业务中使用,标志着为商业周转服务的信贷业务开始发展起来了。信贷业务与高利贷相联系,因为这些业务都是从货币本身来牟取利息。因此,在商品货币经济较发达的地区,高利贷也随之活跃,商业资本一部分开始转化为信贷和高利贷资本。在欧洲最早从事信贷和高利贷业务的,基本上是意大利人,被称为"伦巴底人",他们创立的信贷方法,成为欧洲信贷制度的渊源和基础。开始时兑换人坐在一条长凳上办公,银行一词,源于意大利 Banca,其原意是长凳、椅子,是最早的市场上货币兑换商的营业用具。英语转化为 Bank,意为存钱的柜子。

在 17 世纪,一些平民通过经商致富,成了有钱的商人。他们为了安全,都把钱存放在国王的金库里。这里要注意,那个时候还没有纸币,所谓存钱就是指存放黄金。那时实行"自由铸币"(Free Coinage)制度,任何人都可以把金块拿到铸币厂里,铸造成金币,所以铸币厂允许顾客存放黄金。但是很不幸,这些商人没意识到,铸币厂是属于国王的,如果国王想动用铸币厂里的黄金,根本无法阻止。

1638 年,英国的国王是查理一世(Charles I),他同苏格兰贵族爆发了战争,为了筹措军费,他就征用了铸币厂里平民的黄金,贷款给国王。虽然被征用的黄金最终都还给了原来的主人,但是商人们感到,铸币厂不再安全了。于是,他们把钱存到了金匠那里。

拥有黄金的一些人,为了更好更安全地保管黄金,将黄金交给黄金加工者保管,并向他们交存一定的保管费。金匠就为存钱的人开立了凭证,以后拿着这张凭证,就可以取出黄金。很快地,商人们就发现了,需要用钱的时候,根本不需要取出黄金,只要把黄金凭证交给对方就可以了。时间一长,匠人们发现,存取黄金的时间是不一致的,只要保存一定量的黄金,剩下的黄金可以借给那些需要黄金的人,当然需要从中收取一定的费用,再后来,金匠恍然大悟,原来自己开立的凭证,居然具有货币的效力。他们抵抗不了诱惑,就开始开立"假凭证"。但是神奇的是,只要所有客户不是同一天来取黄金,"假凭证"就等同于"真凭证"。这就是现代银行中"准备金制度"的起源,也是"货币创造"机制的起源。这样金匠就成了放贷的第一个人。这个古老的行为,发展到现在银行最常见的借贷业务。通过这样的业务,银行把资金盈余者的钱贷给资金稀缺者,大大加大了资金的利用率,加速了经济的发展。

银行之所以能够兴盛来源于储户的信任,这种信任被称为信用。银行体系可以将信用货币的数量放大,实物货币就做不到这一点。

第三节　近代银行的产生

近代银行产生于中世纪的意大利,由于威尼斯特殊的地理位置,使它成为当时的贸易中心。于是 1580 年在意大利威尼斯,1593 年在米兰、1609 年在荷兰的阿姆斯特丹、1621 年德国的纽伦堡、1629 年在德国的汉堡以及其他城市也相继建立了银行。当时这些银行主要的放款对象是政府,并带有高利贷性质,因而不能适应资本主义工商业发展的要求。最早出现的按资本主义原则组织起来的股份银行是 1694 年成立的英格兰银行。到 18 世纪末 19 世纪初,规模巨大的股份银行纷纷建立,成为资本主义银行的主要形式。

1806 年,当时拿破仑已经占领了黑森州,作为当时欧洲最富有的人黑森公爵,没有办法带走所有的财物,将他的财富交托给了当时的梅耶·罗斯柴尔德。拿破仑下令搜查,并且警告黑森州的人:任何藏匿者都将被送上军事法庭。但是,面对如此危险的境地,罗斯柴尔德家族用整整八年的时间捍卫了银行家的声誉。这个家族面对权力的压迫,依然坚定选择了忠于客户,从而使得自己的家族名声大噪。家族借着自己的名望,向着海外扩展。

19 世纪初,作为英国最大的城市伦敦,也是当时欧洲的金融中心。也是这个时候,梅耶·罗斯柴尔德的儿子前往伦敦,开启了他的金融事业,与此同时,他的兄弟们也去了世界各地纷纷办起了分行。浓烈的血缘关系,紧密联系着罗斯柴尔德家族的人,他们彼此信任,互帮互助,共同做大了家族的金融事业。通过家族遍布欧洲的分行,在世界各地发行公债。为家族带来了巨大的收益,也带动了各地经济的巨大发展。因为血缘关系带来的信任,兴起了许多的实力雄厚的银行家族,比如:美国最富有的洛克菲勒家族,影响整个世界的摩根家族等。

随着信用经济的进一步发展和国家对社会经济生活干预的不断加强,又产生了建立中央银行的客观要求。1844 年改组后的英格兰银行可视为资本主义国家中央银行的鼻祖。

到 19 世纪后半期,西方各国都相继设立了中央银行。早期的银行以办理工商企业存款、短期抵押贷款和贴现等为主要业务。西方国家银行的业务已扩展到证券投资、黄金买卖、中长期贷款、租赁、信托、保险、咨询、信息服务以及电子计算机服务等各个方面。

现代西方国家的银行结构非常繁杂,主要有:政府银行、官商合办银行、私营银行;股份银行、独资银行;全国性银行、地方性银行;全能性银行、专业性银行;企业性银行、互助合作银行等。

按职能可划分为中央银行、商业银行、投资银行、储蓄银行和其他专业信用机构。它们构成以中央银行为中心、股份商业银行为主体、各类银行并存的现代银行体系。

20 世纪以来,随着国际贸易和国际金融的迅速发展,在世界各地陆续建立起一批世界性的或地区性的银行组织,如 1930 年成立的国际清算银行、1945 年成立的国际复兴开发银行(即世界银行)、1956 年成立的国际金融公司、1964 年成立的非洲开发银行、1966 年成立的亚洲开发银行等,银行在跨越国界和更广泛的领域里发挥作用。

10

中国古代国有企业的起源

第一节　古代国家国有企业的起源

目前大多数历史学家认为,最早实行国有企业的是"春秋五霸"之首的齐桓公。据《管子·海王》记载,齐桓公问询管仲:"然则吾何以为国?"管仲的回答是:"唯官山海为可耳。"当时的齐国面临着严重的国家财政收入不足,管仲因之提出了"官山海"的财政策略。其中"山海"是指"铁矿"和"盐"两种当时最为重要的资源和生活必需品,因其多藏于高山与大海,故名"山海"。所谓"官山海",是将全国的"冶铁业"和"制盐业"全部收归政府经营,实行铁器和食盐的国家专卖。这大概是有史以来最早的国有垄断经营。通过盐铁的专卖政策,齐国政府从中获取了大量的财政收入和垄断性利润,齐国的国力也迅速增强,很快成为春秋时期的"霸主"。当然说当时的齐国是一个国家也不完全对,毕竟当时的齐桓公还喊着尊王攘夷的口号,尊重着周天子的地位。

值得一提的是,这种"官山海"的政策是当时对"盐铁业"的一种极为巧妙的"国有化"改造。国家通过垄断性控制和"专卖"形式获取了"盐铁业"巨额利润,但从表面上来看,国家并没有另外增加税种或提高税率,而是以一种很隐蔽、很巧妙的方式获取了巨额财政收入,达到了所谓"民不益赋而天下用饶"的效果。因此,这项改革措施,并没有引起社会民众的强烈反对。同时,由于国家实行了较为规范和严格的监管,政府控制的食盐、铁矿的价格相对稳定,人民生活也并没有因此而受到损害。

第二节　古代国家专卖制度的发展演进

西汉著名的《盐铁论》描述了当时举国精英为了迥然不同的国家经济政策实行"大辩论"的场景。

在这场大辩论中,桑弘羊等大臣代表着中央的利益,他们认为,"盐铁官营"等经济政策不仅可以充实国库,稳定物价,有效打击牟取暴利的富商,防止地方割据和分裂,而且充足的国家收入可以用于修建良田、兴修水利等,同时,也能为当时对匈奴的大规模战争提供充足的后勤保障。

而"贤良文学人士"代表着诸侯国和地方豪强的利益,他们认为,实行盐铁官营经济政策是典型的"与民争利",败坏了中国古代人民淳朴的民风,同时也违背了古代圣贤"贵德而贱利,重义而轻财"的信条。更为严重的是,由于专卖盐铁的官员很多是大商人出身,致使官商勾结 等,他们利用专卖权来谋取私利,逐渐形成了新的富人阶层,造成 稳定因素。

汉武帝力排众议,采用了御史大夫桑弘 政策,推行了一系列垄断官营经济政策,将冶铁、煮盐、铸钱 府垄断专营以及由官府经营运输和贸易,使政府对社会经济生活的 达到了一个空前的水平。后世对于桑弘羊的"官营体制"评价不一,部分学者认为其真正实现了"民不益赋而天下用饶",即在百姓的税收没有增加的前提下实现了国家的富强,也有认为盐铁专卖制度在一定程度上牺牲了社会其他阶层的利益,商人、农民、小手工业者的利益均受到不同程度的损害,同时,也抑制了商品经济的发展。

而事实上,这次历史上著名的"经济改革"一直到今天也没有一个较权威的定论。客观地说,桑弘羊的国家垄断政策对于社会发展和国家安全发挥了重要的、积极的作用。毕竟当时汉民族和匈奴正在进行一场惊心动魄、旷日持久的战争,盐铁专卖制度保证了国家庞大的军费开支,使得这场战争以汉王朝的伟大胜利载入史册。但是,垄断官商经济政策虽然实现了"取之于民",却没有"还之于民"。长期的对匈奴的战争消耗了大量的民间资本,耗尽了"文景之治"以来国家积聚的大量财富,同时在无法实行监管的情况下,"盐铁"的价格不断提高且质量不断下降,严重地损害了农民、商人及手工业者的利益,直接导致了汉武帝晚年国家经济凋零、民不聊生的局面。

表面上来看是"盐铁"专卖导致了汉武帝晚年国家经济凋零、民不聊生,其实是打匈奴的战争导致的。汉武帝时期与匈奴的战争,这是利在千秋,但罪在当代的大事件。因为对当时的农业帝国来说,占领匈奴所在区域是非常不划算的,特别是千里行军,而且没有水路,这更是物流噩梦。我国古代有很多地方采用羁縻政策,没有实际控制,是因为实际控制在成本上耗费不起。

唐宋时期是我国商品经济发展的又一个高峰,在这一时期,国家专卖制度也日趋成熟。这一方面是由于唐宋时期所面临的北方游牧民族的威胁不断加剧,国防压力日益加大,巨额的财政开支使得政府不得不将专卖制度作为筹措财政资金的重要手段,"国家养兵,全借茶盐以助经费"。另一方面,政府也从"民不益赋而天下用饶"中尝到了甜头,国家专卖制度成为国家获取财政资金的最重要的手段,其作用远大于其他商品的税收收入。唐宋以来,国家专卖商品的范围进一步扩大,已由过去的"山海"发展到盐、铁、茶、酒、铸币等,宋朝末期,甚至对矾、香料等各类宝货以及各种金属矿物实行专卖。

元代以来,元、明、清政府统治者都继续推行官营专卖政策。明末清初,由于中国开始出现资本主义萌芽,商品经济发展迅猛,政府已不可能把所有的生活必需品、奢侈品和工业品实行完全的官营和专卖,官营和专卖的范围也由此不再像唐宋元时那样广泛。在明朝的相当一段时期,实行专卖的商品仅限于盐和茶叶。明史和清史分别对当时的盐业和茶叶的专卖进行过记载:"太祖初起,即立盐法,置局设官,令商人贩鬻二十取一,以资军饷。既而倍征之……凡犯私茶者,与私盐同罪。""清之盐法,大律因明制而损益之…… 明时茶法有三:曰官茶,储边易马;曰商茶,给引征课;曰贡茶,则上用也。清因之"。

第三节　古代国家实施专卖制度的意义

一、国家专卖制度给国家带来巨额的财政收入，获得垄断利润

自汉以来,"禁榷制度"成为历朝历代政府最为稳定的财政收入手段,所不

同的只有实行"禁榷"的商品种类。早期封建王朝"禁榷"的商品多为生活或生产的必需品,具有极大的社会需求量,可以获得巨大利润。例如汉代的"盐铁官营专卖"制度,利用国家权力将盐、铁收归国家垄断经营,而盐、铁是当时民众的两大生活、生产必需品,"十口之家,十人食盐;百口之家,百人食盐",因此获利巨大。

随着商品经济的不断发展,社会商品种类逐渐丰富,人们开始增加对物质资本的追求。此时的"禁榷"商品,开始转向社会需求旺盛、流通量大的商品,如食盐、茶、酒等;到了明朝末年,部分奢侈品也逐渐成为"禁榷"商品,包括金、银、铜矿的冶炼,甚至包含香料、朱砂、矾等稀缺商品。虽然不同朝代实行官营专卖的商品种类不同,但其共同特点是通过对这些商品实行国家垄断,获取高额的垄断利润。这种借助国家机器获取超额垄断利润的社会经济制度,极大地增加了国家的财政收入,聚集了丰厚的财力、物力,为历朝历代实现保土戍边,维护统一的多民族国家边疆安全,奠定了坚实的物质基础。同时,也能确保国家意志的顺利实现,缔造了伟大的古代中华文明。

二、维护社会稳定,巩固国防、维护边疆安全的重要手段

"兵强、民足、国富"是其实现统治的目标。兵强意味着在保护国家疆土的安全,与外民族的战争中获得胜利,但兵强必须是以国富为基础的,需要国家经济实力的支撑。据《汉书·食货志》记载,在汉武帝与匈奴作战的初期,巨大的军事开支使得国家财政陷入危机,甚至连前方战士的军粮都无法满足。在这种局面下,汉武帝果断地将盐铁的经营权力收归到中央政府,确保了对外战争所需的大量的军费开支,并最终取得了对匈奴战争的胜利。同时,从利益论这一角度来看,任何统治阶级都会希望国库充盈,国家财富越多越好,但这只是统治阶级推行专卖制度所带来的诸多效用因素之一,而另一重要因素是国家政权的稳定与巩固。专卖制度在维护社会稳定和防止社会动荡方面,具有极其强大的功效。因为相比直接对盐铁等专卖商品征收重税而言,不如将专卖商品直接由

国家经营具有更强的隐蔽性。一方面,对于普通百姓来说,由于没有税负的直接的增加,因此几乎感受不到国家专营制度对其福利带来的损失,这就是所谓的"民不益赋而天下拥饶";另一方面,虽然专卖制度的推行在一定程度上加重了百姓的负担,但它所呈现出更多的是与商人特别是那些地方诸侯和富商大贾争利,在我国古代封建社会重农抑商思想的影响下,专卖制度的推行,使国家从商人那里分割到部分财富,国家聚敛财富的需求得到了某种程度的满足,这就相对减轻了剥削百姓的"需求"。

三、有利于削弱诸侯国和地方势力,打击富商大贾,维护中央集权统治

历代王朝的统治不仅仅是国家经济发展,更重要的是其政治和军事目标。从这个角度上讲,古代的政府专卖制度具有削弱地方豪强财富不断集中的功效。《盐铁论·复古》上有所记载,"令意总一盐、铁,非独为利入也,将以建本抑末,离朋党,禁淫佚,绝并兼之路也"。这表明西汉实行盐铁专营在很大程度上是为了离朋党、禁淫佚,绝并之路,即打击富商豪强,分离朋党,防止诸侯国分裂,消除其对社会的危害。自汉代以来,历届帝王都制定了严厉甚至严酷的刑律,对违反"禁榷"制度者进行打击惩处。《汉书·食货志》中记载:"敢私铸铁器,煮盐者,鈦左趾,没入其器物。"这就在一定程度上切断了地方豪强、富商大贾实现财富迅速积聚的可能性,有力地打击了富商大贾的势力,维护了国家政权的稳定。汉初,由于富商大贾把持盐铁之利,财累万金,财富不断增长,渐成地方割据势力,同时对于国家的财政方针和政策也采取了不配合的措施,对汉帝国的安全逐渐构成了严重的威胁。而盐铁官营专卖制度通过古代的国家权力机构,完全剥夺了地方势力和富商大贾的盐铁经营权力,大大削弱了诸侯国和地方豪强的势力,使得国家中央集权进一步得到加强。

第四节　民间企业的发展

明清是中国传统社会发展趋于完备的时期,商品经济的大繁荣使商业的重要价值已经上升到了具有国家战略意义的层次,一味地重本抑末再也无法支持王朝的存续。对此统治者适时地调整了统治艺术,开始利用国家政策来撬动民间资本,试图激活民间商人的活力,使其更好地为皇家和政府所用。明清两朝都不再将传统的盐铁一类国家垄断资源视作绝对禁脔,而是适当地将其向民间开放,或是将这些禁榷行业的准入资质作为一种对国家有所贡献的商人的特殊奖赏,以此换得商人对国家政策的大力支持。从明清山西盐商集团的发展来看,他们既承担了大宗官盐在民间社会转运和流通这样极为复杂和繁巨的任务,又为国家缴纳了大量的专卖税款,这在很大程度上为边境驻军解决了后勤保障的历史性难题。明王朝在很大程度上是通过晋商之力实现了固边、裕课、安民三大国家重要战略目标的有机结合。

明清王朝随着政治版图的极大扩张,维持广阔边疆地区政局稳定的难度与日俱增,中央政府单纯依靠军事征讨安定边境的成本过高,所以必须将政治与经济的手段结合起来安抚边境少数民族势力,商人因其懋迁有无的职业特性便成了最好的绥靖边境地区的方式。因此明嘉靖"俺答封贡"以后逐渐形成并在清代进一步发展壮大的山西旅蒙商人集团,以及清雍正《恰克图条约》签订后持续活跃至清末的山西旅俄茶商集团一向都对国家具有重要的战略价值。他们改善了边远地区少数民族落后的生产生活状态,缓解了内地对于战马、牲畜等重要军政物资的匮乏,支持了明清政府在边疆地区的军事行动,通过对俄外贸换回了大量白银,极大地补充了国内贵金属短缺。

明清时期商品经济的发达程度远胜于前,在这样的历史条件之下,政府针对商人的各项畸形恶税的征收极大地开辟了国家财源并强化了君主政治的稳固,而短期内却不至于对商人造成伤筋动骨的损害,所以受到了统治者的普遍重视和认可。特别是到了晚清国势衰败，内忧外患之时，政府急于缓解财政压力，将本应属于一时权宜之计的厘金、捐纳等勒索民财的应急政策以国家正式制度的形式确立下来，并得到了长期的贯彻执行。在一定意义上说，当国家财政衰竭，失去造血能力的情况下，正是晋商这类大型商帮通过大量金银的捐输活动为满清王朝延续生命，甚至各大商西票号屡屡为中央以及地方政府支垫、汇兑、代理、收存巨额公款，乃至成为国家财政的代理人，这在世界商业史上都是极为罕见的现象。

第五节　政府与企业的关系

商人无论从事何种经营，政府的保护和支持都是必不可少的。在官僚的庇护之下，商人的生意可以更为安全有利，他们能够任意营私舞弊、逃避税役，规避国家常规的监管，甚至通过与政府合作的方式牟取利益，从而尽可能减少制度成本，降低商业风险。另一方面，商人为了寻求政治权力的保护又必须将其经营所得的相当一部分财富投献给大小官僚甚或是皇帝本人，这也完美地迎合了贪贿成风、潜规则盛行的官场中官员们的现实需求。如此既可增加官员的灰色收入，又可以包庇其不法所得，减少政治风险，所以官员们几乎无一不热衷于向商人提供各种方便和庇佑。

由此可见，中国古代社会中政与商两极尽管从表面上看地位差距悬殊，泾渭分明，而实际上却有着相当一致的利益诉求，所以官商勾结的现象史不绝书，自古以来就是商借官势，官享商利，权力与资本相互寻租，并呈现出愈演愈烈的趋势，晋商同样位居此列。商人进行寻租活动具有两个层面的意义，首先是为了在专制王朝的种种重税和虐政之下保全自己的财产，这也是他们拼命向政治权力靠拢并争取成为其附庸最直接也是最根本的目的。由于皇权的至上性和绝对独占性，皇帝除了垄断社会资源之外还理所当然地拥有最高赋税征收权，通过各种超经济强制的手段，实际控制并享有全国的财富，并且在剥夺臣民个人财富时有着绝对的道德威势。明儒黄宗羲对此认为,"人君视天下为莫大之产业"。

传统商人阶层在既有的统治秩序以外找不到其他的政治势力或社会力量去寻求特殊的保护,他们若想在如此不利的制度环境下寻求生机,就只能以寻租为手段,屈身于皇权与政府的威势之下并极力把握住从权力扩张的过程中滋生出来的种种机会来谋求利润的最大化,从而钻营出自己安身立命与从事经营的空间。唐代诗人元稹所作《估客乐》一诗深刻地表现了民间小商人成为富商大贾的手段及转变过程,其中"先问十常侍,次求百公卿,归来始安坐,富与王者竞"这样的描述就是对传统商人攀附统治阶级的生动写照。

寻租对于传统商人的意义并不局限于生存的层面,其更为积极的意义是以寻租的方式从政府手中换得政治买办特权,从而获得国家禁榷商品的专卖资质,在顶层市场中追逐暴利。由于封建政府一向寻求垄断利润,它势必凭借政治强力来谋求租金收益最大化,因而中国古代社会中的产权结构明显呈现出一种以权力为基准的差异化特征。自汉武帝将"盐铁专营"奉为国策之后,绝大多数王朝基本上垄断国民经济中营利性最强的行业与要素市场,将顶层市场的控制权牢牢地掌握在政府手中,导致民间商人只能在底层市场中谋求发展。而底层市场尽管体量庞大,但其不仅经营分散,而且利润微薄,商人至多也就是"竞锥刀末利"而已。两者相比之下,致富的最便捷、最稳妥的途径无疑只存在于国家高度管制的顶层市场之中。

北宋时期曾流行一句民谣:"欲得富,赶着行在卖酒醋"。此语充分表明了各类国家专卖行业的暴利性。可以认为禁榷商品的特许专卖权具有一种硬通货的性质,它是一种直接源自政治权力的财富。

自宋代之后,食盐、茶叶等特殊商品的禁榷专营制度逐渐由国家全面垄断产销转变为政府招商专卖并对商人特许授权,到明清时期这种"官商合营"的模式更是逐步以制度化的形式确定了下来,于是像晋商这样的民间商人便大量涌入国有专卖体系并逐渐形成了一个完全依附于君主政治的官商权贵阶层。

中国古代社会中所谓"抑商"的概念几乎是一个伪命题,掌握大量财富的富商大贾早已与统治阶级相互抱合在一起,形成了坚固的权贵资本。每逢一代王朝政治衰败之际,统治阶级加紧对百姓财富的聚敛和掠夺的时候,权贵商人总能在官府的特别庇佑之下安然无恙,他们将私营工商业中的风险大量转嫁给政府为其承担,而缺乏特权保护的普通商人则必然难以幸免。甚至权贵资本集团还往往充当统治阶级的帮凶,或将市场中的种种不利因素转嫁给普通商民,或伙同官府一并对这些中小商人的财产进行勒索和掠夺。

明代以降,统治者通过特许授权的制度安排以及逐步放宽对商人进入官场的各种限制,使本应独立自主,充分利用市场机制发展的民营工商业日益朝着权贵资本的方向发生异化。商人为了获得国家专卖商品的经营资质,以及长期维持某一区域或某一行业市场中的垄断地位,只能加紧投靠官府、奉纳皇权,把经营政商关系作为自己最主要的事业,甚至弃商从政,直接将家族触角伸向高层政坛并试图影响国家相关经济政策的制订。如此商业与政治互为利用,纠缠日深,官员与商人你中有我,我中有你,日趋难以分化,导致天性趋利的商人对君主政治的依赖程度一步步加深,最终彻底被政治所同化。然而,这种完全由政治权力所赋予的商业特权无疑是极为脆弱且不稳定的,一味迷恋垄断利润对于商人来说不啻饮鸩止渴。商人在政府的挟制之下完全无法主宰自身的命运,失去了应有的独立人格,其盛衰跌宕、起落浮沉几乎就在朝廷的一纸令文之中,一旦遭遇政局的动荡或权力的反噬,商人实际上完全不具备任何抵抗能力,更不会得到来自统治集团内部哪怕一丝一毫的声援。

11

晋 商

晋商一般是对明清时期山西商人群体的统称。在近五个世纪的历史中,晋商融商品经营资本与货币经营资本于一体,构筑了一个庞大的商业帝国,他们通过商业贸易、物资转运以及金融活动,为中国传统社会的发展变迁以及商品经济的繁荣做出了巨大的贡献。晋商现象是中国特定历史时期经济、政治、社会、文化等各方面发展的一个综合反映,其中封建政府的因素在晋商兴衰变迁的过程中发挥着关键作用。仅以晋商的政商关系而论,其中既有官商、民商之分,又有大商、小商之别,他们与政府之间的关系差异颇大。同时,政商双方在博弈的过程中,既有各取所需、寻求双赢的一面,也有设租寻租、暗箱操作的一面。

与皇家、官僚、仕宦等权势阶层相比,商人无疑是处于社会下层的一个弱势群体,他们的生存策略通常是依附强权,成为政府的附庸,乃至进行大量的政治投机,寻求以政治手段解决经济问题。晋商作为传统商人阶层中的一员,自然也是由权力经济体制所形塑而成的产物,由于同政府以及官员的亲疏程度不同而使其回报率具有很大伸缩性,因此他们千方百计寻租,以各种方式攀附政府,甚至与官员之间的关系达到亦步亦趋、如胶似漆的程度。晋商在清末民初走向衰落的一大原因仍在于他们与封建政府的结合过于紧密,从而丧失了自身应有的独立性和转型发展的能力。

第一节　晋商的起源

晋商在先秦时期就有名气,生意做到国内各地。但要论规模,还是帮唐高祖打天下的武士彠。当年李渊从太原起兵,与姨表兄杨广争天下。他俩的母亲是亲姐妹,二人还是儿女亲家,知根知底。当时还是经营木材的武士彠,是李渊的好朋友,倾尽所有财力支持他起兵。结果一宝压中,大唐建立后,先是出任工部尚书,又被封应国公,位列大唐的开国功臣,跟秦叔宝、尉迟敬德、李靖、狄仁杰、程咬金一个级别。离奇的是大家都是枪林弹雨厮杀的战功,唯独武士彠做买卖挣得的功名。需要说明的是,武士彟是武则天的亲爹。这身份在历代晋商里是无法超越的了。武士彟(yuē)才是真正的"红顶商人"。

朱元璋起事时,获得晋商大量的物资支持,得天下后,作为回报,给了晋商"盐引",食盐买卖的合法权益。晋商真正形成地域性商人集团是在明初的洪武、永乐年间。当时明政府设置九边重镇以备蒙元南侵,全国近半税收都散在崇山峻岭中的长城屯兵一线,旷日持久的常态性军费支出致使国家财政困窘,政府对此创设"开中法"盐政,用政策杠杆撬动民间资本参与到国家严控下的官盐运销体系中。晋商凭借背靠晋北几大边防重镇与坐拥晋南河东盐池的巨大地理优势,大量开展极具垄断性质的"纳粮、换引、支盐"的贸易活动,很快便形成了规模化效应。

盐引相当于食盐的官府"白条"。盐商先交钱给官府,官府给你打个白条,然后你把边防军队需要的粮食运去,换取白条的存根,取得食盐,再行卖盐。就这样一手倒粮,一手倒盐,国家财富很快集中到盐商们手中。用现在的话说,国有资产大量流失,都进入盐商的腰包。《明史·盐政议》里说:在广陵者不啻三千万两,每年子息可生九百万两。

明代中叶之后,晋商在长期控制河东、长芦等重要盐场的同时又借"俺答封贡"(俺答封贡发生于隆庆五年1571年,是明朝少数以非军事手段解决与外族敌对关系的事件。在明朝中央内阁大臣高拱和张居正的策划下,加上地方上的宣大总督王崇古及大同巡抚方逢时操作下,成功把握把汉那吉与其祖父、鞑靼首领俺答因家事争执而降明的机会,达成了封贡及互市,结束了近二百年的敌对状态。明朝又凭借在铲除赵全等汉奸之后,削弱了鞑靼内部的组织力,形成了往后上百年,明朝北边绝少爆发大规模战争的格局。)之后逐渐控制了与蒙古国、女真等少数民族政权的茶马互市,由主营盐业、粮食贸易转变成了经营百货行销贩运的跨地域商业集团。

这还只是官面交易,真正的财富之道,是盐商们官面交易下的走私。就这都不得了,要知道明朝平均年入税银也就一千万两。就是说,晋商的年收入远远高于国家的收入。以至于明代的财富就是一个奇葩的存在,商人们富可敌国,皇帝和内阁大臣们穷得揭不开锅。据《明史·列传》记载,曾做过河南光山县知县的程国祥,崇祯十一年当了宰相,国祥位居卿相,布衣蔬食,不改儒习。卒后,家贫不能举火。这么大的官,人死了家里竟然揭不开锅。

第二节 晋商在清朝时期的发展

晋商主要财源却是军需物资走私。盐引的交易集中在边关,实际上就是如今所说的"边贸"。晋商有了官贸身份,实际操作的就是把口外边民急需的粮食、盐铁,换取马匹、牛羊和皮张,卖回内地。几下倒腾,攫取巨量财富。

但是明朝始终提防着蒙元,限制他们的物资支持,铁锅都不给。随后崛起的努尔哈赤,也故意不给他们恢复活力的机会,不断打击他们。明代最难的其实是蒙元,连个做饭的铁锅都要兴兵抢劫。

努尔哈赤小时候命运不济,十岁失去母亲,后母的虐待,迫使他很小就跟小伙伴们上山挖人参,捡蘑菇,然后与汉人交易。因而及早地接触了边疆贸易,为后来兴兵起事打下基础,知道怎么便利得到更多的军需物资。明朝为了防备蒙古人,重兵沿长城设置,主要在山西境内。这也是晋商发达的主要原因之一,尽得天时地利。加上有了努尔哈赤大客户,人和也有了,想不发财都难。

在 1618 年正式向大明宣战之前,他们和晋商的交易地点集中在张家口,所需的物资几乎都从这里得到。到了后期,要铁器就来不及了,晋商直接供应武器。其中孔有德就倒腾到葡萄牙最新式大炮,卖给努尔哈赤,这种当时最先进的野战火炮,对明朝守军造成极大杀伤。

从万历十一年(1583 年),到万历四十四年(1616 年),用了 33 年时间,建立了大金政权,成长为大明王朝的劲敌。这期间,晋商不遗余力为努尔哈赤提供了全部的火药,80% 的粮食和 60% 金属。也正因为绝大部分属于走私,金属都以铁饭锅的形式运出边关。

为什么晋商会把铁饭锅作为军需物资卖给后金？铁锭是严禁与外邦交易的战略物资，而铁饭锅不是，于是就有了避关的理由。但是明朝的铁饭锅却可以当铁锭用。

明代学者曹学佺的《蜀中广记》，杨慎的《丹铅录》，都说到这口大饭锅。其中的杨慎说得明白：近日平谷耕民得一釜，以凉水沃之，忽自沸，以之炊饭，即熟，釜下有"诸葛行锅"四字。乡民以为中为宝物，乃随之，其复层中有"水火"二字，即前物也。异哉！说到本朝有平谷县农民，犁地时扒拉出一口大铁饭锅。铁锅不稀奇，这口锅却离奇，不用烧火，水米放锅里会自行煮熟。锅底有"诸葛行锅"四个字。村民们认定里面有宝物，就把锅砸开取宝。发现锅是夹层，里面只有符咒，并无宝贝。后来有人证实，说这口行军大锅是关云长打仗时候用的。不管怎么说，这口铁锅又大又厚，分量极重。

说好听点是晋商凭借过人的战略眼光，将筹码押在了声势日盛的关外后金政权身上，他们通过边镇马市与其互通贸易，向其提供紧俏物资，甚至还为其传递、输送情报，为清廷入主中原作出了巨大贡献。用经济学解释，商人是商品交换的产物，逐利是他们的天性，没有利益的事情不干。唐朝大诗人白居易的千古绝唱《琵琶行》，对商人评价很透骨：商人重利轻别离，前月浮梁买茶去。说的是在商人三观里，除了钱，别的一概无所谓。

晋商帮着后金灭了大明王朝，获得清朝丰厚的回报，清王朝赐予他们皇商身份，等于私人拥有的国有企业。顺治时期，晋商中有八大家族因功被封为"皇商"并入籍内务府，专门主持皇家的贸易事业以充实内帑，他们携皇权之无上威势进行着一系列政治色彩极强的商业活动，包括北上蒙古国开展军贸，东渡日本贩运洋铜，在东北采挖人参等，成为显赫一时的政商豪族。

步入清代中叶之后，中国传统社会全面成熟，商品经济日趋活跃，新的商路大量开拓，商人在国家中的角色与作用愈加突出。在盛世繁荣之下，晋商充分利用清王朝对广阔边疆地区的一系列军政战略布局，一步步向内亚腹地乃至欧洲进军，将商业版图拓展至极盛，他们手持清政府对蒙、俄贸易特别签发的许可证,几乎独占了辽阔的蒙古草原市场。同时,晋商又以恰克图"一口通商"的市场模式为依托,通过骆驼、牛马一类最原始的运输方式,走出了一条横跨亚欧大陆,北至俄罗斯,南抵武夷山的"茶叶之路"。

第三节　晋商与政府的关系

晋商在不断谋求开拓市场的同时也格外重视家族政治势力的经营,培养族中子弟科举做官,构筑政治保护伞,以求更好地为其商贸经营事业保驾护航。从明代中叶开始,山西盐商集团就利用雄厚的财力和日益强大的社会实力不断推动政府改革科举制度,使其子弟后辈得以凭借"商籍"的名义附籍于行盐经商的省份参与科考。在常年持之以恒的不懈努力之下,嘉靖、万历年间,晋商中出现了横跨政商两界,对当时山西一省乃至全国政局都有相当影响力的王崇古和张四维两大官商巨族。

到了清代,由于政府给予商人及其后代参加科举的政策条件更为优惠,以及逐渐开放了对有产者纳资拜爵的各种限制,晋商由此全面向官场渗透,他们将捐买官衔与业儒仕进充分结合起来,积极构筑一种政商联袂的格局。清末山西富商云集的晋中地区,许多商人的宅院门墙上都挂有"大夫第""武德第"一类彰显官员身份的牌匾,而广为后世所知的乔家、常家等晋商大族则更是持续数代商、学、仕三者并重,成了真正意义上的儒商家族。

晋商在明清五百余年间由异军突起到发展壮大,终至黯然衰败的变迁历程,我们不难发现,晋商与政府之间存在着极为紧密的联系,他们不断寻求将自身的商业发展与国家的政治目标形成合力,忠诚高效地执行着政府的各项经济政策,为国家提供财政支持、物资供应等服务,在以国家权力为后盾扩充资本的同时充当了君主政治维持统治的工具。甚至可以认为,晋商对于明清王朝的政治和社会意义超过了其自身固有的经济意义,一部晋商的兴衰史几乎可以看作明清两朝政治与社会兴衰史的缩影,国运与商运密切相连。

晋商所从事的最主要的商业形式是原始的跨地域大宗物流贩运业。在运力水平低下的古代中国，这种经营方式不仅需要耗费大量的时间，更需要集中大量人力，由此正好解决了因土地资源紧缺而产生的大量剩余农业劳动力的社会问题，极大地缓解了明清时期日益尖锐的人地矛盾，在一定程度上克服了小农经济结构缺乏弹性的痼疾并在客观上稳定了基层社会的秩序。

第四节 晋商成败的原因

一、成功原因

晋商的成功印证了权力经济这一制度逻辑对于中国传统商人阶层所具有的重要意义，商人要想做强做大，必须要得到国家的政策倾斜以及政府必要的扶持，乃至直接进入权力体制，形成权贵一体的商业格局，成为君主政治的既得利益者。

在明清两朝专制皇权仍然主宰天下利源的时代中，晋商的主营行业如官盐行销、茶马互市、对外贸易，以及票号金融，它们无一例外地全都属于国民经济中的顶端部门和最为有利可图的商业形式，从事这些行业经营的商人，一笔生意往往就可以获得成百倍的利息。与此同时，这些行业都高度依赖于国家权力的支持，带有强烈的垄断性、权贵化色彩，远非普通的民间小商小贩所能涉足。具体而言，官盐运销属于历代王朝通行的禁榷专营体系；对蒙、俄的贸易由于各大晋商商号长期对清政府特别签发的"部票"这一外贸许可证的垄断使之实质上也属于一种特殊的国家特许授权商业模式；即使一度游离于体制之外，长时期未遭受政府过度盘剥和勒索从而实现成功的票号业最终也依然走向了向权力经济的回归，乃至由一种民间商业形式彻底异化成了整个国家财政体系的一部分。在此意义上，与中国历史上的其他各式各类商人或商人群体相比，晋商身上的政治特征尤为突出。

五百年商路漫漫,晋商依托天时、地利、人和的优势,相识度地聚财,奋发开拓创业,从默默无闻,偏居一隅,牵车服贾的小商小贩逐渐发展成为海内知名,足迹遍及天下,"非数十万无以称富"的豪商巨贾,创造了中国古代社会的商业奇迹。然而,晋商终究是中国君主政治时代权力经济体制塑造之下的产物,他们的成功不单来自于商业经营方面的卓越才能,也在很大的程度上来自于皇家和政府的特许与恩赐。尽管晋商获得的财富积山盈海,但是他们始终无法摆脱对政治权力的深度依赖。

二、失败原因

直至晚清时期,晋商依靠其独创的、极具前瞻性的票号金融事业承揽了清政府的税银调配、战争赔款、藩库周转等一系列官银的经营存兑业务,几乎是以民间商人的身份发挥着国家财政的部分职能。然而好景不长,在清末中国近代化的时代巨变中,晋商无力从急剧衰败的国内市场以及日益分崩离析的中俄、中蒙国际市场中全身而退,同时惨遭清政府与帝国主义势力的联合绞杀,从而全面走向衰败。

晋商在帮着清政府贩卖大烟时,染上吸大烟恶习。到了乔致庸,下死命令遏制,不敢明着吸了。乔致庸死后立马又大吸起来。以至于晚清时随着政权腐败,局势混乱,大批钱庄收不回欠款而倒闭。直到辛亥遭到社会清算而彻底衰败。

在一定意义上说,晋商财富的增长与市场的充分竞争无关,与产业开拓无关,与技术革新无关。商业资本长期没有向产业资本进行转化。而到了君主政治行将就木之时,晋商仍未能把大量的商业利润投入到近代工业的发展中,投入到推动生产力发展的第一线,这无疑也是导致其败落的原因。

12

徽 商

第一节　徽商的起源

徽商,是古徽州一带商人的总称。古徽州大致位于今天安徽、江西和浙江三省交界,歙县、休宁县、婺源县、黟县、祁门县和绩溪县合围区域。徽州在古代又被命名为"新安郡",因此,徽州商人又被称为"新安商人"。东晋时期已经有徽人经商的记载,《晋书》卷二十八写道:"又宴会辄令娼妓作新安人歌舞离别之辞,其声悲切。"显见当时徽州人经商的离别情谊已经写入歌谣,其经商活动已经为时人所知。

到了隋唐,祁门县的茶市开始兴盛,徽州茶商逐渐被世人熟知,南宋时期祁门县茶商已积累了雄厚的资本,出现了以程氏(程承津、程承海)兄弟为代表的大富商,两兄弟因致富有名被合称为"程十万"。到了元末明初,徽商开始利用高利贷牟取暴利,以大富商江嘉为代表的歙县徽商富甲一方。依托雄厚的资本,徽商开始与上层政治势力打交道,资助元末战乱中的诸侯,如朱元璋、陈友谅、张士诚等,为后期"政商密切交往"打下了良好的基础。

明代中叶至清代乾隆末年,徽商整体发展呈现出一片繁荣之象。明代成化年间,徽商把握机遇打入盐业市场获得垄断经营权,并取代晋商成为盐业市场上的"霸主",从而迎来了第一次兴盛期。伴随着徽州盐商的快速崛起,徽州茶商、木商、典商也相继在历史舞台上崭露头角。明末清初,经过战争的浩劫,徽商经历了大规模衰败。"清承明制"后,徽商东山再起,与明代相比,其经营范围更广,甚至遍及日本、东南亚各国和葡萄牙等地,成为了名副其实的"天下第一商帮"。清代乾隆末年以后,皇权专制统治积重难返,社会矛盾日益尖锐,兵燹不断。为巩固统治,统治阶级一方面极力压榨商人,收取苛捐杂税;另一方面,大力推行改革,尤其是盐政的改革,让徽商彻底失去垄断优势。清朝末年,国外资本大量倾销中国,徽商最后的商业市场也被外商蚕食殆尽。此后,徽商一蹶不振,逐渐退出历史的舞台。

第二节　徽商特征

（1）经营有道。在创业之初，徽商通过经营多种产品的批发和长途贩运积累原始资本。随着经营规模逐渐扩大，一些徽商开始涉足生产领域，合工商于一身，边生产、边售卖，并在商业经营过程中，注重人才的培养。许多徽商的事业久盛不衰，虽不乏亲情纽带的凝聚和以德服人的柔性手段，但一般都同时有严格的用人管理制度和规章。徽商讲究商业道德，古代徽商把儒家思想中的"信""义""仁""礼""智"作为最高的道德准则来规范和约束自己，强调以诚待人、以信接物、义利兼顾。

（2）贾而好儒。徽商之所以被称为"儒商"，是因为他们在经商过程中总是不忘记读书学习，常读儒家经典，因而有"贾而好儒"的鲜明特点。自古以来，徽州地区都十分重视文化教育，入仕的文化氛围一直很浓厚。在徽人看来，"做官是人生的第一选择，经商则为第二选择"。因此，在众多商帮中，徽商子弟登科及第的人数最多。徽人好读书的文化氛围为他们经商提供了诸多便利，除了增强他们的"经商理性"并形成"儒道经商"的商业道德外，还使他们熟练地掌握"官方语言"，能够较好地与官府打交道，为与统治阶级建立良好关系奠定了基础。

（3）宗亲传承。徽商宗亲观念极强，特别注重团队协作，这种"乡谊观念"和"宗亲意识"，使徽商彼此之间有着强烈的相互依存理念，往往会以众帮众、相互提携。徽商由一开始的独立个体发展成为"徽州商帮"，靠的就是血缘宗亲和地缘关系的纽带作用。正如徽学研究者陈学文所述，"徽商亦多凭着宗族的血缘和地缘纽带，将宗族子弟纳入经商的群体中，成为得力助手，也是其事业成功的因素之一。"每个地方的徽商通常会通过建立徽州会馆、同业公所等加强交流合作，一定程度上强化了徽商内部的凝聚力，也有利于排挤其他商帮和拓展市场。

第三节　徽商巴结政府的手段

（1）结交权贵。徽州人之所以能行商天下，善于结交朋友是一个很重要的因素。对徽商而言，与皇权集团的交友联谊已不是简单的商业行为，而是披上了政治外衣的钱权交易。官员大都手握重权，自然成为被徽商"围猎"的对象。而官僚阶级对徽商的这种"友好"自然是"无法抗拒"，甚至有些帝王都愿意与徽商为友。徽商在这方面出手十分阔绰，如徽商凌和贵"自达官绅士即氓庶无不以礼相待，与地方长史过从款洽"，徽商江禹治"当路巨公迄四方才智士顾与缔纳"，等等。每有王侯将相到达徽商活动区域，徽商中的大商人便要挥霍巨资为其"接风洗尘"；每逢官僚生日，徽商亦将携巨资为其祝寿；甚至到了商业低谷期，徽商也不惜赔上血本讨好手握重权的官员，以期借助政治势力东山再起。

（2）重金买官。徽商与皇权阶级趋同的最高境界是成为皇权集团中的一员——以为官之名行经商之实的官商，而最便捷的途径便是"以富求贵"。卖官鬻爵历朝历代皆有之，明清时期则更盛，这一现象与商人重金求官不无关系。徽商中最为著名的"红顶商人"胡雪岩，便是因为"捐输"和辅助左宗棠有功，而被清廷封为从二品官员，名噪一时。类似例子在徽州宗谱、族谱和有关地方志中屡见不鲜。另据嘉庆年间的《两淮盐法志》记载，顺治二年到嘉庆十年，徽籍商人子弟为京官者达 26 人，在地方当官者 74 人，并有武职者 1 人。

（3）送女联姻。在古代徽州，谈婚论嫁十分注重"门第"，商人更是如此。徽州地方志有不少关于徽商与官僚之间联姻的记载，一些大商人和时任官僚之间的姻亲例子比比皆是。在利益面前，徽商视政商联姻为攀附官员的重要方式，千方百计寻求与官员或者皇亲国戚联姻的机会，这种联姻多数情况下是通过徽商的女儿成为官员妾室的方式实现的。通过联姻，徽商与皇权官僚阶级建立了利益捆绑关系，徽商可依托官员的势力进一步扩大商业版图，并持续巩固商业地位。

（4）行贿寻租。徽商的优势在于富有,不吝重资行贿官员自然成为其笼络官员的首选方式。徽商贿赂达官权贵者甚多,《意园文略》中描述徽商巴结官员的情况:"官以商之富而安之,商以官之可以护己而豢之,在京之缙绅,过往之名士,无不结纳,甚至联姻阁臣,排抑言路,占取鼎甲,凡力之能致此者,皆以贿取之。"明清时期,贪污腐败较为严重,"十年清知府,十万雪花银"便是生动的写照。徽商行贿权贵的一种重要方式就是帮助官员"洗钱",官员将贪污所获赃款交由徽商运营坐收厚利,这种钱权交易使得徽商与皇权官僚势力之间的利益捆绑关系更加牢固。

（5）为君分忧。徽商在意识形态上"忠君"思想根深蒂固,始终与皇权势力站在一起。首先,徽商的"捐输"很大一部分是用于战事、赈灾等国家之急,如清朝统一台湾期间,徽商捐输超过三千万两白银,中国当时国民收入约为 278.127 2 万两白银,人均7.4 两,可见徽商的贡献之大。其次,农民战争期间,徽商始终支持皇权势力镇压农民军,他们不仅大量捐输、出谋划策,甚至弃贾从戎,譬如:章韬为明军抵御张献忠出点子;张梦玺加入明军抵抗李自成的农民军;朱有升策划并参与对太平军的围追堵截等。这些做法拉近了政商之间的距离,有助于徽商依附皇权官僚势力而共生。

（6）资助寒门。徽商不仅善于用金钱结交在任官员,而且乐于与普通士子交往,甚至不吝巨资。徽商对寒门士子总是慷慨资助,不仅邀请他们到徽州会馆接受免费教育,更是为其进京赶考买单,以期士子中试成为朝廷官员后即便不能"涌泉相报",起码也能"占其余润"。很多正史和人物传记中都有徽商与普通士子交往的记载,如康熙年间的《徽州府志》就记载了歙县商人黄錡对赖姓寒门士子的帮助。徽商视这些士子为将来的官员,把解囊行为当作商业"投资",这是徽商在栽培政治势力发展商业经济上做到极致的表现。

第四节　徽商敛财的途径

徽商通过依附皇权而得势,得势之后又凭借这张特殊的政商关系网施展种种正当的和不正当的手段,从而攫取巨额利润。

(1)贱买贵卖积累资本。贱买贵卖是商人原始资本积累的最直接方式,"商祖"白圭就认为"夫良商不与人争买卖之贾,而谨司时。时贱而买,虽贵已贱矣;时贵而卖,虽贱已贵矣"。徽商"乃挟赀治鹾淮阴间,善察盈缩,与时低昂,以累奇赢致饶裕",不仅很好地传承了这一经营理念,并且在实践中结合依附皇权的优势将贱买贵卖做到了极致。明中叶以后,政府开始征收金花银,迫使老百姓不得不在粮食收获的季节售卖粮食换取货币以备不时之需,徽商乘机压低价格收购,待到粮食紧缺时再以高价卖给政府或老百姓赚取差价。通过这种方式,徽商积累了大量的原始资本,为进入两淮盐场做足了准备。

(2)排挤同行抢占市场。徽商进驻两淮后,凭借地理优势和皇权势力的"保护伞"作用,在两淮盐场稳住阵脚,并逐渐在国内商业市场上称霸。随着徽商势力的不断增强,不断排挤其他商帮在淮扬地区的经营权,迫使擅长长途贩运的山陕商人撤出了两淮盐场,并迅速挤压浙商的食盐销售空间。除了在盐业经营上打击同行外,徽商还充分利用政治优势和宗族优势,不断抢占典当市场。"当时南京的当铺总有五百家,福建铺本小,取利三分四分。徽州铺本大,取利一分二分三分。均之有益贫民"。通过采取这种策略,徽商成功排挤了福建典商,并最终雄霸南京的典市。

(3)垄断经营大发横财。明朝推行"开中折色制"和"纲法制"后,徽商通过依附皇权势力,开启了近两百年对两淮盐业的垄断经营历程。两淮盐场是当时中国最大的盐场,是全国各大商帮争相进驻的"香饽饽"。徽商获得经营专权后,大发垄断横财,并相继实现了在区域范围内对典、木、茶的垄断经营。凭借盐业经营积累的财富和官场人脉,在康熙年间至乾隆年间的一百多年里,江南地区的木材业几乎被徽商垄断，"徽州木商在杭州势力更为强大,成立了徽商木业公所,处理木业相关事宜"。清代乾隆末年,中外贸易出现巨额顺差,在出口的商品中,由徽商垄断经营的绿茶位居第一。

第五节　徽商的衰败

徽商依附型政商关系缔结的基础是利益,一旦利益输送的链条断裂,依附型政商关系也将破裂,明朝后期,专制统治在政治上腐败、经济上衰退,对商人的盘剥日益加重。尤其是万历以后,官僚阶级向农民和商人征收的税费相当繁重,一些徽商甚至因此破产。

清朝初年虽实行了休养生息政策,采取了减免税费等举措,但政策执行时间并不长。到了康熙年间,清政府对徽商累计征收的税费已超过了整个明朝对商人征收的税费。康熙以后,税费年年加码,苛捐杂税再次成为束缚徽商发展的枷锁。清朝中后期,国运衰败,内忧外患,割地赔款,统治阶级对徽商的盘剥也变得"无所不用其极",加速了徽商的衰败。由于对皇权的过分依赖,当皇权统治面临危机时,徽商的经营也变得举步维艰。此时,皇权官僚阶级不仅不会顾及徽商的死活,反而会最大限度地榨干其剩余价值。

康熙至乾隆年间,盐业在税收上的贡献十分显著,统治阶级和盐商都获得了丰硕的收益。乾隆后,"纲法制"下的盐业市场面临诸多困境,不仅在缴费纳税上"后劲不足",而且成为引发社会动乱的重要原因。

到了道光年间,由于私盐泛滥、官盐滞销,盐业税收大量减少,引起了统治阶级的不满,并开始对盐业市场进行整顿。道光十二年,清廷采纳了盐政大臣陶澍的建议,对盐法进行改革。改革的核心内容是变"纲盐制"为"票盐制","招贩行票,在局纳课,买盐领票,直运赴岸,较商运简捷。不论资本多寡,皆可量力运行,去来自便"。

徽商能在清朝前期积累大量资本,与其对两淮盐业的垄断是分不开的,并且"子孙承为世业"。然而,时过境迁,后来的清朝统治者在保障徽商既得利益和革除盐业市场积弊之间必须做出选择。鉴于当时的徽商对皇权势力而言,已经"没那么重要了",这一改革举措被迅速推广。"票盐制"的实行让民间资本大量涌入盐场,彻底打破了徽州盐商在两淮盐场的垄断地位,撼动了徽商长期雄踞淮扬地区的根基。自那之后,徽商失去了商业帝国的"半壁江山",衰败之势已无法阻挡。徽商虽然长期向皇权官僚阶级输送利益,但起码在名义上享有对自己企业的所有权和独立经营权。这种模式亦可称之为"官督商办",主管机构的官员一般不干涉企业内部事务。

洋务运动兴起之后,"官督商办"的经营模式被认为存在诸多问题,清政府开始推行"官商合办"模式。所谓官商合办,即官僚和商人共同出资,共同管理企业,收益分成。1897 年,光绪皇帝为实现"求富""求强"的目标,"批准本省各官暨京外大小官绅量力附股",明确允许"官商合办"。然而,官商合办企业成立后,政治权力逐渐成为掌控企业的决定性因素,很多官员最终都成为了官商合办模式中企业的实际控制者,包括徽商在内的普通商人无疑成为了官商合办模式下的牺牲品。

鸦片战争,英军用大炮轰开了中国的大门之后,中国与世界经济的联系逐渐增多,来自外部的商业力量对中国传统的封建经济造成了巨大冲击。徽商由于与皇权官僚阶级渐行渐远,失去了来自皇权的直接支持,处境已经日薄西山。鸦片战争后,大量国外商品进入国内市场,徽商的商业版图被外商步步蚕食。首先是徽州茶商被以英控印度茶商为代表的外商挤出国内外市场,其次是欧美等西方金融商人凭借西方现代银行和灵活运营方式击垮了徽州典商。与此同时,外商在借助买办阶级大量输送商品的过程中,强势传入了西方现代科学文化。此后,人才竞争和选拔的考察核心标准不再是昔日奉为圭臬的程朱理学,如此转变严重削弱了徽州传统科举优势,儒贾相依、士商结合的徽商经营传统已是摇摇欲坠,难以为继。在此背景下,徽商的衰败也成为必然。

13

公司概念在近代中国的形成与丰富

在鸦片战争的隆隆炮声中,公司这一组织形式伴随着中国近代化进程的开启植入我国。此时西方社会公司概念的核心内涵业已界定完成,但在中国,公司尚为新生事物,不仅相应的政治、经济条件尚不成熟,国人也未对其形成清醒认识,这就使得公司概念在我国的形成、演进过程极富挣扎性,备受中国半殖民地半封建社会状况阻滞。清末以降,在西方公司概念的秩序框架与国内社会现实状况的双重挤压下,公司概念的引进和变迁意图化解外资与中资、官商与民营之间的矛盾和对抗,缓慢走上法律制裁的道路。

第一节 清末公司概念的缘起

中国古代汉语中就有"公""司"二字,"公"含无私、共同之意,"司"则指主持、管理,但很少将二者合为一个词语使用。"公司"一词作为企业组织形式是从英文"company"的音译"公班衙"转译而来。魏源在《海国图志》中对外国公司进行了最早描述:"西洋互市广东者数十国,皆散商,无公司,唯英吉利有之。公司者,数十商辏资营运,出则通力合作,归则计本均分,其局大而联。"魏源所说专指英国东印度公司,其从 18 世纪初开始就在我国广州等地进行对华贸易,是我国最早出现的公司企业。实际上从那时起至 1833 年英国东印度公司独占结束,"公司"主要是它的中文专用名称。直到 19 世纪末期,"公司"才从专用名称转变为泛指外国企业的集合名称。

在命名公司之前,来华的英美企业多以"洋行"命名,如怡和洋行、太古洋行、沙逊洋行等。无论这些外国公司的称呼如何,它们确实给我国带来了一种崭新的企业制度,突破了数千年封建社会自然经济局限,远远超越了合伙经营形式,为我国发展资本主义经济提供了良好契机。

19 世纪 60 年代,随着外国在华设立股份公司的增多及受到股票丰厚收益的吸引,部分国人开始接触并认同这一经济组织形式,华商附股于外国股份公司的行为日趋活跃。

1872 年,晚清洋务派核心人物李鸿章指派沙船业巨商朱其昂创办了中国第一家股份制企业—轮船招商局。此后,又有一些大型股份制企业相继成立,如开平煤矿、上海机器织布局、中国电报局等,开启了中国近代建立公司的先河。

以轮船招商局为代表的早期公司都是由政府特许成立,采取官督商办、官商合办等形式。这一形式可以有效规避中国社会当时市场经济不发达、信用基础薄弱等弊端,协助和孕育本土公司的产生,在政府庇护下公司快速发展起来。然而,随着经济活动的频繁,政府逐渐从保护者转变为规则制定者,甚至作为游戏者涉足公司内部事务,与商人之间的矛盾日益凸显,成为公司自主运营的一大障碍。不仅如此,当时对于公司的界定、运行也很不规范,只是各股份公司在自己的章程、条规中仿照西方公司的生意条规自行规定。公司的设立、招股与管理十分混乱。

第二节　清末《公司律》

清政府于 1904 年 1 月颁布了近代中国第一部公司法《公司律》,在中国历史上第一次对"公司"作了法律界定,"凡凑集资本共营贸易者,名为公司",并对公司的类型、创办成报、股份设立、股票转让买卖、股东权利和义务,以及公司董事推选等作出相应规定。这一定义以最为直观的方式将公司呈现于公众面前,用当时社会的普遍共识界定公司,消解了东西方不同文化背景对其理解的隔阂,将移植国外现代法律的抵触情绪降到最低,使《公司律》很快博得人们的信任。

这一功能性定义,实为对公司强大竞争优势和融资能力的强调,迎合了当时国人对公司的理解。他们普遍认为公司的根本优势在于"聚财"与"合力"。1884 年,钟天纬就曾撰文明确肯定公司集合资本的优势,他认为"四人势合,合则本大力厚,而无往不前。所谓独力难成,众擎易举公司是已"。

然而公司概念的功能性解释与公司核心内涵的揭示相去甚远,不能独立承担划定公司与其他经济组织形式边界的重任,必须对其内涵进行更为深入的挖掘。而且公司定义以当时强烈的社会共识为基础,但人们认识不是一成不变的,随着他们对公司概念理解的深化,必然会对公司内涵作出适应性调整,这也暗示了公司内涵将被不断修正。不仅如此,由于《公司律》的制定、颁布事出仓促,遗漏了一些非常重要的内容。

较为明显的就是《公司律》虽定义了公司内涵,却没有赋予其应有的法人地位。自主经营、自负盈亏、合法拥有财产、独立承担责任的法人定位是公司的核心属性,是保证公司这一组织形式"是其所是"的灵魂,是摆脱官办、官督商办、官商合办组织形式的有力武器。

《公司律》不仅没有赋予公司独立的法人主体地位、筑起禁绝政府涉足的法律屏障,还在第 30 条中规定:"无论官办、商办、官商合办等各项公司及各局(凡经营商业者皆是),均应一体遵守商部定理。"这里内隐的前提即为官办、官督商办、官商合办均为公司经营的合法形式,因而共同适用于该法律之调整。后虽在第 44 条中规定:"附股人不论职官大小,或署己名或以官阶署名,与无职之附股人,均只认为股东一律看待。"倡导股权面前人人平等的股份权利原则,但这根本无法撼动各级政府、官吏在公司事务中的优势地位,导致强调不依照出资或经营人身份确定权利义务的原则形同虚设。

这种与公司基本精神相违背的规定,不仅最终削弱了企业经营自主权,也在一定程度上造成了《公司律》实施上的困境。梁启超在《敬告国中之谈实业者》中指出:中国虽已有《公司律》,但"律文卤莽灭裂,毫无价值","中国法律,颁布自颁布,违反自违反,上下恬然,不以为怪……夫有法而不行,等于无法"。

第三节 北洋政府时期《公司条例》对公司概念的发展

1914 年 1 月 13 日,北洋政府农商部颁行了近代中国的第二部公司法——

《公司条例》。《公司条例》是在商会和众多工商业实业家参与下，经过长期酝酿和反复修改才得以完成。其内容和篇幅较之十年前的《公司律》均有较大变动，实现了西方先进法律与中国本土商事习惯的真正融合。

《公司条例》对公司内涵进行了重新界定，"所称公司，谓以商业行为业而设立之团体"，商行为在《商人通则》中具体列举了诸如买卖、工矿、行铺营业、承揽运送业、运送营业、仓库营业、损害保险营业等 17 种行为。

对比发现，《公司条例》完全颠覆了《公司律》对公司的理解，将商行为作为厘定公司的尺度，这一转变向我们传递了许多信息。

当时的立法者对公司的理解已经突破早期聚合资本之局限，认识到单单从功能层面界定公司过于肤浅，而应以更为广泛、翔实、具有操作意义的视角对公司加以界定。

对商行为的关注也表明商人的地位和影响在当时社会的提升。自 1903 年起旨在保护商业经营和兴办实业的诸多法规不断颁行，逐渐改变了中国长期以来"重农抑商"的文化传统，形成一种"慎重商政、力图振兴"的潮流，"一批现代或半现代的实业家、商人、金融家和大工业家，他们被物质利益、共同的政治要求、集体命运感、共同的理想和与众不同的日常习惯等联系在一起"，成为一股"振兴工商、实业救国"的重要力量。将公司界定为以商行为业主的团体也集中代表了他们的呼声与愿望。然而《公司条例》实际上将公司放置于既定框架之下，凡超越此 17 种商行为即不可采用公司形式，有些过于褊狭，不利于公司在社会经济中的普遍应用。

更为引人瞩目的是《公司条例》中明确规定"凡公司均认为法人"，成为对公司概念的重要补充。法人制度是公司制度的灵魂，是界定公司之第一要务。法人"本非实有其人，而法律上假作为一人借以明公司对内与对外之关系，使彼此界限分明，不相牵混"。

西方国家在 19 世纪中后期就已在公司法中明确赋予公司法人资格，并将其作为公司本质属性。公司只有取得法人地位，才成为名副其实的经济主体。

没有拟定法律上的人格,实质上等于没有划定公司同独资、合伙企业的本质区别,没有形成相对独立的公司概念。清末的《公司律》关于公司法人定位的缺失直接造成官商关系纠缠不清,极大侵蚀了公司的主体地位。

《公司条例》中公司法人属性的鲜明表达作为对《公司律》的一大突破,倡导所有权与控制权的理性分离,所有者享有剩余索取权,而将财产处置和支配权赋予公司,建立了崭新的公司法人产权形式,是我国近代产权制度创新的有益尝试,也为公司的正常运营奠定了充分的法律基础。

第四节　南京国民政府《公司法》对公司概念的完善

南京国民政府立法院于 1929 年 12 月 26 日颁布、1931 年 7 月 1 日起施行了新的《公司法》。该《公司法》对公司的定义较之《公司条例》更为深化,将公司定义为"谓以营利为目的而设立之团体",首次提出社团法人只要以营利为目的,不论是否符合《商人通则》规定之商行为,都可注册为公司。对公司营利性质的强调使公司形式有力地摆脱了行业局限,扩宽了适用范围,获得了更为广阔的活动空间。

事实上,营利目的之确定也反映了当时社会公众对公司认识的深化,表明他们已将公司的经济属性摆在重要位置。公司在近代中国产生以来,人们普遍将公司赋予了更多的政治、社会内涵,而对其"维护股东与自身利益最大化"的根本追求却有所忽略。

从洋务派引进公司形式力图振兴国力开始,公司在人们的思想中一直与"图强""图富""利国"等社会政治理想绑定在一起,于是政府、官吏出于经济以外目的对公司自由经营形成羁绊与干涉,致使公司还有许多非营利的社会责任,规模和发展速度受到很大限制。因此 1929 年《公司法》对营利的强调实为对公司经营目的的理性回归,为公司的进一步发展指出了明确的经济方向。

　　《公司法》还首次引进西方公司制度中的参与制,建设性地增加了"法人"持股的内容。"公司不得为他公司之无限责任股东。如为他公司之有限责任股东时,其所有股份总额,不得超过本公司实收股本总数四分之一。"这不仅为公司之间的兼并、收购,以及集团化成长提供了法律依据,也为国有公司以及其他一些有官方背景的公司向其他公司的渗透和扩张创造了条件,为抗战结束后控股公司的大量涌现埋下了伏笔。

　　近代中国的最后一部公司法是南京国民政府在抗战胜利后,1946 年 4 月颁行的《公司法》。1946 年《公司法》中新增"定义"作为第一章,不仅延续了公司为"以营利为目的依法组织登记成立之社团法人"的含义,还对无限公司、联合公司、股份有限公司、股份联合公司、外国公司分别作出明确的定义,使得各种公司类型在立法视野下清晰起来,增强了法律的适用性与操作性。这部《公司法》也成为近代中国篇幅最大、内容最全,同时也是最后一部公司法。在这两部公司法的调节下,中国公司的发展进入企业公司与国有垄断公司阶段。企业公司主要是在同一个公司名义下往往直接、间接地参与和掌握数量不等的跨行业、跨地域的工厂、企业以及下属公司等,往往形成一定的企业集团。国有垄断公司则在 20 世纪 40 年代以后,在抗战期间经营的国有企业以及战后接收敌伪产业基础上得以形成。在这种公司形式中,国家处于独资或绝对控股地位,由政府部门或官员进行代理,在一定程度上形成了国家垄断资本主义和官僚资本主义。至此公司概念在近代中国的演进基本完成。

14

第十四章

中国钱庄的发展与演变

"银行"一词起源于唐,唐朝的都城长安,是当时世界上文化、经济的一个中心,人口有一百多万,主要街道有二十五条,最宽的达一百四十米。商业繁荣,交通发达,从长安出阳关,走丝绸之路经西域,货物可到欧洲。坐船沿渭河出潼关,经黄河转运河,从杭州湾可以出海。或经长江溯流而上,入洞庭经灵渠循珠江,从广州出海。货物可远销南洋与欧洲。

宋朝时"银行"大量涌现,且成"市"成"街"。但古代的"银行"所办理的,并不全是现代银行的业务,所经营的仅是其中的一种或数种。在古代办理现在各种银行业务的单位,并不叫作"银行",它们是分散在历代各个互不统属的官私机构中。"银行"顾名思义就是买卖白银的行业。现在,中国人民银行所经办的存、放、汇、储、发、代理金库、买卖金银等现代银行业务,在我国是早就有之,只不过是各朝各代均分散于各有关部门,还没形成一个整体,也还不叫作"银行"。"行"是在商品交换发达以后,行商坐贾增多,各种手工业作坊和商人们,为了维护和发展各自的利益而组织起来的一种社会团体,也就是过去的各种行会或同业公会。

我国的货币发行,从春秋战国到清朝末年的两千多年中,金属货币的铸造权,都是掌握在当时当地的政府手中。从北宋仁宗天圣元年(1023 年)起,到清穆宗同治元年(1862 年)止的八百余年间,纸币的发行权也是掌握在政府手中。当然在这几千年的漫长历史中,确实也曾多次发生过私铸制钱和私人发行纸币的情况。但所有公司发行货币的机关都不叫作银行,却经营着现代银行的业务。

第一节　银行的汇兑业务

现代银行业务之一的汇兑,在中国起源也很早,汉武帝元狩六年(公元前117 年)朝廷为了开发西南夷(即现在的云南、贵州地方),就曾实行过一种"飞子钱"的办法,号召当时当地的一些大户,向当地的政府和驻军输送粮食,由政府开给一种凭证,拿到汉朝的京城长安去领取现钱,作为购买货物和办理捐官买爵,或交纳赋税及赎罪之用,这样就避免了远道从陕西运送现钱的麻烦,而为中国汇兑的开始。

到了唐朝,为了避免攀运现钱的不方便,曾实行"飞钱""便换"的办法,是由"诸道进奏院"等政府机关来办理的,进奏院就像现在的各省市驻京办事处。在京城交钱到外地取钱,或在外地交钱到京城取钱,正是现在银行和邮局汇兑办法的先驱。

到了宋太祖开宝三年(970年),也就是宋朝开国后,天下尚未平定,政权刚建立的十年,立即由中央政府设立了"便钱务",以办理政府和民间的汇兑业务。此后三百余年间,一直由各级政府办理汇兑事宜,各州县之间可以互相通汇,年终地方政府报送决算时,逐笔说明汇款的收支情况,再由中央政府的三司进行磨勘,也就是逐笔核对,说明早在北宋,中国就有了组织严密的汇兑网点。

元朝银两、纸币并行,携运比较方便,汇兑不太发达。明朝纸币停用以后,普遍使用银两,后期即出现了票号与钱庄,办理汇票与汇兑业务。清朝二百多年,这两者更是发达,汇兑通行于全国各地和海外。从汉武帝到清末"中国通商银行"成立以前的两千多年中,中国汇兑业务一直存在着,而办理的部门并不叫作"银行"。

第二节 银行的存款与兑换业务

现代银行业务之一的存款,在唐朝就已存在,当时接受存款的单位,大都是私人商店,如波斯店(即外国人开的洋行)和寄附铺及柜坊等。到了宋朝,出现了交子铺和交引铺等,都可以接受存入的现钱,或买卖茶,盐的钞引,其取款的凭证,有的就叫作"交子"、或"交钞",后来逐步演变为正式的纸币。

元、明、清三代,这种接受存款的商店一直是存在的,这些单位都不叫作银行,而实际办理着银行的一种业务。中国的放款业务,汉朝就已有之,并不是现代银行兴起以后的事,同时办理这些事情的,也不叫作"银行"。有的是政府发放,有的是经营高利贷的商人发放。

白银在唐朝时已有很多地方在使用,到宋而大盛,元、明、清一直沿袭下来,钱、银并行。值得一提的是,中国在历史上是贫银国,中国是贫银国,主要体现在矿藏上,富银矿少、伴生矿多,自然界基本不存在天然白银,所以白银开采主要受技术约束,时间越往前,白银产量越少;不像黄金可以天然存在,远古时期反而可能开采到天然金矿。所以两汉之前,黄金反而比较常见,因为容易开采的天然黄金容易得到。古代白银开采,五代十国是分界点,之前都非常少,而宋朝进入高峰期。宋朝鼎盛时期平均每年的课银量约 20 万两,而唐宣宗时期的白银平均课银量约 2 万两,提高了 10 倍。

古代的银矿存在多种经营模式,包括民营、官营和官商合办等。民营银矿冶炼出的白银按 20% 交给官府,剩下用于支付成本、扩大再生产或留存利润,官营银矿则大部分上交给官府。

两宋是中国白银开采的高峰,为了每年给"辽、金、元、西夏"等上贡白银,加上炼银技术进步,宋朝开采银矿较多。到了明清时期,银矿资源枯竭,白银产量下降到 30 万两左右。

宋初的白银产量也很低,产量在中期达到鼎盛,末期由于资源枯竭下降。前面提到宋朝鼎盛时期的课银量是 20 万两,由于官营银矿的存在,加之数量较大,可以推算宋朝鼎盛时期的产量为 80 万两,宋初只有七八万两,宋末接近明朝的 30 万两。假定两宋三百年白银平均产量为 50 万两,则两宋的白银总量为 1.5 亿两,折合公制 6 000 吨。

元初至明末的 400 年按年产 30 万两白银计算,总产量约 1.2 亿两,折合公制 4 800 吨。满清的白银产量参照明朝,按 300 年估算,总产量约 0.9 亿两,折合公制 3 600 吨。估算历代白银的产量分别为:唐之前,1 400 吨;两宋,6000 吨;元明,4 800 吨;满清,3 600 吨。古代白银总产量为 1.58 万吨,按古代的说法约 4 亿两。

另外明朝从海外流入白银3亿两,清朝闭关锁国,但也有专门的通商港口,估计与明朝差不多3亿两。白银在明朝万历之前都是商品属性多于货币属性,直到海外白银大量流入中国,到张居正改革后才正式承担货币职能。

制钱与银两之间的互相兑换业务,也实际是存在着,有时是由政府机关,有时是由商人经营,直到清末民初,经营兑换业的钱店、钱庄、钱摊一直是很兴盛的。

中国的金、银与纸钱之间的兑换业务,最迟在战国时期就已有之。楚国使用黄金——金铢等、白银——银布币、铜——蚁鼻钱等三种金属货币。这三者之间的比值,现在还不清楚,但使用时的互相兑换是会存在的,这些都有实物出土。

汉武帝时,黄金为上币,每斤值铜钱万枚,又铸银币——白金三品,上品值三千,中品五百,下品三百。正式行使的是铜币——五铢钱。这样在制钱与金、银之间的互相兑换业务,当已有之。

第三节　钱庄的兴起与发展

"钱庄者,有无限公司之性质,以独资或合伙组织,均依自己之信用,吸收社会一方之资金而贷诸他方,以调剂金融界之需要与供给,及以货币为交易之企业也。"钱庄最早是产生于明代嘉靖年间,当时的钱庄非常简陋,只不过是在集市中摆桌设摊,以满足交易者的临时需求,故又称为"钱摊"。当时唯一合法流通的货币只有一种纸币——大明宝钞,由于朝廷滥发无度,导致大明宝钞贬值,人们渐渐地失去了对它的信任。先前禁止的白银等货币又回到了市场。随着社会商品经济的发展,商品经济规模的扩大,货币流通量的增加,货币的清点与兑换因此成为了一项繁杂的劳动,在这样的社会背景下,急需专门的机构提供相关服务,钱庄应运而生。最初钱庄的业务只是货币的兑换,而社会经济的发展慢慢推动了钱庄的改革,业务逐渐增加。

钱庄主要经营汇划、发行庄票、货币兑换和存贷款业务。明朝中叶已有钱庄，明末钱庄开始货币兑换和贷款业务；清乾隆中期钱庄渐增办理存款与发行钱票业务；鸦片战争前钱庄开始对个人提供高利率贷款；1860 年左右钱庄开始对工商业者贷款。钱庄由经营货币兑换向存贷款业务转变。

第四节　近代钱庄的兴衰

一、钱庄与银行的合作

1840 年鸦片战争至 1927 年，钱庄受到外国资本主义的深刻影响，发展出了存款、洋厘、银拆、贴现等业务，其在国内的影响力越来越大，与外国银行、外商联系也越来越紧密，而这种联系是通过买办、托底于租界来实现的。买办连接外商、钱庄与中国商人，多数贸易都要进入这个清算网；租界的稳定与外资的投入，吸引着钱庄，这在上海最为突出。洋商的目的是推销商品，占据中国市场，钱庄的目的是扩大自己的业务，增大其规模，两者有着共同的利益，不谋而合，外国资本家因此控制了钱庄。

钱庄客户多为依靠中外贸易繁荣的中小工商业者，钱庄与工商业者可谓"一荣俱荣，一损俱损"。列强用枪炮打开中国大门，客观上促进中国贸易发展，中国商人和外国洋行贸易又离不开钱庄。钱庄历史悠久，信用基础好，有客户无资金，银行截然相反，双方正好互补。银行与钱庄业务联系紧密，联合向政府或企业放款。

资金薄弱的中国商人向钱庄信用贷款获得收购资金，待商品卖出再偿还贷款。工商业随中外贸易发展而兴盛，工商业者贷款与存款额增加，带动钱庄繁荣。与其说钱庄与外商、外国洋行、外国银行联系紧密，不如说是外国资本家想要进入中国市场，希望采取一切手段来赚取中国资本，进而控制整个金融业。

外国资本家在一定程度掌握着钱庄的命运,尤其是在中国的金融业受到冲击时,它们往往会撤走资金。因此当倒闭风潮和金融危机爆发时,许多外商扶持的钱庄纷纷倒闭。

对外贸易中,华商与外国洋行语言不通,故华商寻找代购中间人进行交易。当时贸易普遍采用货到付款方式,即华商收到货物后通过中间人付款,但洋行怀疑中间人信用,不肯先交货后收款。这时双方信任的钱庄庄票出现,解决交易双方后顾之忧,使得交易得以完成。庄票由特定钱庄发行,作为可在发行钱庄领取银钱的凭证,可被当作临时纸币使用。中间人以信用贷款方式至钱庄开出延期支付的远期庄票与洋行完成交易,并将货物送至华商手中,华商收到货物付给中间人货款,中间人收到货款再返还钱庄。如此一来,钱庄作为交易双方均信赖的金融机构,实际承担信用借贷风险。钱庄庄票既便利了贸易,又扩大了钱庄自身。

1921 年由于社会上银元品类繁多、成色不一,妨碍正常贸易,上海银行业与钱庄业联合组成上海造币厂借款银团,为造币厂提供 250 万元建设资金(1924年银团又追加 250 万元),银行与钱庄按 9∶1 比例分摊。20 世纪 20 年代民国著名企业家张謇创办的南通大生纱厂发生困难,上海银行业与钱庄业为帮助其走出困境,联合组成银团对其放款。其中"永丰钱庄与金城银行上海分行还合组了永金公司,专门对大生纱厂进行放款,到 1927 年底止的放款金额达到 31.89 万元"。银企合作也体现在稳定金融市场方面。

1916 年 5 月袁世凯北京市政府为应对极度窘迫的财政状况,发布中国银行和交通银行停兑令,上海金融市场发生严重恐慌。中国银行上海分行决定抵制停兑令,并派分行营业主任胡睦芗与钱庄业联系,请求钱庄业给予协助以维护市场秩序。钱业人员认为:"银行与钱庄本为一家,唇亡则齿寒,吾业决不能听之任之,当尽一切力量,施以援手。"钱庄恢复收兑中国银行钞票,于是一周后恐慌平息。此外,银行与钱庄亦合作对抗外国金融势力。1919 年五四运动爆发,在上海学生请求下,银行业与钱庄业同时于 6 月 8 日至 10 日停业以示支持。11

日风潮平息,银行与钱庄开市,鉴于市场银元短缺,双方决定"只开新币银元(货币)一种行市,取消鹰洋(外国流入的银币)行市",并派代表与汇丰和麦加利等外国银行讨论,迫使其接受。最终,"数十年来控制全国金融市场的鹰洋势力被彻底排除",洋厘行市统一。

银行与钱庄分别作为现代经济机构和传统经济机构代表,其势力消长易使人以为钱庄衰落源于银行取代钱庄之新陈代谢规律。事实果真如此? 不然。19世纪末产生的中国银行,与钱庄相比出现较晚。其与钱庄并非生来就是竞争对手,相反两者在银行成长初期相处融洽和睦。在银行业最初十几年发展历程中,钱庄业不仅为其经营管理层输送大批人才、提供创办资本,还解决其业务难题。

譬如四明商业储蓄银行发起人即有"上海钱业公会会长袁濂卿、泰崇钱庄投资人李厥生和宁波源隆钱庄经理吴葭简"。又如中国通商银行首任"华大班"陈笙郊与其继任者谢纶辉皆是钱业中人,中国通商银行成立之初信用基础薄弱,缺乏与工商业的联系,陈笙郊凭借人脉关系和钱庄业背景,使部分钱庄放弃与外国钱庄的拆借关系,转而向通商银行借款。中国通商银行得以将资金放给钱庄生息,度过艰难时期。1897年8月至11月中国通商银行对钱庄的拆放款占其总放款的96%以上,1911年前放款规模稳定在100万两左右,1912—1935年上海钱庄向本国银行拆款金额更是高达3 000万至4 000万两。

但是在钱庄快速发展的同时,一些危机逐渐呈现,尤其是在南京国民政府成立后,爆发了世界范围的经济大萧条,政府政策,现代银行的兴起,在资本主义世界经济大萧条时期的钱庄,钱庄经营愈显困难,再也无法回到原来的兴盛与繁荣。

1929年美国爆发经济危机,随后迅速波及了几乎整个资本主义世界。在此次经济危机中,众多西方国家经济处于崩溃边缘,工业生产受到严重影响,破产企业不计其数,人民生活水平急剧下降,全球处于动荡之中。为了转移经济危机的恶果,英国与日本放弃了金本位制,中国的经济受到极大的破坏,美国也紧跟其后,在 1933 年实行货币贬值,并于次年 6 月通过"购银法案",一方面在国际市场和国内大量购买白银,另一方面美国政府将黄金收归国有,禁止兑现和出口,以达到通货膨胀。美国的白银政策给实行银本位制的中国经济带来巨大冲击。

二、钱庄与银行的竞争

钱庄银行当然不只有合作,亦有竞争。双方同为金融机构,面临共同危机和利益,自会携手合作。但市场资源有限,钱庄与银行产生利益对立,二者又会竞争。双方的竞争表现在存贷款业务、汇兑和制度方面。

(一)存款竞争

钱庄囿于旧规只接受熟人。大额储蓄,钱庄相对银行较为保守。银行为了与钱庄争夺存款,银行不仅灵活创办业务开办小额储蓄,而且设置高于钱庄的存款利率。上海银行即因开创"一元开户"业务,吸收大量稳定的小额储蓄资金,十几年后总金额达两千多万元,后为各银行模仿。银行存款利率也普遍比钱庄高 0.5 至 1 厘,"钱庄存款利息之不及银行优厚,却为钱业在吸收资金方面无法与新式银行竞争之一大原因。"尤其是"废两改元"前,钱庄因怕储户借洋厘高低变动而牟利,只接受银两存款不接受银元存款,即便碍于情面接受银元亦不给利息。但上海的银行同时接收两种存款,并给予银元储户利息,增强了竞争力。"此项存款如给利息,存款必多,假使应用得宜,收入之部,必大可生色。"事实果真如此,银行的银元存款额不久即超过钱庄。

(二)贷款竞争

20 世纪初,银行以抵押贷款为主,钱庄以信用贷款为主。钱庄贷款对象多为小型工商业者,这些人习惯了方便体面的信用贷款,与钱庄关系紧密。银行只得向钱庄拆款获得收益,一旦"逾矩"即遭受钱庄的抵制。积极与钱庄进行业务竞争、大力与工商业建立业务关系的上海银行即是如此。1925 年上海银行的南通分行因对商业信用贷款,惹怒南通钱业公所。该钱业公司认为信贷是钱庄业务,对其侵犯自己利益不满,与上海银行断交,并要求任何银行不得进入其业务领域。曾担任余大钱庄经理的上海总行往来部经理宋云生,开办工商业贷款业务,因其对工商业降低利息以扩大贷款规模,被钱庄业认为是在挖墙脚。后一有名钱庄因此拒收上海银行本票,严重影响该银行信誉。

小型商业缺乏抵押品,钱庄亦能满足其借贷需要,因此钱庄的商业信用贷款业务较好。但一战后中国现代化工业有所发展,其运营需要大笔资金,钱庄资本少、允许借贷时间短,大型的面粉厂、化工厂等只得向银行抵押贷款,银行与工业联系开始紧密。尤其20年代后银行抵押贷款得到认可,大型工企业开始成为银行抵押贷款业务的稳定客户。同时钱庄在金融风潮中因信用贷款遭受巨大损失,亦开始经营抵押贷款,并为存放抵押品专门建立堆栈。银行业贷款竞争日趋激烈。

(三)国内汇兑竞争

票号作为另一种金融机构,也是随着社会经济发展而诞生,由于它与清政府联系紧密,在19世纪至清灭亡这段时期发展迅猛,原本钱庄由于其规模小,需要票号接济,周转资金,但随着清政府垮台后,票号日益衰落,跟不上时代的发展,钱庄此时抓住机会,利用庄票形成了以上海为中心的全国网络,在这个网络内资金流通基本没有阻碍,由此占领了市场,获得了极大的发展。尤其是在第一次世界大战期间,工商业繁荣,对外贸易发展迅猛,这促进了钱庄的发展。南京在对外贸易上发展快速,有几年实现了出超,当时南京市面上的汇划庄有二十多家,中小钱庄有五十多家。

20世纪初票号没落,钱庄顺势取代票号在汇兑业务上占据重要地位,形成以上海为枢纽的连接各商埠钱庄的内汇网。银行业兴起后,凭借拥有分支机构、消息灵通和资金丰厚的优势发展汇兑业务,给予钱庄沉重打击。此外,银行业大力开展押汇业务,在商业汇兑领域与钱庄业的申汇针锋相对。30年代后,申汇业务衰落。"自银行业发达后,通汇地点遍于全国,原有银号(钱庄)汇兑,几全为银行占有"。除业务竞争,银行与钱庄还存在制度矛盾。

1933 年"废两改元"统一货币前,钱庄实际控制金融市场,银两与银元并行,二者兑换以钱庄议定的洋厘为标准。1923 年上海银行公会会长盛竹书提议固定银两与银元兑换比率,138 枚银元折合 100 两白银。这一方案意味废除洋厘朝统一货币迈进,但遭到钱庄业的反对,钱业公会会长秦润卿认为"此种办法于银行确有利益,于钱业有害无利",最终因钱庄业反对,该提议废止。直到1933 年国民政府废两改元,才建立了统一货币制度,此为经济制度存废影响银钱利益的先例。虽然本国银行建立后与钱庄业有千丝万缕联系,危急时刻双方曾一起合作,但市场资源有限,双方为各自利益必然走向竞争。此时现代经济机构银行实力远不及旧式经济机构钱庄,银两并行制和汇划制下钱庄金融地位不可动摇。

新中国成立之后,带有"浓厚封建性"的钱庄因曾促进中国资本主义经济的发展,连同一般商业银行被划入民族资本主义范畴。1949 年后 80 家上海钱庄中投机违法的停业外,营业钱庄仅剩 28 家。1950 年 7 月上海仅存的钱庄与中小型银行组成银钱业私营联营集团,并于 1951 年 10 月实现向联合总管理处改组,这一过程因有中国人民银行公股董事参与,钱庄成为"初级形式的国家资本主义经济"组成部分。1952 年中国人民银行领导下,全国六十多家银行、钱庄组成了统一性全国机构——公私合营银行,钱庄与资本主义银行实现社会主义改造,自此钱庄融入社会主义性质经济中获得新生。

第五节　民间的信用文化

中国历史上积累的民间信用文化能够催生出活跃的民间金融市场。对于传统中国社会来说,这种民间信用文化,主要是指以儒家为基础,包括信任、道德伦理以及血缘亲族关系在内的一系列社会准则。

民间金融活动大多建立于信任的基础之上而儒家以"礼、义、仁、智、信"为核心的道德规范体系,恰好为民间金融活动提供了的文化准则支撑。儒家强调重"义"轻"利",提倡"仁爱"和"重利他而抑利己"的社会交往原则,推崇经济互助,有利于形成良好的社会经济秩序以保障民间借贷契约的执行。

儒家强调处理经济社会关系时须遵守"礼"之限定,主张通过道德伦理来约束和协调民间信用关系。儒家支撑民间金融的另一社会准则,是以家为中心、以群体为本位的宗族伦理。比如,家法和族规能够监管内部成员的社会经济行为,在明清时期其约束力甚至在法律之上,从而降低了民间借贷的执行风险和交易成本。在法律等正式制度保障较弱的背景下,儒家所倡导的诚信和亲族网络等社会信用文化是清代钱庄和票号降低风险、维持运营的重要机制之一。

尽管传统金融机构的经营是在正式制度(大清律及其官僚体系)和非正式制度(民间信用文化)的共同保障下开展,但是相比于儒家所倡导的社会信用文化,以大清律为主的法律及其官僚体系对传统金融机构运营的保障作用相对有限。传统金融机构的经营主要依靠亲族网络和诚信等民间信用文化,特别是在对贷款户的契约上,明确契约只有一纸借据,贷款能否偿还更多依靠的是双方的隐含契约。

钱庄经营存贷款业务以"克存信义"为立业之本,钱庄的放款形式以信用放款为主,一般不收抵押,道义上的允诺正是其重要的借贷保障机制之一。而且,为了减少信贷风险,钱庄放款一直沿用"跑街放账"的传统经营方式,通过"跑街"对客户的身份、人品信誉、经营和财产情况等信息进行调查搜集并加以分析。同样,票号以"先义后利、以义致利"为经营理念,提供存、贷、汇、兑等服务均推崇社会信誉,其"放款的对象,如果不是银号、钱铺和其他有信用的商人以及确实的官吏等就不借给"。

15

第十五章

企业的集团化

第一节　企业集团的兴起和发展

企业集团是市场经济由自由竞争阶段向垄断阶段过渡过程中，顺应社会化大生产发展的需要而产生的。由于市场经济发展进程不同，也由于各国所面临的历史环境不同，各国企业集团的产生、发展是不尽相同的。从较为广泛的意义上看，国外企业集团的历史可追溯到18世纪后期。在欧美一些工业发达国家，卡特尔、托拉斯、康采思等垄断组织有些也被称为集团。

企业集团一词真正来源于日本。现代日本有三种企业集团：第一种是旧财阀系企业集团，即三菱、住友、三井；第二种是新兴企业集团，即富士、一汽和三和；这六大企业集团都具有金融集团的性质，又称金融系企业集团；第三种是由巨大产业资本统率的系列公司集团，又称为独立系企业集团。

上述前两类集团是由生产、流通、金融各领域中的原大企业乃至大企业多角式地结合而成，这种集团是日本的特产；而后一类，即独立系企业集团则实际上是金字塔形的康采恩，它是以原大产业企业作为顶点的。

欧美企业集团是19世纪末20世纪初，在资本的竞争中通过资本的积聚和集中形成与发展起来的。一般是以产业为中心的企业集团，以家族性财团为主体，通过收购、兼并、控股形成庞大的系列企业，呈塔形管理结构。其产生的一般程序是，先有核心企业，核心企业根据自身发展，投资建立子公司、关联公司，形成母子公司关系；又通过将零部件生产承包出去，形成生产协作企业等，从而形成企业集团。

1865年在德国首先出现了卡特尔，即生产同类产品的企业在划分销售市场、制定商品价格等方面通过协议而形成的契约式垄断销售联合体。后来在德国又出现了辛迪加，即同行业企业通过签订产品销售和原材料采购协定而建立的供销联合组织。

1882年，美国出现了世界上第一个托拉斯，由若干个生产同类产品或生产上有密切联系的企业,通过合并组成大公司。第二次世界大战后,一种新的垄断企业组织康采恩又在德国出现。康采恩多是以一个大企业为核心,通过控股、持股,控制一大批子公司、孙公司、关联公司,而形成庞大的财团,如西门子、克虏伯等。它具有企业集团的典型特点,是发达国家企业联合体中最重要和最复杂的形式,是资本主义商品经济高速发展的产物。

19世纪末20世纪初在美国出现的企业集团多是以家族为中心的利益集团,其中以一个家族为中心的有摩根财团、洛克菲勒财团、杜邦财团等,以一个地区若干家族组成的有波士顿财团、克利夫兰财团等。后来以商业银行为核心的企业集团逐渐兴起,在第二次世界大战之后日益发展,成为可以与以家族为核心的财团抗衡的力量,比如第一花旗银行财团、芝加哥财团、加利福尼亚财团等。

各财团互相渗透、互相进入,到20世纪70年代,在美国100家最大的工矿业公司中,就有三分之一以上是由两个以上财团控制的。

在行业分布上,日本企业集团主要集中在重化学工业和电子工业、汽车制造业、金融、造船、商业等领域。

欧美企业集团则倾向于在若干产品和一、二类产业建立经营主导地位或垄断地位,如在基础工业、新兴技术产业,像石油、钢铁、化学、汽车、计算机、航空航天等领域,都有2~3家公司占统治地位,然后再向多种经营发展。

企业集团是生产力高度发展的必然产物。企业集团适应了高度发展的社会化大生产,不仅促进了工业中各企业间的专业化协作,而且加强了工业与运输业、金融业、商业等的横向联系,推动了生产力的发展。

第二节 跨国公司的兴起和发展

跨国公司是第二次世界大战后在西方国家兴起的一种企业组织形式,也是企业集团的一种高级形式。跨国公司一般是以在一国的大企业(总公司)为基地,在世界各地根据资源、劳动力、市场等情况设立分支机构和子公司。目前无论是欧美还是日韩的企业集团许多都已发展成为跨国家、跨地区生产经营的跨国企业集团。

集团的大规模化已是现代经济发展的必需。美国历史上经历过两次著名的兼并,形成了以横向合并为主的美国钢铁公司和杜邦公司这样的垄断组织和以横、纵向兼并为主的一批集团化的、跨国化的巨型组织。

英、德、日、法等国也都在十九世纪末二十世纪初,通过企业联合相继出现大量托拉斯、康采恩等垄断组织,迅速实现了工业化和现代化。当然伴随资本集中和企业集团化,也会出现过度的垄断而妨碍正常竞争。现代资本主义经济正是在垄断与竞争的交替发展中运行的。适应规模经济要求的生产经营集中化、集团化、跨国化、一体化与适应专业化分工要求的分散化、小型化、竞争性、多样性并存,日益成为当今世界经济的趋势。

国外企业集团发展呈现一些新趋势:

一是网络化。传统的企业集团靠资本、人事等结合,而企业网络则是靠信息通信网络联合。目前具有企业网络特点的混合型企业集团和分散型企业联合体已经出现。这种企业集团和联合体中没有核心层,集团中的每个企业都是独立的经营实体,统辖集团的中枢是信息交流和协调系统。

二是金融资本化。工商企业与金融企业的联合与融合日益加深。三是国际化进一步发展。跨国公司正将触角伸向可能达到的任何地方。四是联合化。企业集团是企业联合的最高形态,而随着竞争的加剧,企业集团之间开始了新的"强强联合",即在开发新产品和新技术、市场销售等方面进行联合。

第三节　企业财务战略管理的演变

一、战略的含义

　　"战略"源于古代兵法属军事术语是指对战争、战役进行分析判断之后做出的总体筹划与部署。在战争中战略决定着战争全局的胜负。战略是相互博弈的主体重点的、全局性的谋划;战略决策影响企业的竞争个性即企业成员对如何在竞争性环境中成功的共同理解;战略管理展示的是一幅宏大的图景企业战略管理跨越了企业经营和管理的整个范畴。简而言之战略是组织成功的根本。

二、战略财务管理的含义

　　财务管理是企业职能管理之一当企业管理从业务管理层次向战略管理层次转变的时候,企业战略财务管理就成为企业财务管理的必然趋势。战略财务管理是一种立足于企业长期发展运用企业战略管理的思想。从战略的高度收集、加工与企业相关各方面的经济信息,对企业资金等财务资源进行合理配置和优化帮助,企业管理层对内进行战略审视,对外作出战略决策,最大限度地协调企业现实与经济环境之间的关系,保持并不断增强其长期竞争优势的决策支持管理体系。战略财务管理既是企业战略管理的一个不可缺少的组成部分,也是企业财务管理的一个十分重要的方面。这一整套战略财务管理体系对于企业集团的营运尤其有效。无论从着眼点还是从内容来看战略财务管理都是对现代财务管理的一次开拓性发展。

　　20 世纪 90 年代后,随着战略管理的兴起,财务战略作为独立的研究命题才被学者关注,时称财务战略为"战略财务管理"(Strategic Financial Management)。最早系统研究财务战略管理的学者是英国的 David Allen,在其著作 Strategic

Financial Management(战略财务管理)中将战略财务管理界定为:管理者为寻求实现其战略目标而设计的一套战略管理体系,从而保证企业财务状况的长期健康发展,并产生利用市场行为准则作为一种内部控制机制的效果(David Allen,1991)。这一时期最为著名学者当属英国的鲁思·本德和基思·沃德,他们认为财务战略是指为适应总体竞争战略而以适当的方式筹集必要的资本,并在组织内有效地管理和运用这些资本的方略,并且认为增加企业价值是财务战略的主要目标学界对财务战略的研究存在着"战略中的财务"还是"财务中的战略"的争论,前者认为财务战略作为总体战略的一个组成部分,即战略性质的财务,是职能战略的一种;后者认为财务战略具有相对独立性。显然,二者可以融合,财务战略作为一种职能战略,既是总体战略的一部分,又具有相对独立性,二者的这种关系可以简单地用"业务和财务的关系"概括:业务和财务具有相关性,但财务又相对独立于业务。

三、财务战略的对象及特征

战略的对象就是财务战略直接所作用的对象,是财务资源和财务能力。财务资源包括企业资本和财务专用性资产(包括企业独特的财务管理体制、财务分析与决策工具、健全的财务关系网络以及拥有企业独特财务技能的财务人员等);财务能力是指企业在财务资源的获取与使用、财务关系的协调、其商业模式、财务战略与企业价值财务危机处理等管理活动中的若干过人之处,包括财务创建能力、财务维持能力、财务创新与发展能力、财务危机识别与处理能力。

财务战略关注的是资金运动(流动),这是区别于其他战略的质的规定性。对财务战略的特征研究主要围绕着战略的特征来展开,一般认为财务战略具有全局性和长期性特征。制定财务战略的目标就是要在复杂多变的市场竞争中取得战略财务上的优势,通过"价值创造和培育核心竞争力",实现企业可持续盈利成长能力最大化,因此将"竞争性"和"风险性"也纳入财务战略的特征。

财务战略特征:

全局性即以整个企业的全局性工作为对象；

长期性即服务于企业的长远发展并对企业未来相当长时期内的财务活动产生重大影响；

导向性即它是企业一切财务战术决策的指南。

从战略财务管理的含义可以悟出其一重要目的是谋求企业资金均衡、有效的流动和实现企业战略加强企业财务竞争优势在分析企业内、外环境因素影响的基础上对企业资金流动进行全局性、长期性和创造性的谋划。由此可见战略财务管理是战略理论在财务管理方面的应用与延伸。

财务战略的相对独立性即在市场经济条件下财务管理不再只是企业生产经营过程的附属职能而是有其特定的并对企业整体发展具有战略性意义的相对独立的内容。财务战略的从属性即财务战略必须服从和反映企业战略的总体要求应与其协调一致并提供资金支持。财务战略谋划对象的特殊性即其要解决风险与收益、偿债与盈利等一系列特殊对象的矛盾。

财务战略主要是基于企业的战略目标，再根据企业实际发展情况和市场环境整合分配企业内部的财务资源，并制定合理科学的财务管理计划。财务战略与企业的战略之间的联系较深，而财务战略更具有独立的特性，主要表现在以下几个方面：

第一，支持性，通常来讲，企业的经营战略需要财务战略的支持保障，财务战略将企业的经营战略目标作为主要的方向，而且企业整体战略的落实也需要得到财务战略的大力支持。

第二，动态性，企业的财务战略是随着经济环境的变化而变化的，企业在制定财务战略之前需要对内外环境进行深入分析，若是战略在实施过程中经济环境发生变化，则财务战略要进行相应的调整。

第三，全员性，企业制定财务战略要求所有部门和人员参与，财务战略与企业的每个人的利益息息相关，因此财务战略需要整个企业积极配合完成，不论是制定还是执行落实。

第四,综合性,企业落实财务战略需要综合反映企业的需求、经营目标以及资金消耗等内容。

第四节 战略财务管理的特征

由于战略财务管理立足于企业外部环境发生巨大变革的背景条件充分汲取战略管理的基本思想,从更高的角度来看待企业的财务管理活动。与传统财务管理相比战略财务管理的特征具体可以归结为以下四点:

一、综合性

综合性也称为整体性或全局性。战略财务管理应该是从战略管理的角度出发,来规划企业的财务行为使之与企业的整体战略相一致以保证企业经营目标的实现。战略财务管理由于面临的理财环境复杂多变因此涉及的范围更加广泛,它既重视有形资产的管理更重视无形资产的管理;既重视非人力资源的管理更重视人力资源的管理。而且同时注重现有的活动和将来可能的活动,并且可以提供诸如质量、市场需求量、市场占有率等极为重要的非财务信息。其综合性还表现在财务战略应该和其他企业职能战略相结合共同构成企业的整体战略,各职能部门必须协调一致,才能最大限度地实现企业的总体战略目标。企业全面预算管理在战略财务管理中扮演了极为重要的角色,通过全面预算进行全方位分析、预测和决策以指导、协调和控制企业生产经营活动有序开展。

二、长期性

战略财务管理以战略管理为导向,着眼于企业的长远发展目标,要求财务决策者树立战略意识,从战略角度来考虑企业的理财活动进行长期财务战略的规划和预测,充分发挥财务管理的资源配置和预警功能以增强企业在复杂环境中的应变能力。通过不断提高资本的运营效率来增强企业的持续竞争能力。

正是由于企业财务战略的长期性、企业理财环境的多变性财务战略的制定和实施必然具有风险性因此战略财务管理的一个重要的内容就是战略财务风险管理。

三、动态性

企业财务战略必须保持动态的调整过程一般来说战略均立足于长期规划具有超前性。但是战略是环境分析的结果,环境的变动则是经常性的。战略的作用在于以变制变而不是以变应变。这种以变制变表现在当环境出现较小变动时,一切行动必须按战略行事体现战略对行动的指导性;当环境出现较大变动影响时,财务战略应随之调整。

四、外向性

现代企业经营的实质就是在复杂多变的内外环境中解决企业外部环境、内部条件和经营目标三者之间的动态平衡问题。随着环境的变化战略系统不断地与外界交换着物质、信息、能量,从而使企业战略具有开放性。随着世界经济一体化、市场化、信息化的进程,企业战略系统的边界变得更加不确定和模糊。战略财务管理把企业与外部环境融为一体,观察分析外部环境变化及对企业财务管理活动可能带来的机会与威胁,增强了企业对外部环境的应变性,从而大大提高了企业市场竞争能力。企业在进行战略财务管理时应充分关注财务战略系统之外的信息,并根据这些信息及时调整财务战略部署,防止意外风险的发生确保财务战略的顺利实施。

第五节 战略财务管理的目标

一、财务管理目标

现代企业财务管理就是正确组织财务活动,妥善处理财务关系的一项经济管理工作。财务管理目标是指企业进行财务管理活动所期望达到的目的。是一项组织企业财务活动协调企业同各方面财务关系的管理活动。一个企业的财务管理目标既要体现财务活动的客观规律又要适应客观经济体制和企业经营方式及目标的要求。具有客观性、可操作性等特点。目前对财务管理目标争论较多的主要有企业利润最大化、每股收益最大化、股东财富最大化、权益资本利润率最大化、现金净流量最大化及企业价值最大化等六种观点。

二、战略财务管理目标

战略财务管理既要体现企业战略管理的原则又要遵循企业财务活动的基本规律。因此战略财务管理的逻辑起点应该是企业目标和财务目标的确立。在新经济时代,从更为广泛、长远的角度来定义战略财务管理目标如下,战略财务管理目标应该是为了达到企业既定的战略目标,而使各项财务资本与知识资本共同创造资本收益,进而达到财务资本和知识资本的效用最大化。

三、战略财务管理目标的外延

现代企业理论认为企业实质上就是一系列契约的连接点。企业出资人、雇员、债权人、政府以及社会公众等利益相关者按照一定的契约来分享企业的盈利和承担相应的义务。战略财务管理的目标也将从以前的服从传统财务资源提供者的利益转向服从更多与企业利益相关者的利益。新经济条件下战略财务管理目标应该有如下三个外延:

(一)战略财务管理应实现人力资源效益最大化

由于人力资源对于企业价值增长的贡献比重越来越大,合理地开发和利用人力资源应该是企业战略的一个重要内容。战略财务管理应该对企业的人力资源进行合理定价,使员工的报酬和付出能够形成合理的比例,充分调动员工的积极性与创造性。在战略财务管理中人力资源管理的一个重要内容就是用合理的设计管理报酬契约来有效监督和激励经理人员，以此来控制现代公司治理结构中广泛存在的委托代理关系成本，实现人力资源效用的最大化。

（二）战略财务管理应实现企业核心竞争力的创造

企业的核心竞争力通常包括技术核心竞争力和财务核心竞争力。技术核心竞争力的创造来自于正确的研发决策和技术更新决策。财务核心竞争力就是促进企业盈利能力的可持续性，而财务核心竞争力的培养来源于正确、合理的投资决策、资本结构决策、营运资金决策等。上述两种竞争力通常反映一个企业本身具备的综合实力。

（三）战略财务管理应实现企业社会效益最大化

随着社会的进步，实现社会效益最大化也应该成为企业财务战略目标之一，即企业在追求经济利益的同时，必须兼顾社会效益自觉地承担相应的社会责任。从某种意义上说企业社会责任的承担有利于企业树立良好的社会形象，符合企业可持续发展目标。

战略财务管理的本质是用战略思维和战略视角来开展财务管理工作。因此它的工作重心和主线自然是财务战略。所谓财务战略是指财务决策者在特定环境下，根据企业既定的战略目标和整体战略，在充分考虑企业长期发展中，各环境因素变化对理财活动影响的基础上所预先制定的，用以指导企业未来较长时期财务管理全局的总体目标以及实现这一目标的总体方略。财务战略要解决的问题是急剧变化的环境与企业财务适应性之间的矛盾是企业财务应对环境在空间上、全面性和时间上持续性变化的对策。财务战略要求研究外部环境与内部环境变化对企业财务管理的未来地位、对企业战略目标的影响以及与竞争对手比较所形成的优劣态势，有针对性地制定对策并根据对策制定相应的战略实施方案。

战略财务管理与财务战略之间的关系可以用一句话来表述，财务战略是战略财务管理的"魂"，而战略财务管理则是财务战略的载体。基于上述战略财务管理与财务战略之间的关系我们就可以从财务战略角度来对战略财务管理的类型及其选择进行分析。

第六节　企业战略管理面临的挑战

在企业经营环境相对静态的条件下,以理性主义流派观点为基础,形成了企业战略管理的"静态模式"。理性主义流派的基本研究假设是:

企业外部环境是可以预测的;

企业战略决策主要是"一个人"的决策;

企业战略管理者基本可以预定企业所有的战略行为。

在企业战略的理性主义学派看来,企业战略就是一种计划,是一种事前、主动和理性的决策;企业战略决策的核心内容就是制定目标,尤其是定量化的目标和实现目标的具体行动计划;有效实施企业战略管理的方法就是目标和计划管理,衡量企业战略管理实施有效性的标准就是计划执行的严格性,然而,这一观点正面临着诸多挑战:

一、企业环境的动态化

长期以来,推动企业经营环境动态化的主要力量有两种:①技术进步。在技术进步的推动下,交通运输、信息通信不断发展。技术进步迅速缩短了世界各国之间的"距离",扩大了各国之间的相互影响;增进了不同国家、民族和文化之间的交往、理解和认同,导致了全球消费者的需求和消费方式不断趋同。②全球化。为了最大限度地利用市场全球化的趋势,发达国家的国际化企业,适时推进了从多国化战略向。

(1)企业经营环境的动态化对企业战略的性质提出了挑战。在企业经营环境和竞争对手行为越来越难以预测的情况下,一个事前、主动制定的战略往往在实施过程中需要越来越频繁地调整。由于速度和创新的重要性不断上升,企业战略改变的积极作用越来越明显,并且逐步变成了企业战略实施的一个有机组成部分。

(2)企业经营环境的动态化对企业战略的内容提出了挑战。在企业经营环境和竞争对手行为越来越难以预测的情况下,定量化目标和具体行动计划的副作用越来越大,主要表现在以下两个方面:

过分强调定量化的目标有可能导致企业战略管理者不择手段去完成短期目标,影响企业长期目标的实现和可持续发展;

过分执着于定量化目标和具体行动计划的执行,可能反而会制约了企业对变化的外部环境做出快速和创新性的回应,错失有效反击竞争对手或者自身发展的机会。

(3)企业经营环境的动态化对企业战略的制定方法提出了挑战。在经营环境动态化的影响下,企业战略决策的时间越来越短,应变速度和创新的重要性提升,理性决策的局限性突显,非理性因素(包括企业的决策方式、企业内部的政治、企业传统和文化、企业家价值观等因素)对战略决策的影响变得越来越重要。

(4)企业经营环境的动态化对企业战略管理的方式提出了挑战。在经营环境动态化的影响下,企业战略管理已经不是严格完成目标和执行计划这么简单了,还需要快速调整和创新性地应对与利用战略执行过程中的环境变化。面对战略实施过程中的环境变化,企业战略管理者如果不能根据实际情况及时做出战略调整,企业将失去先动的优势;如果不改变原定的行动计划,企业可能面临重大的战略失误;如果只是简单或者机械地适应变化,企业将陷入同质化竞争。

跨国化战略和全球化战略的转变,通过资源的全球分布和整合展开了全球化竞争;为了最大限度地利用全球化市场和全球化企业,各国政府加强了经济及其相关领域的开放与合作,逐步消除了政治和文化上的隔阂和对立。在上述两股力量的推动下,企业经营环境在以下三个层次上出现了动态化的趋势。

二、社会环境的动态化

在技术进步和全球化两股力量的共同作用之下，各个国家的政府都在不同程度地实施对外开放，持续不断地推进社会和经济的转型，从而导致这些国家企业所处的社会环境，尤其是制度环境处于动态变化之中。随着这些国家对外开放程度的不断提升，国家之间的"壁垒"随之下降，国家之间的"边界"变得越来越模糊，因此一个国家政治、法律、经济、技术、文化的变化可以越来越快速地影响着其他国家和地区，从而使全球各国企业经营环境动态变化，而企业竞争优势，尤其是那些以"现行制度"为支撑或者以"国家壁垒"为前提的竞争优势越来越难以维持。

三、竞争互动的动态化

在技术进步和全球化的影响下，企业之间的竞争逐步从单一产品或者单一国家向多产品和多国家，甚至全球范围展开，企业之间的博弈逐步从单次向多次和连续转变。在这种动态竞争互动中，企业在一个产品或者国家上的竞争优势越来越容易向跨产品或者跨区域转移；企业竞争优势会在企业间多产品或者多国家的竞争互动中受到抑制，并且最终导致企业间竞争强度的下降；企业竞争优势越来越容易被竞争对手所了解和模仿。选择对手、预测对手行为和与竞争对手进行博弈成为动态竞争互动中的关键战略问题。

四、竞争动力的动态化

这是指应变速度和创新将代替规模成为企业应对经营环境和竞争互动动态化的关键因素。随着企业外部环境变化和竞争互动的加剧，保持、巩固和发挥竞争优势固然重要，但更重要的是如何在突变的环境和互动的竞争中超越自己，在快速应变和创新中建立新的竞争优势。在新的商业世界中，应变速度和创新成为更为关键的制胜因素,而规模的副作用越来越明显。面对这种竞争规则的变化,越来越多的企业将快速应变、连续创新,甚至"自灭自新"作为一种新的竞争方式。

第七节　财务战略的内容

围绕财务战略应包括具体内容的研究,有一因素论、两因素论、三因素论之分。

一因素论是一种狭义的财务战略,认为财务战略仅仅是指筹资战略,因为只有筹资战略和财务具有强相关性,并且还认为投资战略与业务战略具有同质性,因此没有将投资战略归入财务战略中,而是将投资战略归入业务(经营)战略中。

二因素论认为财务战略包括筹资战略和投资战略两个部分,其依据是财务管理对象是资金运动,而资金运动可分为两个方面:资金占用和资金来源。资金占用战略称投资战略,资金筹集战略称为筹资战略。如英国著名财务战略学家鲁思·本德(Ruth Bende),和基斯·沃德(Keith Ward)在其著作《公司财务战略》中开宗明义地提出,财务战略由两个部分组成:以最适当的方式来筹集公司所需的资金;在公司内部有效地管理和运用这些资金。

三因素论是对二因素论的继承和发展,在筹资战略和投资战略基础上,认为应将收益分配战略单列,因此,财务战略内容包括投资战略、筹资战略和分配战略;

一、企业财务战略管理的主要内容

企业的财务战略管理的内容可以划分为两个层面:第一个层面是以企业的发展目标为中心的财务战略管理;第二个层面是以企业内部结构为中心的财务

战略管理。

（1）以企业的发展目标为中心的财务战略管理从企业的发展目标层面来讲，企业的财务战略管理主要是为了加快企业发展和实现企业的价值增长目标。之前的管理模式已经不适用于现阶段企业发展，深入改革财务管理模式势不容缓。将企业的发展目标作为核心的财务战略管理主要有以下几个目标：

第一，筹资目标，选择合理的方式筹集资金，优化内部资金结构；

第二，投资目标，分析企业内部的投资基础环境，预测投资风险，制定科学的投资计划；

第三，股权分配，财务战略管理结合企业不同的发展阶段，合理分配股权和股东利益。

（2）以企业内部结构为中心的财务战略管理，可以将财务战略管理细分为以下几个环节：战略分析环节、战略选择以及战略实施。

首先，战略分析环节，企业内外环境直接影响财务战略管理，因此进行环境分析是保证财务战略管理有效实施的关键；

其次，战略选择，随着企业内外环境的变化，财务战略需要进行全方位的调整，从而保证企业的资金能够合理分配，企业要结合自身的实际情况选择财务战略，比如若是企业正处于发展阶段，风险防控能力较弱，则需要选择投资战略，对投资主体深入分析后进行投资，若是企业处于稳定发展中，则可以选择扩张战略；

最后，战略实施需要结合企业的战略目标进行分析，然后确定最终的实施方案。

二、企业财务战略管理的作用

（一）提升企业的核心竞争力

在当前的经济形势下，企业面对的竞争压力日益加剧，企业不仅要提升经济实力,还需要为企业的发展提供足够的支持资金,这才能保证企业的市场地位不受影响。提升企业的核心竞争力以及综合实力,是离不开财务战略的。财务战略管理实施过程中,管理层人员能够明确企业的实际发展情况以及资金实力,同时也可以快速发现财务管理中存在的问题,及时采取措施进行解决,避免财务管理问题给企业的发展造成较大的损失。

(二)规避财务风险

在经济新常态背景下,企业在经营发展过程中受到较多不确定因素的影响,使得企业的财务风险发生概率增加,不利于企业的健康发展。而通过加强财务战略管理,从战略角度开展财务管理工作,及时预测和识别企业外部经济环境的变化,降低因企业内外环境变化而发生风险的概率,最大限度地规避控制财务风险。

三、企业财务战略管理存在的问题

(一)对财务战略管理的重要性认识不到位

资金是企业生存的关键,若是企业内部资金短缺,则企业的资金流动、业务项目运转、其他经济活动等都会受到不同程度的影响。企业的财务战略管理主要是以提升本企业的经营发展水平为主的资金管理体系,对企业内部的资金以及其他资源进行优化配置,确保企业的战略目标能够有效实现,由此可以看出财务战略管理对企业的发展具有重要作用。但是少数企业对财务战略管理不重视,导致其对自身的经济实力认识不准确,无法制定科学的经营决策,出现盲目举债投资和过度融资的现象,给企业带来较大的债务风险以及投资风险,对企业的发展规划甚至是经济效益都造成较大的影响。

从市场形势来看,忽视财务战略管理的企业发展实力要远远低于重视财务战略管理的企业。同时,企业制定财务战略环节投入较多的精力和财力,但是在具体落实阶段的积极性呈断崖式下降,导致财务战略制定环节投入的资金成本和人力成本无法得到相应的回报。财务战略制定环节的难度较低,而财务战略管理的实施难度较高且容易受到外界因素的干扰,因此企业在执行落实财务战略过程中,不可能完全符合财务战略中的相关要求,由于部分企业在财务战略管理过程中缺少灵活性,未能及时调整财务战略,导致财务战略管理无法达到理想效果,因而使得企业管理者认为财务战略管理与传统财务管理相比并无明显优势,导致对财务战略管理的重视程度降低。

（二）财务战略协同效应未能达到理想效果

少数企业受到传统管理模式和思想的影响,而且财务部门在企业管理中的定位不清晰,甚至被忽视,很少参与企业的业务活动,财务工作与业务工作相互分离,协同性较差。结合当前企业的实际情况来看,财务的作用仅仅集中在资产采购、投资活动方面,在资产重置、战略规划制定方面财务部门的参与程度较低,而且在企业制定经营决策时,财务部门只参与最终决策确定会议,在决策制定前期未能有效参与。企业内部的业务部门人员对财务管理工作的了解较为片面,一叶障目,认为财务管理就是记账对账,对业务管理没有实质性的帮助,尚未意识到财务管理对业务活动的重要性,何谈基于企业的财务战略实现企业的整体战略。

第八节　财务功能的转变：从"账房先生"到"企业策略伙伴"

财务功能在"账房先生"阶段,主要特点是"顺从",主要职能是核算、反映企业业务;财务功能在"警察"阶段,主要特点是"控制",主要职能是确保报表真实公允,股东资产安全、业务活动规范可靠;财务功能在"业务伙伴"阶段,主要特点是"决策支持和利润管理",主要职能是财务被完全整合到业务中的每个部分,财务开始影响业务,要求财务人员必须了解业务,财务管理以业务为导向,服务于经营活动;财务功能在"企业策略合伙人"阶段,主要特点是财务成为企业利润的提升者甚至直接创造者,主要职能是以产业经营为基础,以资本经营为手段,通过有效的内部资源配置,实现股东价值最大化。随着企业财务功能由"账房先生"到"企业策略合伙人"的转变,企业价值得到越来越大的提升。

现代企业理论认为,企业是多边契约关系的总和,股东、债权人、经理阶层、一般员工等缺一不可。各方都有各自的利益,共同参与构成企业的利益制衡机制。实际上,这里的企业价值是以股东(所有者)价值为主体的,是多方利益主体价值的总和。企业价值等于股权价值与债权价值之和,因此企业价值最大化目标模式兼顾了债权人和股东两者的利益。企业价值最大化的财务管理目标考虑了除股东以外的各相关利益主体,使企业总价值更大,这有利于企业可持续发展或长期稳定发展,因而更具合理性。

在财务功能转变后,财务部门更多地担负着企业管家、企业智囊团的角色。比如在筹资管理中,不仅需要从数量上满足生产经营的需要,而且要考虑各种筹资方式资金成本的高低、财务风险的大小。通过降低企业风险,降低资金成本从而提高企业价值。在投资管理中选择新增项目时,需要对项目的报酬和风险加以权衡,从而达到企业价值最大。又比如对营运资金管理得好,在一既定时期内资金周转得快,利用相同数量的资金,生产出更多产品、取得更多收入、获得更多报酬,自然也提高了企业价值。而对于企业财务总监即 CFO 们,更是要从财务战略的高度制定与企业战略相匹配的适应企业不同发展阶段的有效的财务政策,比如在企业的产品处于投入期时,产品在市场认知度低,市场份额小,企业发生巨额营销费,经营活动现金流通常为负数,利润较少甚至亏损,企业经营风险非常高,这时为了将企业整体风险(企业风险由经营风险和财务风险组成)降下来,必须降低财务风险,因此这一阶段就需采取"吸收风险资本、较低的财务杠杆和股利不分配"的稳健成长型财务战略。而当企业的产品处于成长期时,这时企业经营风险有所降低,又应采取"吸引权益资本、低财务杠杆和少分配股利"的快速扩张型财务战略等。

财务提升企业价值主要体现在三大方面：

(1)创造企业价值的活动,包括税收筹划、集中化管理(尤其是资金)、盈余管理、融资管理、投资并购、成本控制等;

(2)支持企业价值的活动,包括全面预算管理、财务流程再造、运营资本管理、利润管理、绩效管理、薪酬管理、风险管理等;

(3)保持企业价值的活动,包括财务管理系统建设、会计管理、会计信息管理、会计制度与组织管理等。创造价值的活动也可以套用木桶理论,木桶板的高低决定创造价值的高低,最短的板决定了你的价值;保持企业价值的活动,则像水桶的底一样,没有它就没办法成功,企业成立首先就需要财务做运行的基本保证。支持企业价值的活动相当于木桶上的一个箍,有了箍水不会流失,而且增加了它的安全性,这就是财务管理提升企业价值。

第九节　会计的基本职能

《中华人民共和国会计法》对会计的基本职能表述为:会计核算与会计监督。

(1)会计核算:会计核算就是对大量的经济业务通过记录、计算、归类、整理和汇总,并通过记账、算账、报账等程序,全面、完整、综合地反映经济活动过程和结果,并为经济管理提供有用的信息。从会计的含义我们知道,会计首先是一种经济计算,同时又是一个以提供财务信息为主的经济信息系统,会计工作的过程就是一个核算的过程,可见会计本身就具有核算功能。随着管理对会计要求的提高,会计核算不仅仅包括对经济活动的事后核算,还应包括事前核算和事中核算。事前核算的主要形式是进行经济预测,参与决策;而事中核算的主要形式则是在计划执行过程中,通过核算和监督相结合的方法,对经济活动进行控制,使之按计划和预定的目标进行。

(2)会计监督:会计对经济活动进行核算的过程,也是实行监督的过程。会计监督主要是以国家的财经法规、政策、制度、纪律和会计信息为依据,对将进行和已经进行的经济活动进行合理合法的监督。会计监督按其经济活动过程的关系,分为事前、事中和事后监督。其监督按其与经济活动过程的关系,分为事前、事中和事后监督。其监督的内容主要包括:分析会计核算资料、检查遵纪守法情况、评价活动成果、确定经营目标、调整计划等内容。通过会计监督能正确地处理好国家与企业关系,提高宏观经济效益和促使企业改善经济管理水平,提高企业经济效益。

会计核算和会计监督关系是十分密切的,两者相辅相成;会计核算是会计监督的基础,而会计监督是会计核算的保证。两者必须结合起来发挥作用,才能正确、及时、完整地反映经济活动,有效地提高经济效益。如果没有可靠的、完整的会计核算资料,会计监督就没有客观依据。反之只有会计核算没有会计监督,会计核算也就没有意义。

随着社会经济的发展和经济管理的现代化,会计的职能也会随之发生变化,一些新的职能不断出现。一般认为,除了会计核算监督两个基本职能之外,还有分析经济情况、预测经济前景、参与经济决策等各种职能控制。

财务部门的职能正逐渐发生变化。原先的会计人员是作为"记账先生"而出现的,随着时代的进步、经济的发展财务人员逐渐发展成为财富的守者、绩效的评判者,现在成为商业合伙人。作为商业合伙人,意味着财务人员可以更多地参与企业的战略决策,为公司创造更多的价值。现在,会计界出现了一些重要发展趋势:

◆电子化及自动化

◆无纸化业务流程

◆远程会计服务

◆会计地域界线消失

◆面临竞争威胁并保持竞争优势

◆服务共享及业务流程外包

◆向业绩管理方向的演进

财务人员也面临着一系列挑战,如会计人员要保证其所提供的数字准确无误,并能有效整合企业的人力资源、业务流程和相关技术,管理会计人员应能够有效分析,为企业的战略决策提供相关信息。企业财务人员不应只是发挥纯粹的"记账先生"这样的作用,而是要有更加好的团队,更加多元化的团队。大家可以看到,现在财务部门的结构发生了一些变化,以前的财务部门将大量的时间用于运行和会计处理方面,但现在我们看到,财务部门更多是关注企业的决策以及风险控制方面的内容,现在这两方面所占比例是过去的2倍。

财务部门的结构体现为一种金字塔结构,在金字塔的底部是传统的交易型业务,包括出纳、会计核算和报表编制;在金字塔的顶部则是现在我们所说的管理型会计应具备的职能或素质,即能够参与企业战略决策,为企业创造更多价值。随着技术的进步和经济的发展,在金字塔底部的会计人员数量会越来越少,而拥有战略决策和管理能力的会计人员将会逐渐发展起来,所以,我想大家看到现在这个结构就会构绘未来的财务组织结构。如果沿着企业的价值链重组财务功能,我们会看到传统的财务部门正在发生变化,原来的财务功能只是其中的一部分。在新的模型中,财务功能将遍及企业的所有业务范围,从企业的产品开发和市场到风险管理与控制,再到销售及分销,直至客户服务。所以,新模型下的财务部门在企业的整个业务流程中都会为企业创造价值。包括微软、米其林、雀巢、东芝在内的许多知名企业都已经实施了这种新模型,这些企业因为成功地实施了业务外包和财务服务共享等功能,真正提高了企业效率,取得了成功。

第十节　财务共享

"共享"的管理模式诞生于20世纪80年代福特公司遭遇的一次财务人员流失危机的应对方案中,最早应用于集团财会领域,此后逐渐向人力资源、信息技术、采购管理等领域扩展。该模式需要有一个独立的组织实体——共享服务中心(SSC)为多部门提供服务。财务共享模式的关键是流程再造,同时也是一次深刻的组织变革,是大型集团解决"大企业病"的途径之一,旨在降低运营成本、提升标准化程度、加强集团管控并实现财务的转型升级。

财务共享模式是指将分散的财务基本业务从企业集团成员单位抽离出来,集中到财务共享服务中心(FSSC)统一处理,通过网络为不同地域的共享成员提供标准化、流程化、高效率、低成本的共享服务,并为企业创造价值。

财务共享模式并不是将原本分散的财务核算机构在空间上简单集中,而是需要通过对易于标准化的财务业务流程的优化再造、对操作的标准化、对人员的专业再分工,以一个独立运营的"服务部门"方式再造财务核算。随着财务共享模式实践的不断深入,辅助技术的不断发展,财务共享的概念也将不断被细化与延伸。

目前财务共享分为两种模式:服务型与管控型。服务型财务共享模式侧重于追求降本增效,但如果片面地追求处理的高效,容易导致财务脱离业务,为了使财务共享模式更加适应我国的经营环境,管控型财务共享模式应运而生。《2017中国财务共享服务调研报告》显示,加强集团管控是我国集团当前建立财务共享中心的更大价值所在。管控型财务共享方案以"借助共享模式、加强财务管控"为核心,打造"柔性共享、精细管控、业财一体"的新模式,帮助集团企业实现共享中心与财务管控之间的深度融合。管控型财务共享模式,财务是转型对象,共享是实现路径,管控是实践宗旨,管控与服务并重,加强集团管控同时兼顾提升效率、降低运营成本。为了更清晰地了解财务共享模式,使财务共享实现更加广泛、更为深刻意义上的"共享",本文就财务共享的客体、主体和路径这三个问题展开论述。首先,论述财务共享的客体是什么,即"共享什么";其次,论述财务共享的主体,即"谁能共享";最后,论述财务共享的实现路径,即"如何共享"。

一、财务共享的客体

财务活动包括筹资活动、投资活动和经营活动,财务共享不仅仅局限于对财务的集中处理,而是依托财务集中和流程优化,将财务共享进行纵向延伸,深入各业务流程;同时依托核心管理理念和基础设施的搭建,将财务共享模式进行横向延伸,拓展共享模式在组织和业务活动中的应用范围。此外,管控型财务共享方案强调借助共享模式实现精细管理落地的同时,追求集团层面的宏观管控,其实践必然会涉及集团管控的方方面面。财务共享模式突破了集团内部及外部实体组织的界限,可以为集团重整和创造财务资源,同时打破企业内部及企业间的资源壁垒,为资源的共享提供平台。本文认为,财务共享模式即对财务资源的共享,财务共享模式下的财务资源主要划分为四类,即信息资源、资金资源、服务资源和平台资源。财务共享就是在筹资活动管理、投资活动管理和经营活动管理中实现信息、资金、服务、平台等各种财务资源的共享。

(一)信息资源

财务共享服务中心是财务共享模式的组织实体,不仅是各成员单位的财务核算中心和流程支持中心,而且是财务数据中心。一方面,财务共享模式提升了信息传递的时效性。实施共享模式后,各分(子)公司的财务状况和经营成果无须通过报表层层上报,共享中心能够更快速地生成各分(子)公司的财务信息,并通过网络为各分(子)公司和集团总部的管理者实施监控提供支持。如苏宁易购财务共享中心的管理人员可以随时查阅各个部门、门店运营情况与工作业绩,记录与考核个人绩效,加强企业公平、即时的绩效考核功能。另一方面,财务共享模式拓展了企业的数据源。如鲁花集团利用财务共享系统扩展公司交易信息的宽度,通过采集 275 个集团成员和 5 万多条下游企业数据,提炼公司交易价格、市场占有率等信息,准确判定公司市场地位。

为分(子)公司和外部用户提供财务核算和流程支持服务,是财务共享服务中心信息来源的基础。财务共享平台不仅能够实现财务会计数据高效地生成和传递,而且可以提供扎根于企业运营基层的海量管理会计数据。随着业财一体化的逐步推进,经过标准化的各项流程都"有迹可循",财务共享中心能够实时更新各单元业务数据,反映最新的业务动态,支持企业日常运营,并为决策层提供可汇总、加工的数据,更好地指导筹资、投资及经营决策。财务共享模式,在降低财务会计信息成本的同时,有效推动了管理会计信息化。面对大数据时代的到来,如何凸显会计信息的价值,财务共享模式必将大有作为。

（二）资金资源

统一的资金管理模式是财务共享模式加强集团管控的一大体现。如海尔集团"云对账"平台,实现了银行、客户、供应商、员工等多方往来款的账"云"监控,资金运营中心负责搭建集团资金池架构;中铁十一局统一与金融机构签订授信协议,有效降低了集团整体违约风险和融资成本,同时集中近期闲散资金,优先给内部需要贷款的子公司提供融资服务,使整个集团的资金利用率更高,有效解决了存贷双高问题。

集团统一的资金管理包括集团资金日常管理、投融资活动的集成、内部投融资需求差异的互补等。财务共享模式下的资金管理,可以在集团已采用的资金集中管理模式基础上,进一步发挥资金的规模效应,提高资金利用效率,使资金与业务深度融合,资金管理精细化、动态化,并扩大总部对资金监管的覆盖面和及时性,保障资金使用安全。

（三）服务资源

起初,财务共享服务中心的建立是将各分（子）公司财务体系中的一部分职能进行整合,跨地域集中处理易于标准化、流程化的财务工作,如中兴财务共享服务中心建立之初,仅承担集团内部网络报销业务,随后业务范围不断拓展至会计核算服务、档案管理、商旅管理、数据处理等领域。在不断完善与自我革新中积累大量宝贵的财务共享实践经验后,中兴财务云开始对外提供服务输出,为更多集团企业提供财务共享解决方案,实现成本至利润中心的转型。内外组织对服务资源的共享,也是对财务共享模式下优质的人力资源、流程标准、管理制度及模式的共享。服务型财务共享中心与集团内外组织用户签订服务水平协议（SLA）,模拟或实现市场化模式运营,不断提升服务质量,同时不断扩展业务范围。所提供的服务资源一般包括但不限于业务流程支持、会计核算服务、数据处理分析、系统使用权限、技术咨询与系统维护、财务共享服务咨询和解决方案等。此外,如果集团财务共享模式为典型的管控型财务共享,通常不需要签订服务水平协议,应当通过集团内部相关制度来明确各组织与财务共享中心的权利义务。

（四）平台资源

财务管理的客体是指在筹资活动、投资活动和经营活动中与资产的取得、耗用及保全有关的事项,其中经营活动包含采购、生产及销售。财务共享模式会对企业各项活动产生影响,例如采购活动。集团可以搭建内部采购服务平台,将分散的采购需求集成,同时实行供应商准入机制,实时监控商品价格和质量。集团日常采购具有小订单、多批次的特点,可以通过建立网上商店的形式,集成各分(子)公司日常采购需求,提高议价能力。如中交二航局十分重视对采购活动的控制,从源头保证工程质量,集团财务共享中心通过整合为各成员单位提供会计核算服务过程中获取的供应商资料,完善原材料的采购信息,建立合格供应商档案,杜绝材料质量问题的发生,防止项目腐败,进而保证工程质量。

财务共享模式如何影响企业各项活动,或是财务共享服务中心在影响企业各项活动中又扮演着怎样的角色？财务共享平台是指基于财务共享模式的信息系统搭建的、能够连接各分(子)公司以及外部利益相关方的虚拟网络,财务共享服务中心是该虚拟网络物化的组织实体。通过信息系统对接和跨组织共享财务服务资源,财务共享平台可以将集团分(子)公司及外部利益相关方关联起来,实现各方需求整合、信息互通、互信互利。平台资源是一个比较宽泛的概念,它不局限于某种物化的资源,而是多种资源的集成,利用平台更好地完成各项财务活动,让更大范围的实体组织从财务共享模式中受益,即对平台资源的共享。例如,利用平台信息资源优势,集团资金管理组织可以深入了解各分(子)公司业务情况,更好地指导内部投融资活动;采购服务平台可以集成需求,改变采购活动的组织形式。此外,财务共享模式还可以拓展到生产活动和销售活动,例如通过财务共享平台增加单位间横向联系,增强跨地域产业联动,加强营销管控等辅助集团内外部供应链资源的优化。

二、财务共享的主体

参与财务资源共享要以财务共享为前提,共享的参与者可细分为集团内部各业务单位与外部各利益相关方。从共享服务资源的角度来看,参与服务资源共享的主体包括集团内部的各个业务单位和人员以及接受集团财务共享服务中心服务输出的外部企业。无论采用何种类型的财务共享模式,参与财务资源共享的主体都不局限于集团内部。

(一)集团内部各业务单位和人员

高管层是单位范围内实施财务共享的掌舵者,是参与财务共享的首要主体,对各类资源的使用和调度有着绝对的控制权。首先,信息资源的时效性能够及时了解业务动态,实现管控前移,降低单位整体财务风险,庞大的数据源可以指导高层制定更为有据的单位战略;其次,财务共享变革小组要不断优化服务资源,优化共享模式,使单位获得更大的规模效益、更高品质的共享服务,助力单位的发展;最后,利用平台综合资源,能够帮助单位掌握资金需求、掌控资金流向,以及调节成员单位和职能部门各项财务活动等。

为消除信息孤岛,保障流程的连贯性,各职能部门信息系统应与财务共享平台对接,参与财务资源的共享。如人事部门可以从财务共享信息平台上获取更加丰富的财务、非财务指标数据,完善员工绩效考评工作;内部审计部门通过获取平台信息,进行大数据采集、清洗与存储,形成审计数据仓库。内部各业务单位的工作人员,也是财务资源共享的主体。一方面,财务共享服务中心的建立,旨在实现精细化管理加强单位管控的同时,为单位成员提供更高效、优质的服务,服务资源的共享要落实到每位员工,如费用报销的流程再造,减少了员工费用报销精力和时间的投入;另一方面,充分发挥信息的价值,各工作人员应当成为信息资源共享的主体之一。

首先,财务共享服务中心是单位财务体系的组成部分,所产生的财务信息必定会在体系内流转,财务人员是参与信息资源共享的主体之一。其次,财务共享中心生成的各类财务报表、数据报表,业务财务、战略财务对各项数据的解读分析以辅助决策,是各层级管理人员参与信息资源共享的途径之一。再次,管理人员应当具备与职责相匹配的系统用户权限,自主获取数据,如中交二航局各项目经理,可以获取其他项目的信息,通过项目间的信息比对,找到本项目的优势、劣势,从而进一步优化工程建设。最后,信息资源除了能够辅助决策外,还能服务人员的日常工作,PC端、移动端实时上传和获取数据,系统间信息传递与业务流程相互衔接,大大降低了人员间的沟通成本,提升了工作效率。

生成的数据经过汇总、加工,在单位内部各工作人员、职能部门间的传递,是单位内部对信息资源的共享;单位资金日常管理、投融资活动的集成、内部投融资需求差异的互补,是各业务单位对资金资源的共享;原本独立核算的业务单位将部分业务交由财务共享服务中心处理,是对服务资源的共享;各分支机构通过平台实现供产销联动,是对平台资源的共享。参与共享的主体越多,共享资源的范围越广,越能体现财务共享模式的价值。

（二）外部利益相关者

财务共享的主体,并非只有集团内部的利益相关者,外部的利益相关者（如供应链成员、价值网成员、银行及其他金融机构、税务及其他政府部门等）也是本单位财务共享的主体。供应链财务共享平台的建立,可以实现供应商、客户、银行联动等跨组织的流程协作,财务共享平台与供应链成员间相互提供流程支持,是维护企业间关系的黏合剂,例如核心企业的应付账款流程再造,除了内部流程的再设计,还需要供应商的参与和支持。如苏宁财务共享中心是大数据平台的重要组成部分,企业内部、供应商、客户、下游消费者均成为共享中心信息分享的对象,有力保障了全程供应链思想的落实。供应链成员间相互分享的生产经营数据,能够提高供应链各节点企业生产经营计划的准确性和灵活性,提升消费者的参与度等。

财务共享平台还可以在价值网环境的财务管理中发挥重要作用。价值网环境下,核心企业利用自有的平台优势,整合价值网内结点企业的业务数据,同时,财务共享平台承载着核心企业与节点企业交易往来的资金流、信息流,是核心企业与节点企业业务数据的重要来源。财务共享平台可以助力核心企业利用大数据分析等手段,为价值网企业提供更为准确的业务建议,增强价值网企业的协同效应。此外,财务共享服务中心还可以承接节点企业相关服务,扩大财务共享平台在价值网中的影响力。财务共享模式利用平台资源,将供应链企业,甚至价值网企业关联起来,提供与业务相匹配的数据,能够增强数据的真实性,是银行及其他金融机构了解企业偿债能力更为有效的途径。此外,无论是核心企业自有金融组织,还是外部商业银行及其他金融机构,它们借助平台深度参与企业间的商业活动,能够开发出与交易场景更为紧密的金融产品,更好地实现财务共享各方主体对资金资源的共享。

由于企业日常业务财务活动与税务密不可分,业财税一体化的财务管理解决方案是当前财务共享模式的重要发展方向。业财税共享模式不仅能够加强企业内部税务处理的时效性与规范程度,而且增强了企业同税务监管部门的联系,为企业和税务监管部门提供了便捷高效的双向信息交流平台。双方信息系统的完善与对接,是建立信息交流平台的基础,税务部门参与企业财务共享,可以实现税务信息的及时高效获取、税务制度流程的规范优化、税务监管途径的数字化多元化等。例如,企业纳税数据自动导入税务申报系统,通过企业系统流程检查企业税务制度的落实与流程规范情况等。

三、财务共享的路径

财务共享模式的应用以及财务共享服务中心的建设是企业一项长期发展战略,需要经过筹建、试运行、运营、改进的漫长过程,是一次深刻的组织再造与管理变革,需要集团全体成员及外部利益相关方的参与和支持,共享项目小组既要完成集团共享模式的顶层设计,也要落实实施过程的各项细节。本文认为,要实现财务共享,至少需要统一制度标准,梳理现有财务业务流程,通过流程再造实现流程在集团层面的统一,并通过信息系统将流程固化,配备所需技术设备,让共享模式落地。此外,还需经历人员的变动以及组织架构的调整。

(一)统一制度标准

统一制度标准,包括统一会计语言,这是财务信息资源得以共享的前提,是财务共享服务中心得以高效运作的基础。中兴通讯就把统一差旅费报销水平作为建成财务共享服务中心的前期准备工作之一,海尔财务共享项目组在设计之初也搭建了全球统一的会计科目表。

除了将现有的财务制度标准进行整合之外,还需要针对财务共享模式建立新的企业制度标准,包括财务业务流程、信息系统、人员及组织架构相关制度标准的建立。相关制度标准的建立有助于企业财务共享模式的构建以及日后财务共享模式在企业的规范安全运行。财务共享的内容涵盖了财务共享主体对信息、资金、服务以及平台资源的共享。集团内部组织和个人以及外部利益相关者,参与财务资源的共享,需要制度标准来规范。例如,各分(子)公司、各职能部门、员工个人以及外部利益相关方都参与到了信息资源的共享,但组织和个人能够获取到什么信息,该信息是否有利于工作的进展,是否存在潜在的信息安全风险,与员工职位相匹配的信息权限如何确定,企业是否要对提供给外部利益相关者信息指导的决策结果负责?财务共享模式带来巨大机遇的同时,也带来了企业内控及风险管理等新的挑战,企业可以借鉴成功的实践经验,在实践中不断总结制定并完善相应的制度标准,从而植入流程与信息系统,融入企业日常管理当中。

(二)统一财务业务流程

财务共享模式的核心是流程再造。在统一制度标准的基础上,将分散于各业务单位重复性高、易于标准化的财务业务进行流程再造,进而集中到财务共享中心统一处理,以达到降本增效的效果。如甲骨文公司在共享项目筹划之初,对各流程共享前后成本差异进行分析,最终将四个事业部门的七项流程确定为财务共享流程再造的对象。业务流程的再设计,也要以加强集团管控为目的,标准化流程在集团层面实现统一,有助于推行统一的财务管理制度,提升内控管理质量,确保总部的制度在企业层面能够执行到位。此外,成体系的业务流程,要能够支持集团业务扩张。受益于财务共享标准化的特性。

"求同"使得财务共享中心及企业运营更高效,"存异"为各分支机构提供差异化业务支持。当企业经营环境发生了变化,或是借鉴了更优的标准流程,财务业务流程都需要进行相应的变动,因此流程的统一与再造会一直持续。此外,多元化集团由于其产业性质呈现相关多元化或非相关多元化,从整体上设计并实行统一的业务流程,短时间内达到深度的财务共享难度很大,总部需要依据现实情况分层次、分阶段实施财务共享,并充分考虑集团规模及各成员单位规范化、信息化程度,把握合适的机遇实行财务共享以及调整共享的范围。

(三)统一信息系统

统一的制度标准、业务流程需要固化到信息系统当中,只有人财物与信息系统完美衔接,才能实现流程的高效运转。通信及网络技术打破了信息传递的地理约束,财务共享中心的建立,需要人力物资在空间上的集中,借助各类新兴技术,共享中心人员足不出户就可以为远在省外甚至国外的分(子)公司提供服务支持。

财务共享信息系统是企业信息系统(ERP系统)中财务信息系统的子系

统,一般包括网上报账系统、会计核算系统、税务管理系统、资金管理系统、银企互联系统、电子影像系统、电子档案系统等。各系统并不是孤立存在的,如网上报账系统的成功运行,需要从销售、合同、采购、商旅等业务系统中获取报账信息,报账业务处理还需要电子影像、银企互联等系统的协助,后端向会计核算系统、税务管理系统传输指令,各流程生成的信息最终会归入电子档案系统,完成档案管理工作。此外,财务共享信息系统在内的企业各信息系统应当相互衔接,这也是平台资源得以共享的基础。

企业财务共享信息系统的建设是推进财务共享项目落地的必要条件。在未实行财务共享模式之前,各分(子)公司的信息化程度有所不同,信息系统覆盖业务与职能范围、软件及软件提供商都可能不一致,因而财务共享信息系统建设与推进财务共享项目一样,需要集团的顶层设计与落实。企业可以抽调IT、财务人员筹备,也可以与专业的咨询团队和系统提供商对接,快速构建财务共享模式。

信息资源的共享需要依托统一的会计制度、数据标准、标准化的业务流程以及互联互通的信息系统。将信息物尽其用,才能最大限度发挥信息的价值。在系统设计与不断完善的过程中,应当为信息的提取设计充分的模板与接口,降本增效的同时,通过结合业务流程再造与信息系统的设计,挖掘更有价值的信息。另外,还要保障信息安全,做好权限管理与信息备份的工作。

财务共享模式促进运营活动向线上转移,企业信息系统就像一张无形的网,将各地区、各部门的人员及活动联系起来,外部利益相关者与企业的联系,除了传统的线下业务往来,还可以通过系统对接,加速信息、资金资源的流转,从而完善外部信息共享平台的建设,可以促进外部利益相关者参与企业财务资源共享。

四、企业对财务人才需要的变化

随着人工智能在财务领域的渗透和广泛应用,未来财务岗位将划分为战略财务、管理财务和共享财务3个类别。本文将从知识、能力和素养这3个维度对3类型财务人才的素质结构体系进行建构。

（一）战略财务人才素质体系建构

现阶段，战略财务人才主要来源于传统财务会计人才中的优秀人员，主要特征有：一是受过本科以上高等教育，具备财务管理、会计、税法、审计等专业背景；二是管理知识深厚，既具备财务会计、税法、经济等知识储备，又懂得战略规划；三是实务经验丰富，一般具备8年以上财务工作经验，精于战略规划、预算管理、绩效评价、资本运作等财务管理工作。从集团企业层面出发，战略财务主要承担财务管理的核心职能，包括企业体系构建与维护、资本运作、整体资源配置、决策支持和企业价值管理等。

战略财务人才属于企业的战略策划和支持人员，在企业价值创造管理和战略风险管理中发挥着重要作用，因此，应围绕企业战略和价值创造，合理利用企业资源尤其是财务资源，推动企业战略目标的实现。对战略财务人员的素质培养，要从3个方面着手：

一是在知识结构上，应熟练掌握财务会计、管理学、税法、经济学、信息系统、战略管理，以及财务管理等知识，具备多学科背景和跨学科综合应用能力；

二是在能力结构方面，要精通战略系统的设计与维护、资源优化配置与整合、风险管理、投融资规划、价值链管理，以及良好的团队管理；

三是在素养结构方面，要具备高水平的职业道德、法律、身心和文化素养，提升公司整体财务人员的相关素养。

（二）管理财务人才素质体系建构

人工智能时代，许多基层财务岗位被智能财务软件或机器人替代，导致大部分财务人员向业务前端转型，例如由核算型转向管理会计。这一转型有助于推动企业实现业财融合，使企业的财务管理由事后反映向事前预测和事中控制转变，越来越深入地介入企业的业务范围，更好地辅助企业决策。为此，管理财务的主要职能转变为在公司战略目标的指导下,依托企业信息系统,与企业采购、生产、销售、研发、仓储等业务深度融合,对业务各个环节进行数据收集、财务分析、预测、规划、评价和激励。业财融合的各个关键环节,需要设置对应的管理财务岗位,培养管理财务人才,使之具备复合型素质结构。管理财务人员发挥的作用介于战略财务人员和共享财务人员之间,主要由两类人员构成:一类是实战经验丰富、业务能力强,学历层次相对较高、具有复合型专业知识,具有5年以上财务工作经验的人;另一类是理论知识功底深厚、学历层次高,但入职时间相对较短的人。对于管理财务人员,业财融合是其主要职责。

在知识结构上,应当具备财务会计、管理学、税法、统计学、计算机科学、财务管理和金融学基础等知识,并具备跨学科知识的综合应用能力;

在能力结构上,要具备较强的学习能力、良好的沟通表达能力,具备财务会计核算与分析、信息技术与数据处理、成本管理与控制、管理会计、税务筹划等能力;

在素养结构方面,要具有较高的职业道德、法律、身心、文化等素养。

(三)共享财务人才素质体系建构

财务共享中心是大数据、信息技术、云计算等信息技术在财务领域的具体应用,许多大中型企业集团在这方面有丰富实践。财务共享中心按照企业会计准则和财经法律的要求,通过服务协议和业务类型,将一些重复性较高、可操作性较强的业务进行标准化流程操作,实现资金交易、会计核算、费用报销、交易处理、报表编制等业务的集中处理。财务共享中心的应用使财务的运行效率得到极大提高,也使许多基层核算型财务岗位被替代,由此带来企业财务的运营流程、岗位设置和人员要求的重要变革。共享财务的主要职责是资金集中交易、费用集中报销、应收应付账务处理、审核、记账、银行账户管理、财务报告编制、财务数据查询。共享财务人员主要分为财务操作者、核心信息技术人员和共享中心运营管理人员,应当具备的素质结构共享财务人员承担了企业的大量会计核算工作。

企业需要通过他们实现财务核算的集中化、标准化和流程化。与此同时,他们还是管理财务和战略财务人员的主干培养力量。因此,企业对于共享财务人员的素质结构要求主要有:

知识结构上,熟练掌握财务会计、税务、ERP 系统、财务共享、计算机科学、预算、成本核算与分析、管理学基础等知识;

能力结构上,具备较强的学习能力、良好的沟通表达、财务核算与分析以及数据处理能力;

素养结构方面,具备较好的职业道德、法律基础、身心健康、文化基础等素养。

战略财务处于集团公司的战略层面,对财务人员的素质结构要求最高,主要依靠企业的内部聚焦培养。通过建立企业大学或战略委员会等内部平台,将战略财务人员或者潜在培养对象集中进行内部培养。此外,也可通过知名高校或社会机构举办的总裁培训班、财务总监培训班、EMBA、MBA 等平台,对各行各业的高级财务人员进行集聚培养,以此产生协同效应和知识外溢效应,提升战略财务人员的培养效果。管理财务人员主要服务于企业的业财融合,除了具备深厚的理论基础,还可结合公司财务和业务工作经验,以此获得较为成熟的成长空间。因此,可将高校和企业两类集聚组织作为管理财务人员的主要培养路径。管理财务人员培养对象在高校学习期间,本科高校和部分优质高职院校结合管理财务人才素质结构的要求和培养目标,制订管理财务人才培养方案,使培养对象熟练掌握财务会计、税法、财务管理、管理会计、数据处理与分析、管理学、统计学、计算机科学等跨专业知识,并具备较强的学习能力、良好的沟通表达能力,掌握财务会计核算与分析、信息技术与数据处理、成本管理与控制、预算、税务筹划等能力。

这些人才进入企业后,通过财务管理部门和企业内训机构的工作与学习,提高知识应用和业财融合应用等能力。同时,还可以通过以财务人员培训为主的社会机构搭建的平台为管理财务人员的能力提升提供服务。共享财务人员的主要职责是负责企业的会计核算、信息技术维护和共享中心运营管理,人员素质要求相对容易达到。尤其是财务操作人员和信息技术维护人员,这两类共享财务人员的主体,可以依托高校为培养主路径,与共享业务成熟、技术研发实力雄厚的企业联合培养。对于共享中心运营管理人员,企业可构建以内训机构为主,社会机构为辅的培养路径,建立内部共享中心运营管理人员培训中心,通过集群组织集聚培养,提升人员的协同效应。

3

第三部分

高校会计人才培养

16

会计专业课程体系的演化

第一节　古代会计的人才培养模式

在古代会计中,由于原始社会形态的改变和文字没有出现,出现了私有财产,人们会以多种方式记录经济活动中数量关系发生的变化,例如,实物、绘画、结绳、刻契。在古代会计发展的后期,会计人员借助算盘进行单式记账。在这个时期,并没有专门培养会计人员的机构场所,对会计人才培养主要是采用师傅带徒弟式的手把手教授,传授会计知识依靠看、做,传统会计技术多为口头传授,教授的内容如记账方法与技术全靠账房先生自己摸索和总结,教育系统和教育渠道不统一。

会计学在中国古代并不是一门独立的学科,封建社会在"重士农,轻工商"的思想及"重儒学而轻计算"等观念的影响下,会计专业得不到系统发展。

第二节　近代会计的人才培养模式

直到清朝末年,鸦片战争打开了中国封闭已久的大门,自给自足的小农经济开始向近代资本主义经济转变,西式簿记的传入引起了会计领域的变革,此后推行的新会计制度要求大批掌握新式会计知识和技能的新会计人才,近代会计教育应运而生,会计知识开始进入各级学校的课程计划,但此时依然没有开设独立的会计专业,也未形成会计专业课程体系。

会计的发展由单式记账方法向复式记账方法转变。会计人员不仅要完成记账和算账的简单操作,还要能够进行简单的报表编制和审查。为了跟上会计行业的发展,会计人员必须学习、研究资产的估价方法和相关理论,会计人员必须具备一定的专业技能、合理的运算方法才能更好地完成工作。而此时的会计发展中出现了独立的学院开始开设会计课程,其中包括了"商业算数""珠算"

"商业簿记""银行簿记"等课程,会计人才培养方案的构建的得到了一定的发展。

20世纪20年代后,在会计革新运动的推动下,1921年复旦大学商学院首次开设会计系,此后我国会计专业迅速发展,并形成了一定的课程体系。新中国成立后,随着一系列的会计课程改革的进行,逐步形成了较为完善的会计专业课程体系。近代会计教育自形成起,伴随着社会经济环境的不断进化,最终形成了较为完善的会计专业课程体系。

一、近代以来中国会计专业课程体系的演化过程

(一)清朝末年近代会计教育的产生及课程的开设情况

鸦片战争后,随着西式簿记的引入及新会计制度的推行,要求大批掌握新式会计知识和技能的新会计人才,传统"师徒式"的会计教育已无法承担这一重任,近代会计教育便由此产生。据1902年《钦定京师大学堂章程》记载:大学分七科,商务科第六;商务科之目六:一曰簿记学,二曰产业制造学,三曰商业语言学,四曰商法学,五曰商业史学,六曰商业地理学。1904年推行的《奏定大学堂章程》中规定,大学堂分八科,商科位第八;商科大学分三门:银行及保险学门、贸易及贩运学门和关税学门。

其中,在"银行及保险学门"和"贸易及贩运学门"均在第一年开设了"商业理财学",每周课时为二钟点;在"关税学门"的第二年和第三年也开设了"商业理财学",每周课时分别为一钟点和二钟点。

由此可见,会计教育已经从古代"师徒式"的形式发展到学校教育,虽然此时还没有开设独立的会计专业,也没有形成系统的课程体系,但会计知识已经开始通过"簿记学""理财学"等课程的形式进入各级学校的课程计划,这是会计专业及会计课程体系发展的一个巨大历史进步。

(二)民国初期近代会计教育的发展

从清末时期有关会计课程的开设情况可以看出,虽然在商科各学门中开设

了"簿记学""理财学"等会计课程,但其课程数及课时数相对于其他课程并不多,我国近代会计教育的发展还处于萌芽阶段,直至民国初期,近代会计教育及会计课程开设情况才有了进一步的发展。

1913 年 1 月,北洋政府教育部公布的《大学规程》中记载,大学分设文、理、法、商、医、农、工七科,商科之中又分设银行学、保险学、外国贸易学、领事学、关税仓库学和交通学六门。此时,仍同清朝末年一样,并没有开设独立的会计专业,也没有形成会计课程体系,但值得注意的是,在商科六门之中,簿记和会计学课程的开设有了明显的增加。如银行学门开设有"商业簿记学""银行簿记学"和"会计学";保险学门开设有"商业簿记学""会计学""统计学"和"运用统计学";其他几门也分别设有"商业簿记学"和"统计学"。

在北洋政府教育部 1912 年 12 月 6 日公布《商业专门学校规程》中规定,商业专门学校以养成商业专门人才为宗旨,科目设置中包括了"商业算数""珠算""商业簿记""银行簿记""铁道簿记"等会计课程。此外,在商业知识掌握方面,还明确规定:"宜授以商事要项、商业簿记、商业算数、商业地理及本地重要之商品并教授法"。由此可见,近代会计教育及会计课程开设在民国初期得到进一步成熟和完善,尽管依然没有开设独立的会计专业,但已经为会计专业的形成以及课程体系的建立奠定了一定的基础。

（三）民国中后期会计系科的形成及课程体系的设置情况

1930 年,国民政府公布的《大学组织法》和《大学规程》规定,大学分设文、理、法、教育、农、工、商、医八大学院,同时明确规定:凡设置三个学院以上者,方能称其为大学;不满三学院者,则只能称为独立学院。自 1921 年上海复旦大学商学院首次开设会计系以来,到 20 世纪 50 年代,会计系科已在四十多个综合大学和独立学院开设,会计专业课程体系由此形成并有了一定的发展。

1. 会计系科的设置情况

1939 年,在国民政府教育部公布的《大学及独立学院学系名称》中,对会计系科的设置有进一步的规定:"商学院设银行、会计、统计、国际贸易、工商管理、商学及其他各系。"自此,会计系科设置走向正规化。

据不完全统计,截至 1948 年,在综合大学中设置会计系的共有 20 余所学校,其中著名的有复旦大学、南开大学、暨南大学、厦门大学等;在独立学院中设置会计系科的也有 21 所,其中著名的有上海商学院、天津工商大学、立信会计专科学校等[1]。这些院校会计系科的设置,大体是仿照欧美国家的做法,是以商学院作为培养会计专门人才的基地。

2. 会计系科课程的设置情况

1922 年,北洋政府教育部颁布的《学校系统改革草案》规定"大学校采用选课制";

1924 年,《国立大学条例》规定,"国立大学"由各系科及大学院教授会计规划课程。可见,当时包括会计学科在内的课程设置并不统一。

1929 年,国民政府教育部在其所公布的《大学章程》中,初步对各专业课程和学分制作出了规定。

1939 年 1 月,教育部又公布了《学分制划分办法》,命令各校一律采用学年兼学分制。当时的会计系与其他学科一样,学制一般为四年,规定四年内必须修满一百三十二学分。至此,会计专业课程的设置才算初步形成。

当时的教育家曾经提出"理论及事实兼重"的方针,这一方针体现在课程设置方面,一般就分为理论课与实用课两大部分。从会计系的课程设置方面讲,一般划分为四个部分,一为大学必修课,是大学生必学之基础理论;二为商科必修课,是从事经济工作的大学生的必学知识;三为会计系必修课,是会计专业的大学生必须掌握的专业知识和技能;四是各种选修课,其目的在于扩大知识面,加强专业训练。这四部分的组合,便构成会计专业"理论及事实兼重"的课程设置体系。会计专业课程的开设,各院校虽不完全相同,但它们在主干课的设置方面基本一致,即"成本会计学""官厅会计学""商业会计学""会计理论""会计学研究"及"审计学"。

（四）新中国成立以来会计专业课程体系的发展

1. 会计专业主干课程的改革

20 世纪 50 年代，由于会计教育的资源缺乏，我国会计专业采用以前苏联模式为基础的课程体系设置，主要以"会计核算原理""行业会计（工、农、商等）""行业财务管理"和"经济活动分析"四门课为主干课程。进入 20 世纪 80 年代以后，由于经济发展对会计人才素质要求上的变化，传统的会计课程教育体系已无法满足用人单位对会计专业毕业生知识和能力的需要，会计专业教育的课程设置面临新的课题。20 世纪 80 年代初期，上海财经学院会计系在著名会计学家娄尔行教授的主持下，开创了高等会计教育的新局面。

首先，制定了以培养通才为目标的会计学专业全程教学计划，并将学时制改为学分制；其次，改革 20 世纪 50 年代以后一直通行的课程体系，针对其存在的前后课程衔接不严密和内容分工不明确、体系不完整和缺乏弹性或创新能力等方面的问题，建立了由核心专业课、一般专科课与选修专业课三个部分所构成的会计专业课程体系，并对课程的内容进行了必要的规范，以减少不必要的重复。

2. 会计专业核心课程体系的建立

20 世纪 80 年代中后期，教育委员会提出了会计学专业应设置 11 门核心课程的指导性建议，在确立"会计学原理""财务会计""高级财务会计""成本会计""管理会计""审计学"及"财务管理"等七门核心专业课程的基础上，适当增设了"电算化会计""会计史"和"会计制度设计"等专业课及"财政学""国际贸易"等方面的配套课程，才使得能够被大多数高校所接受的具有中国特色的会计专业学科体系的基本框架得以确立。

3. 新的会计专业课程体系的全面形成

20 世纪 90 年代初，随着我国市场经济的发展，财会领域陆续出台一些重大改革措施，尤其是 1993 年 7 月 1 日开始实施的《企业会计准则》和《企业财务通则》，标志着我国会计改革进入了一个新的发展时期。为了培养与国际惯例相接轨的适应经济发展需求的高级会计专门人才,形成了由理论必修课、选修课和实践环节三部分所组成的会计专业课程体系。其中,理论必修课由公共基础课、学科基础课和专业必修课构成;选修课由专业选修课、跨专业选修课和综合素质选修课构成;实践环节由素质实践、专业模拟实践和综合实践构成。在此课程体系下,各高校纷纷提出各具特色的会计专业课程方案,但在会计主干课程的设置上基本一致,即形成了以初级会计(会计学原理)、财务会计(中级财务会计)、成本会计、管理会计、财务会计、会计电算化、高级会计(高级财务会计)为主干课的课程体系。

(五)会计课程变化发展的原因探讨

1.社会经济发展是会计专业课程体系演化的直接推动力

清朝末年,鸦片战争的爆发使我国自给自足的小农经济逐渐瓦解,资本主义经济占据主导地位,传统的"师徒式"会计知识的传播满足不了社会经济的发展,近代会计由此产生;民国初期,我国经济得到进一步发展,对会计人才的培养提出了更高的要求,由此会计课程得到进一步完善;到民国中后期,资本主义经济占据主导地位,经济的发展促使会计系科及会计课程体系的形成;新中国成立以来,市场经济的高速发展要求培养全面发展的、与国际惯例相接轨的会计专业人才,由此,新的会计专业课程体系全面形成。从上述演化过程可见,社会经济发展是会计教育及会计专业课程体系逐渐发展和完善的直接推动力。

2.实现课程间的有效衔接是会计专业课程体系演化的重要方面

从近代会计专业课程体系的演化过程中可以发现,在开设独立的会计专业前,会计课程仅是以单独的形式出现,课程之间没有系统的关联性,会计课程只是为了服务于其他专业而开设的辅助课程;而在形成独立的会计专业后,形成了以大学必修课、商科必修课、会计系必修课和各种选修课"理论及事实兼重"的课程体系,主干课包括"成本会计学""官厅会计学""商业会计学""会计理论""会计学研究""审计学"。从其课程体系及主干课程的设置情况可以看出,此时的会计人才培养要求其掌握各行业的会计知识,课程间的衔接处于横向层面；

新中国成立后，新会计制度的改革形成了以"初级会计""财务会计（中级财务会计）""成本会计""管理会计""财务管理""高级会计（高级财务会计）"的主干课程，实现了会计课程由简单到复杂、由基础到专业、由理论到实践的有效衔接。

3. 综合能力的培养是会计专业课程体系演化的重要方向

自 1921 年上海复旦大学商学院首次开设会计系以来，会计专业课程体系主要由大学必修课、商科必修课、会计系必修课和各种选修课四部分构成，而从其课程设置方面看，主要以理论知识的传授为主，培养出的会计人才知识面相对狭窄，知识迁移能力弱。到 20 世纪 50 年代，我国基于前苏联模式的课程体系设置，而这种传统的会计课程教育体系依然无法满足经济发展对会计人才素质的要求。直到 20 世纪 90 年代，为了培养与国际惯例相接轨的适应经济发展需求的高级会计专门人才，一系列的会计课程改革形成了由理论必修课、选修课和实践环节三部分所组成的会计专业课程体系，克服了传统的重理论轻实践、知识面狭窄、动手能力差等问题。所形成的新的会计专业课程体系注重会计人才综合能力的培养，能更好地适应工作岗位，满足经济市场对会计人才的需求。因此，综合能力的培养是会计课程体系发展的重要方向。

17

数字经济

第一节　数字经济的兴起

人工智能是由美国计算机科学家约翰·麦卡锡及其同事在 1956 年的达特茅斯会议上提出的概念,距今已有 60 余年的历史。60 多年来,人工智能的发展经历了"三起两落",三次兴起,又两次陷入低谷。近十年来,人工智能发展迅猛,特别是以机器学习为核心的人工智能技术,在视觉、语音、大数据等应用领域发展迅速,正在像人们熟知的水电气一样积极赋能于社会生活的各行各业。

大数据是十年前才开始在社会上广泛传播的概念,而 2012 年美国奥巴马政府公布其"大数据研究和开发计划",这标志着大数据开始真正进入我们日常的社会经济生活之中。大数据是指为了更经济、更有效地从高频率、大容量、不同结构和类型的数据中获取特定价值而设计的新一代数据架构和技术,人们通常用"大数据"来定义和描述信息爆炸时代产生的海量数据,并命名与之相关的技术发展与创新。

在日常生活中,当人们谈论人工智能时,常常会把它和机器人的概念混淆在一起甚至等同起来。应当看到的是,和以往试图以机器人的形态还原人类智能和行为的"通用型人工智能"不同,本轮人工智能浪潮正是在基于大数据的深度学习算法的推动下而繁荣起来的。可以说,基于大数据的深度学习是未来人工智能发展的重要基础,而人工智能则是基于大数据深度学习在人类社会经济生活中应用的具体表现。放眼当今世界,人工智能和大数据已经带来世界性和革命性的影响,未来已来,其中以货币计量为主并据此提供财务信息的会计工作所受到的影响更是首当其冲。

数字经济最早于 1996 年由唐·塔普斯科特提出,早期这一概念通常被认为是互联网经济或信息经济的代名词。随着科技的不断发展,数字经济的内涵不断深化。2016 年 9 月 G20 杭州峰会通过的《二十国集团数字经济发展与合作倡议》指出,数字经济是指以使用数字化的知识和信息作为关键生产要素、以现代信息网络作为重要载体、以信息通信技术的有效使用作为效率提升和经济结构优化的重要推动力的一系列经济活动。根据 2017 年《中国数字经济发展白皮书》的定义,数字经济是继农业经济、工业经济之后的更高级经济阶段。数字经济是以数字化的知识和信息为关键生产要素,以数字技术创新为核心驱动力,以现代信息网络为重要载体,通过数字技术与实体经济深度融合,不断提高传统产业数字化、智能化水平,加速重构经济发展与政府治理模式的新型经济形态。数字经济的核心包含数字化信息的生产、数字化信息的运用两大部分,涉及数字的产业化发展以及产业的数字化发展。数字的产业化发展即数字信息产业的发展,包括电子信息制造业、信息通信业、软件服务业等;产业的数字化发展是指传统产业借助、融合数字技术从而提升效率、增加产出。目前数字经济对经济的增长作用明显,据世界银行统计,数字化程度每提高 10% ,人均GDP 将增长 0.5% ~0.62% 。

第二节 数字经济下的背景概述

大数据、智能化、移动互联网、云计算、物联网、区块链等技术的出现,受到社会各界的关注。"大智移云物区"的发展改变了社会生产方式。目前,大数据正与各行各业实行着不同程度的融合。2010 年,财政部印发了《会计行业中长期人才发展规划(2010—2020 年)》,强调要推进会计工作的全面信息化,重视信息技术对会计审计等有关工作能力的重要影响。2012 年,教育部颁布了《国家中长期教育改革和发展规划纲要(2011—2020 年)》,强调信息技术与教育应全面深度融合,用信息化引领教育模式的全面创新。2015 年 8 月,国务院在《促进大数据发展行动纲要》中提出,要顺应全球趋势,通过大数据的发展和应用推动我国经济转型发展。2021 年,财政部《会计改革与发展"十四五"规划纲要(征求意见稿)》,提出要加快会计数字化转型步伐,为会计事业发展提供新引擎,构筑新优势。

（1）数据成为新的关键生产要素。历史经验表明，每一次经济形态的重大变革，必然催生也必须依赖新的生产要素。如同农业经济时代以劳动力和土地、工业经济时代以资本和技术为新的生产要素一样，数字经济时代，数据成为新的关键生产要素。互联网、物联网、大数据、云计算等的迅速发展，创造了信息互联互通的新模式，引发信息量呈爆发式增长，庞大的信息量经过数据化处理及运用形成了重要的战略资源。信息的数字化是将许多复杂多变的信息转变为可以度量的数字、数据，再以这些数字、数据建立起适当的数字化模型，将其转变为一系列二进制代码，引入计算机内部，进行统一处理，这是数字化的基本过程。数据成为撬动经济发展的新杠杆。

（2）平台化、生态化成为产业组织的显著特征。云计算、"互联网+"的发展是数字经济平台化的基础，产业组织的平台化、生态化颠覆了企业间传统的单线交流模式，供应链上的上下游企业都可以通过云平台进行信息的交互，沟通成本大大降低；信息的透明化打破了供应链巨头的垄断竞争格局，优质的中小企业拥有了更大的竞争空间；高效的信息传递也有助于企业间横向、纵向大规模协作的形成。云平台成为数字经济时代协调和配置资源的基本经济组织，是价值创造和价值汇聚的核心，形成了共建共赢的生态系统。

（3）融合化发展成为产业发展的新方向。数字经济极大地促进了消费与生产的融合、线上线下的融合以及各产业间的融合。数字经济的商业模式主要以消费者为中心，从消费者需求出发，通过对大量消费数据的分析来获取用户偏好，并使用户参与到产品的一系列设计、研发、营销等环节中来。数字经济不断从网络空间向实体空间扩展边界，互联网巨头积极开拓线下新领地；同时传统行业也加快了数字化、网络化转型，从线下向线上延伸，获得了新的发展生机。数字技术的发展使得产业边界逐渐模糊，特别是信息技术产业与三次产业细分行业的融合，不仅使传统行业优化了数据价值，也推动了产业结构的整合和优化升级。

一、数字经济下会计信息的特征

(1)全面性:大数据的"大"强调的是数据的多、广及全面。在过去的数据分析中,因会计及相关信息不足,导致出现利益相关者的偏差分析。但是在大数据时代下,会计大数据可以做到从多样的信息中提取出有价值的信息来快速处理。因此,大数据时代下,对会计信息完整性要求更高。

(2)多样化:会计信息除了结构化信息外,还有很多非结构化的信息,表现形式除了文本形式,还有大量的音频与视频等格式的。以往无法解决信息的格式统一问题,使得会计信息分析有缺失现象,以及分析结果可信度降低。而现在的大数据技术可以有效地解决数据多样性的统一问题。

(3)实时性:传统的会计信息数据主要是对过去事项的反映,使得利益相关者的决策存在滞后性。大数据时代下,大数据技术可以凭借快速抓取数据、处理及分析数据的强大优势,能对海量的信息做出实时的分析。因此,为使利益相关者做出更加及时准确的决策,对会计信息的及时性提出更高的要求。

大数据时代下会计信息特征的全面性、多样性和实时性的变化,必然影响会计人才培养的知识广度和深度。也就是说,全面、多样和实时的会计信息数据的获取对教育主体和教育客体都提出了更高的要求。

二、数字经济下会计数据处理的转变

(1)核算型到管理型的转变:随着 2017 年德勤会计师事务所宣布发明了"财务机器人",对传统的会计核算产生重大的影响。大数据技术与会计职业的融合,使得传统的会计从核算型转变到管理型。同时,这对会计教育改革产生了重大的影响。

(2)成本核算准确性增强:传统成本会计核算中,因成本定额数据搜集难度较大,导致如作业成本法、标准成本法等制定出的成本的准确性受到一定的影响。现如今,由于大数据技术搜集的成本相关数据更加全面与准确,使得成本核算的结果也更加准确。

(3)从事后补救向事前干预的管理转变:管理会计与财务会计的最重要的区别就是可以进行事前的规划及预测未来业务的发生。大数据时代下,单位管理者不再被动地应对事件发生后去寻找可能的原因,而是运用大数据获取数据和处理分析数据的先进技术,从而可以有效预测事件的发生,进行有效的事前干预。这也会促使会计人才培养从财务会计型到管理会计型的转变。大数据时代下,会计数据处理中核算型到管理型的转变、成本核算准确性增强、从事后补救向事前干预的管理转变内容,使得在会计人才培养目标的设定、课程的设置等方面必须将大数据与专业知识进行有效的融合,促使大数据技术在管理中发挥重要作用。

三、数字经济下会计人才能力需求的改变

(1)数据挖掘、分析及处理能力的需求:数据经济下,要求会计人员不仅掌握基本会计理论及技能,还要掌握数据挖掘及分析处理能力,即原始数据的收集、管理、分析和运用,以及利用大数据分析方法进行数据挖掘、分析及处理能力。因此,大数据时代下要求会计人员学会数据的搜集方法、系统分析数据的方法(如回归分析法等),同时要求利用大数据会计处理系统及数据分析软件进行建模,力求将数字变成数据,数据变成信息,为单位管理者提供有价值的信息,提升管理水平。

(2)复合能力的需求:数字经济下,要求会计人员具备多种技能,增强自己的复合能力。大数据时代下,随着海量数据的公开与透明,一方面,公允价值的信息更容易获取;另一方面,会计的计量单位除了传统的货币计量单位,还出现了多种计量单位,这必然要求会计人才培养中应该紧密结合国家财经法规、准则及制度的变化,加强自身对新政策内容的了解和应用能力。

(3)管理分析能力的需求:针对会计专业知识更新快、大数据知识难度大的

特点,更需要会计人员能从基础会计核算工作中解放出来,提升自己的管理分析能力。这必将对会计人才培养提出新的要求,需要培养能解决大数据时代下各种复杂问题的会计人才,能利用大数据技术对单位进行运营风险的分析与评估,为利益相关者做出正确的决策提供支持。

数字经济下数据挖掘能力需求、分析及处理能力需求、复合能力需求、管理分析能力需求的变化,促使会计人才能力培养目标改变,需要在会计实践中融入大数据的平台及软件系统的操作,在提高会计人才的复合能力、管理分析能力的同时,掌握数据挖掘、分析和处理能力。

大数据、区块链、人工智能等信息技术对会计人才的知识和技能结构产生了影响,企业中传统的大量重复性的日常业务会被智能系统所替代,对日常会计人才的需求数量会减少。甚至企业将日常财务业务外包给专业化的会计咨询公司,由其利用财务信息技术进行集约化管理。与此同时,现代信息技术凸显了会计人才的重要性。公司会计人才发挥着财务信息与其他企业信息的归集与分析中枢的角色,尤其是在企业数字化转型中,会计人才提供的企业信息的准确性和全面性直接影响着企业发展的重大决策。这就要求公司会计人才具备对实时、大量的财务数据和其他数据的挖掘能力和分析能力,要求公司财务人员必须掌握计算机科学与技术、数据科学与大数据技术等专业知识和技能。

第三节　数字经济下会计人才培养中存在的问题

会计专业人才培养的改革显得滞后而迟缓,具体体现在:在培养方案中,以会计基本原理和方法以及财务相关知识传授为主的专业理论课占据主要地位,而专业技能培养主要以会计基本技能(如会计凭证填制)和财务基本技能(如报表绘制)为主。由此可以看出,现有会计专业人才培养以程式化认知技能和程式化操作技能的培养为主;会计专业普遍采用会计软件来培养学生的实操能力,作为提升非程式化认知技能的有效途径,但在实际教学中往往过于强调对程式化认知技能和非程式化操作技能的反复练习,而对推理分析、问题解决等非程式化认知技能的重视程度不够。

总体而言,目前的会计专业人才培养方案和教学实施偏重于程式化操作技能、程式化认知技能和非程式化操作技能,非程式化认知技能培养明显不足,而非程式化交互技能培养则更加欠缺。由于技术的推广应用需要一定时间,其影响劳动力市场进而推动专业人才培养变革也会有一定的时滞,但在这个时间窗口专业人才的培养不能被动等待和应付,而应主动对接劳动力市场对专业人才各项技能的要求来改造专业人才培养,将培养重心由程式化技能扩展到非程式化技能,尤其是非程式化认知技能和非程式化交互技能,培养多层次、复合型、前端化的专业人才,以应对人工智能背景下会计专业人才培养面临的挑战。

一、培养目标—目标与大数据要求未完全接轨

传统的会计人才培养重视知识的传授与学习的结果。弱化了知识、能力、素质的有机统一。目前,大多数高校会计人才培养方案中的培养目标是在教育部《普通高等学校本科专业类教学质量国家标准(2018)》的基础上,结合每所学校的办学定位、办学特色和"传承"的培养目标进行制定的。大多数高校的会计人才培养目标还没有与大数据时代要求完全接轨。由于大数据给会计职业带来的影响比较大,导致会计人才培养目标还未能与之相互配套。当然,很多高校目前处在修订培养目标的过程中。但是,如何将培养目标与大数据时代要求相匹配,如何培养学生的大数据挖掘能力、分析和处理能力、综合能力及从核算型转变到管理型等能力,需要培养目标制定时将这一"轨道"确定清晰,否则不利于培养适合社会需求的会计人才。

二、课程体系—会计专业课程的设置过时

专业培养目标制定的"轨道"是否先进,决定着课程体系的先进性。目前,

大多数的高校课程体系中还是侧重于会计基础、会计核算等内容,会计电算化或会计信息化课程也仅仅是让学生进行财务软件的操作。目前,我国高校会计专业课程设置处于三种情况:一是部分具备硬件设备和师资等资源条件的高校,对课程确实进行了颠覆性的改革与创新,但过多地强调了大数据技术层面的内容,专业性弱化太多;二是部分高校正在试图致力于嵌入大数据的相关课程,但仅停留在扩展知识面的层面,未达到大数据与会计的深度融合;三是还有部分高校确实意识到大数据技术的重要性,但是基于硬件设施、既懂财务又懂计算机的跨界师资及资金不足等条件的制约,无法完善课程体系。大数据时代下,未来会计人才的需求是需要具备会计大数据的挖掘、分类、处理、分析和决策的综合能力,然而目前大多数高校的会计专业课程体系并不能完全满足社会的实际需求。

三、教育主体—教师知识结构更新不及时

教师作为教育的主体,不仅个人能力影响着人才培养的效果,而且其教学、科研等综合能力的高低也直接影响着会计人才培养的效果。致使会计专业教师知识结构更新不及时主要有两个原因。一是客观原因。传统的会计专业教师对会计专业理论基础知识的掌握非常扎实,但是面对每年急速变化的会计准则、内控新政、税法新政,专业知识极有可能更新不及时,更何况要了解大数据、云计算等这些新技术的内容。这也就更无法做到将大数据的技术知识融入知识体系中。另外一个客观原因是高校对教师的考核评价机制导致的。由于高校目前还是将科研成果作为职称晋升的重要考核标准,这就使得教师更愿意投身于科学研究,而对教学的投入不足,也就缺乏更新专业知识和大数据技术等知识的动力。二是主观原因。若要实现会计专业课程与大数据的有机融合,必然对教师的要求会非常高,也就是说在精通专业知识的基础上,还要投入大量的时间与精力研究大数据与会计专业知识如何融合的问题。这需要耗费很大的时间和精力,但是大部分教师从自身发展的角度来看,缺乏投入学习大数据

与专业知识融合的积极性。

四、教育客体—学生学习理念缺乏转变

学生作为教育的客体，在学习主动与被动的理念上缺乏转变。我国不同高校的学生层次不同，导致这种主动学习的积极性也不同。因此，即便开设了融合大数据的会计课程，也会导致不同层次的学生理解和掌握程度不同，影响最终的培养效果。

五、实训实践—会计实践教学融入大数据的程度不足

会计是一门实践性很强的学科。目前，很多高校的实训实践主要包括以下四种类型。一是校外顶岗实习。这是最能真实运用会计理论知识的一种实训实践形式。但是由于单位会计信息的重要性，致使这种真正的顶岗实习在实践中不能完全实现。二是校外集中实践。这是一般由高校组织到具有会计培训资质的单位或者到签约实习基地，进行集中的会计实践，但是这种方式依然侧重于财务软件的操作，缺乏大数据技术的学习与实践。三是校内模拟实验。这是大多数高校依然保留的一种实训实践形式，即在校内组织学生进行手工模账或者电脑模账，但是依然是一种未融入大数据的实训实践模式。四是分散实践。大多数高校采用的方式是分散实践，即让学生自主联系单位进行实训实践。但是这种基本都流于了形式，大多数的学生没有真正参与单位会计的实训实践，更不用说大数据技术的应用了。

第四节　数字经济时代会计面临的挑战和机遇

数字经济时代，信息成为关键生产要素和企业取胜的法宝，而会计本身就是一种信息，将会计主体的商业活动信息转化为会计信息，继而作为众多会计

信息使用者决策的依据,影响着社会资源的配置及资本市场的正常运转。数字经济时代的到来,必然会对会计产生全面而深远的影响。

一、数字经济时代会计面临的挑战

(1)低端核算型会计人员面临淘汰。传统会计模式下,会计人员的工作内容以会计核算为主,通过记账、结账、对账、编制财务报表,对历史经济业务事项进行记录和反映。随着网络、信息技术的发展,数字经济时代会计信息的生成与传递环节可以通过财务软件、财务共享、网络平台等自动生成、高效传递,大大减少了对基层核算型会计人员的需求;人工智能甚至可以部分取代会计人员的传统工作,这些都给会计行业带来了巨大冲击,导致社会对低端会计核算从业人员的需求量骤减。

(2)核算型会计向决策型会计转型的挑战。数字经济时代,会计信息的自动生成、高效传递,迫使会计人员思考如何向着信息技术与人工智能尚不能取代的工作领域迈进,倒逼会计从传统生成信息的工作中转化重心,主动推进行业全面转型,向更高的阶段发展,积极发挥会计信息的管理和决策功能,这对会计人员在信息分析、信息决策和信息运用能力方面提出了更高的要求和转型的挑战。

(3)数字技能成为会计人员在进行信息决策时需要掌握的新技能。随着数字技术向各领域的渗透,劳动者需要具有"双重"技能:数字技能和专业技能。在数字经济时代,数字技能成为会计人员应具备的新能力,并能够将数字技能与专业技能相融合,将现代数字技能运用在财务信息的采集、处理、传递、分析及决策等各个环节中,使财务信息更加便捷、高效,实时开展持续性、动态化的一系列活动,为最终的信息决策目标提供更加广泛、深入的支撑。

(4)对会计人员综合素质、复合型知识结构的要求有所提高。数字经济时代迫使会计从核算型向决策型转型,这对会计人员的综合素质、复合型知识结构提出了更高要求。在传统的会计核算工作中,会计人员以生成会计信息作为核心目标,以掌握单一的会计专业知识为主,知识面狭窄,对企业经济活动的运行缺乏深入的洞察和理解,因而不能将财务信息与企业的业务信息进行有效的对接和深度融合,无法将会计信息转化为相应的对企业经济活动的分析和判断,从而给企业的管理和决策提供有价值的支撑。同时,会计人员对数字分析和决策的方法、分析工具等掌握不足,无法处理和运用海量数据。为满足决策功能的需要,未来的会计人员必须具备综合素质、复合型知识。

二、数字经济时代会计面临的机遇

每一次技术进步、经济形态的转变在带来挑战的同时,也会带来发展机遇。

(1)数字经济时代创造了会计信息共享新模式。在数字经济时代,流动的、无形的数据信息以现代信息网络为主要载体,打破了传统的时空限制,为财务信息共享、财务工作无纸化创造了条件。在传统会计工作模式下,企业通常应用会计软件进行信息录入和储存。这些软件以人工录入为主,主要依靠成本高昂的硬件进行数据储存,难以实现各个分子公司之间的实时信息传递。云计算、物联网、人工智能等新兴技术的发展,使得"云会计"的理念应运而生,企业通过"云端"可以将经济信息如会计原始凭证等进行智能化自动录入,运用统计模型将会计信息数据化,并通过现代信息网络进行数据共享。这种高效的财务工作模式可以帮助企业会计人员克服时间、区域的限制,通过移动互联网即可实现远程查询,随时调取会计信息,从而为决策提供强有力的数据来源和数据采集支撑。

(2)数字经济时代可以为决策提供更为丰富的非结构化和非财务数据。企业在做出决策的过程中需要依赖大量的非结构化、非财务数据,如在绩效评价中广泛应用的平衡计分卡,其评价内容就包含了大量的非财务指标。在传统会计模式下,企业收集非财务指标的难度较大,如收集客户反馈信息大多只能通过问卷调查来完成。数字经济时代创造了产业间的融合以及产销的融合,企业通过交易平台可以随时搜集合作企业、上下游供应链企业的反馈,通过客户端调查客户对产品的认可度和满意度，这些非财务信息对于企业的综合评价具有很高的战略意义。而物联网、人工智能、虚拟现实技术的发展，则为企业提供了大量的非结构化数据，如全文本、图像、声音等，企业可以通过分析其与结构化数据的相关性，获取更有价值的商业信息。

（3）数字经济时代为会计精细化管理功能奠定了基础。智能仪器和物联网的逐渐普及，为企业的过程管理和控制创造了条件。如企业在进行成本控制时，可以通过会计云平台进行成本预算，运用作业成本法将产品生产、销售过程中的每一环节通过设备传递给数据处理器，收集所有数据化的经营信息，最后将实际成本与预算成本进行对比分析，诊断过程控制中存在的问题，实时调整管理策略，提出改进措施。

（4）数字经济助力会计预测与决策功能的发挥。传统会计模式下，企业只能根据内部近三年到五年的会计数据对历史数据进行定量分析，并作出较为局限的财务判断与预测。在数字经济时代，企业可以利用大数据、云计算等现代信息技术，提高数据的搜集、处理能力。一方面，企业可以参考会计云平台提供的更为系统、真实的经济指标对经营业务进行管理。另一方面，企业可以参考本行业供应链上下游的大量数据，以及内部价值链的综合信息反馈，做出准确的财务预测与财务决策。

第五节　数字经济时代会计人才培养创新

一、数字经济时代会计人才培养方向的创新

（1）培养精通会计专业知识和数字技术的复合型会计人才。随着数字经济的发展，会计云平台需要不断转型升级。在传统会计模式下，企业通常依靠信息技术人员进行平台优化，由于信息技术人员缺乏会计专业知识，不仅影响了

平台的开发效率,更影响了会计信息的准确度。若企业拥有精通会计专业知识以及能够熟练运用计算机技术、大数据技术的复合型人才,则能从根本上对会计云平台进行优化,将企业的业务、管理、治理、决策融为一体,真正实现精准预测,实时控制。面对信息技术的进步,不是要把会计人员培养成信息技术专家,而是要培养成懂信息技术、会运用信息技术、勇于将会计与信息技术相结合的会计人才。

(2)培养适应在新平台上工作的会计人才。企业在优化会计云平台后,还需要大量的能够熟练操作平台的会计人员,能够高效地与新平台对话。会计人员通过掌握会计云平台的操作技能,能够筛选、传递、反馈有价值的信息,帮助企业降低信息传递成本,提高决策效率。

(3)培养能够运用数字技术为企业管理、决策提供服务的会计人才。数字经济时代加速了企业的数字化,产生了海量数据,若不进行正确的筛选和处理就无法发挥其真正的效能。因此企业需要能够对数据进行清洗、挖掘、分析、处理的会计人才,能够运用大数据的决策语言、管理语言、商业语言,将其转化为宝贵的商业信息。在新的竞争环境下,会计人员需要从新的维度、运用新的方法对海量的会计信息进行处理,为企业提供更加有效的管理、决策支持服务。

二、数字经济时代会计人才培养能力的创新

(1)培养对新技术的职业敏感性。数字经济时代,各种新技术不断涌现,改变和冲击着会计工作的方式、效率,促使会计工作发生重大变革。这就要求会计人员对新技术应具有一种职业敏感能力,持续关注、了解新技术的发展趋势,及时领会和掌握新技术,能够敏锐地发现新技术和会计业务的结合点,并快速抓住机会,切入其中,将各种新技术融入运用到会计工作中,解决现实中的会计难题。因此,会计教育应当培养对新技术非常敏感、具有积极探索精神的会计人才,以及懂得如何将新技术运用到会计工作中的新型会计人才。

(2)强化对会计人员逻辑思维能力的培养。数字经济时代,各种新技术的

运用实现了会计信息的自动生成,未来的会计人员不应把主要精力再放在制造会计信息上,而是应放在对会计云平台产生的海量会计数据如何做进一步的加工、分析、处理上,考虑怎样充分、合理、有效地利用海量基础数据为管理和决策服务。这也是会计面临的现实难题。这就要求会计人员具备较强的逻辑分析能力和逻辑判断能力,掌握经济分析、经济决策的各种技术方法和工具。会计人员要能够准确识别、判断哪些数据是决策相关数据,剔除不相关数据,分析各种数据间的逻辑关系,建立起符合企业实际情况的分析模型。这就要求会计教育应适应会计工作重心的转变,逐步减少对学生会计基本技能的训练,更多地进行逻辑思维能力培养。

(3)强化自我学习、持续学习、跨界学习的能力。数字经济时代是知识创新的时代,知识的更新速度越来越快;数字经济时代是快速变革的时代,新兴技术已渗透到社会经济的各个领域并引发重大变革。学校教育不太可能亦步亦趋地紧跟科技和知识的发展进程和速度,要使学生的知识水平能够跟上时代的步伐,最好的办法是培养学生的自学能力、持续学习的能力,要求学生树立终身学习的观点,及时更新自己的知识。同时,信息分析、决策能力是综合能力的体现,需要学生具有跨界学习的能力,能够打破学科边界,在不同的知识领域汲取所需。这就需要会计教育摒弃以知识灌输为主要目标,培养学生应对未来世界变化的能力,使学生具有更开阔的视野、更高的眼界。

三、数字经济时代会计人才培养模式的创新

(1)构建多元化、灵活的师资体系。数字经济时代要求会计人才能够从信息制造向信息利用的更高阶段转型,时时关注新知识、新技术的涌现,需要重新设计、优化会计人员的知识体系和能力。在原有的会计核心专业知识的基础上,要求学生具有全局观和战略视角,具有跨界能力,懂业务,能够将信息技术运用到会计工作中解决现实问题等,这就需要构建多元化、灵活的师资体系对其进行有力支撑。可由会计专家、信息技术专家、经营管理专家等知识多元化

的师资力量共同实施会计教育;由校内专职教师、校外企业专家、行业专家等构建来源灵活的师资队伍。

（2）优化、创新会计人才培养的课程体系。数字经济时代,会计知识更新的速度加快,而目前高校对于会计专业课程体系的设置仍局限在学科范围内,即强化专业知识的深度,仅仅围绕会计准则与相关制度,存在滞后性,缺乏对与数字经济发展紧密结合的新兴会计学科课程的开发和引入。同时数字经济时代会计工作的核心将从会计核算向财务分析与管理决策的方向转移,因而授课教师可以大幅减少对会计核算内容的讲解,重点讲明会计核算的原理;相应增加设置分析、决策类课程,注重课程设置的通用性与跨界融合,融入计算机、信息技术与分析工具、信息管理、网络科学、风险管理、战略规划、资本市场运作等相关知识,促进多元化知识的有机整合,培育数字经济融合于会计教育的思维与理念。

（3）构建专业教育资源共享平台,创新授课模式。对师资的多元化需求要求高校重构教育资源、创新授课模式,以降低教育成本。可以考虑充分利用现代信息技术,重新整合教育资源,使宝贵的教育资源能够在平台上聚集与共享,时时更新、动态追踪前沿发展变化,能够在教育平台上进行观点交流和思想碰撞。集中优质专业师资开发专业课程授课资源,组织多元化师资开发跨界、跨专业的新课程,在平台上聚集教育界、学术界、实务界等的观点和讨论,使平台能够有效衔接人才培养的需求方和供给方。依托专业教育平台创新授课模式,由平台完成对基本知识的传授,授课教师则专注于利用与学生面对面交流的机会,解答学生困惑,启发学生思维,培养学生能力,整合学生的知识体系。

第六节　数字经济时代会计工作的发展方向

数字经济时代下传统会计中流程性和高重复性的工作将由人工智能来完成。人工智能和大数据所蕴含的新的理念、新的技术和新的手段将会对会计工作产生广泛而深远的影响。

一、财务会计和管理会计的分立将向一体化转型

在传统的会计理论和会计实践中,财务会计和管理会计是有着较为严格区分的。财务会计侧重于对外报告,管理会计侧重于对内报告,两者在职能目标、会计主体、核算依据、资料时效、精确程度、编报时间和法律效力等方面均有不同。

随着人工智能和大数据技术的发展,财务会计工作中那些规则明确的程序性的工作将由人工智能来完成,财务智能机器人(即 RPA)可以在几分钟以内完成财务人员几十分钟乃至几个小时才能完成的基础工作,而且机器人可以在零差错的前提下实现 7 天×24 小时不间断工作,这对传统财务会计岗位中的会计人员会产生巨大影响。

同时企业的精细化管理又要求会计人员要把更多的精力投入到流程再造和价值管理中去,不断强化会计的管理职能,加强管理会计在企业实践中的推广和应用。毫无疑问,存量财务会计人员只有拥抱变化,加强学习,积极转型,突破财务会计和管理会计固有的认知边界和岗位限制,才能真正顺应人工智能等新技术给会计工作带来的现实挑战。

在企业生产经营和管理活动日益数字化、智能化的背景下,传统管理会计的观念、技术和方法都亟待更新。从数字经济的视角看,在管理会计和财务会计一体化的进程中,急需确立数据资产的意识,着力打造合法可靠的数据基础,建立企业的数据治理体系,加强数据标准管理、数据质量管理和数据安全管理等相关工作。

二、会计将向业财融合的方向发展

在传统的会计理论和会计实践中,会计是对企事业单位各类业务活动(资

金运动）过程和结果的反映。随着数字经济时代的到来,会计已经不再仅仅是反映而越来越多地呈现出和业务高度融合的特征。

企事业单位业务的发展需要财务、内控等各项工作的协同配合,适时参与;财务管理不再局限于单一的财务领域,而应延伸到计划、供应、生产、销售、研发、人力资源和战略制定等更广泛的领域。

财务管理的主要任务和中心工作应当是收集、处理、分析和管理与企事业单位业务有关的一切数据。人工智能和大数据的发展又为业务和财务的融合提供了技术上的支撑,人工智能和大数据技术还能够让财务人员及时收集和挖掘企事业单位内外部的各种数据,进而可以深入分析其业务活动可能面临的各种风险,并据此做出科学的预判和风险管控。

三、信息的呈现、获取和使用方式将发生改变

财务会计信息主要是面向过去的,且具有很强的专业性。会计确认要以已经发生的业务凭证为依据进行核算,会计计量要以历史成本为基础进行计量,信息披露要以会计分期假设为前提进行报告。

会计信息质量特征强调信息的及时性,但上市公司的年度报告只要在下个年度的四月底之前报送出去都符合及时性的要求;会计信息质量特征强调信息的可理解性,上市公司的会计报表只要不违反会计准则的规定也就都符合可理解性的要求。要求上的及时性、可理解性和操作上的滞后性、晦涩性之间所存在的差异,严重影响了会计信息在投资者决策中的有用性,令很多市场参与人士无法理解和难以把握。

数字经济时代下信息的呈现获取和使用方式都将发生根本改变。大数据的一个重要特点是多样性,大数据可以有很多种不同的形式,其中可视化又是其多样性的一个重要的表现。可视化分析技术是从人作为分析主体和需求主体的视角出发,强调基于人机交互的、符合人的认知规律的分析方法,目的是将人所具备的、机器并不擅长的认知能力融入数据分析过程中;可视化将极大地

增强信息的可理解性,其囊括了数据可视化、信息可视化、知识可视化、科学可视化以及视觉设计方面的所有发展和进步。大数据的另一个重要特点是快速性,一方面是数据的增长速度快,另一方面是数据的处理速度快。快速性将极大地改变我们对及时性的认知,人工智能和大数据技术已经可以提供实时信息,这必将从根本上改变现行定期财务报告无法支撑企业各项业务运营和投融资决策的局面。

数量大、多样性和快速性数据系统的支持下,传统会计的时空观念和工作模式将会被颠覆,作息时间限制、地理空间限制以及对纸质凭证的时空依赖等都将被大大弱化;企业内部的部门分割和数据非格式化的状况将会被改变,一种全新的集约共享的观念将会成为未来会计理论和会计实践发展的重要基础,会计也将很有可能发展成为提供"自助式"信息服务的职业。

四、非会计信息将成为会计信息的重要补充

在现行财务会计领域,会计需在诸多会计假设的前提下严格遵循会计准则的要求提供信息,其中,会计假设中的货币计量要求在众多的计量尺度中选择货币作为主要计量尺度提供会计信息,而一项生产要素或业务能否计量又是其确认的前提,换言之,如果一项要素或业务不能用货币准确地计量,它就不可能进入会计信息系统,从而也就不会在会计报表中得到反映。随着经济的发展和技术的进步,上述假设前提下的会计信息其局限性日益凸显,有些方面已经逐渐发展成为社会各界对会计信息和会计工作的诟病。以无形资产为例,由于无法满足货币计量的要求,现行会计准则把很多企业生产经营中重要的无形资产项目都排除在会计报表之外,如客户资源、供应商资源、人力资源、流量资源、数据资源、公司信誉等,而事实上,很多时候正是上述资源形成了一个公司的经营特色和在行业竞争中的优势,它们对于公司股东和其他利益相关者都是极具价值的。

在数字经济时代,现行会计准则的上述局限性将可能得以弥补。例如,在

大数据技术的支持下,我们可以为特定的目标资产(资源)设定一些关键指标,而这些指标可以通过数据挖掘算法被累计、处理和分析,如此得到的信息将会有及时的潜在价值并随之传递给股东和其他投资者。从短期看,这些信息可能在很大程度上是定性的,并作为会计报表的附注加以披露;从长期看,这些信息可能在逐步满足会计计量的要求后成为会计报表中的正式列报项目。总之,利用大数据技术,股东和其他投资者可以实时获取很多现行准则下的非会计信息,并将其作为会计信息的重要补充,帮助其做出正确的投资决策。

第七节　数字经济时代,会计教育的应对之策

一、推动财务人才职能观念转变

在数字经济时代下,传统会计核算职能将逐步被智能财务机器人和自动化办公软件所取代,财务工作的具体内容将转向操作层面的数据分析,具体表现为:

第一,核算类工作逐渐减少,该层面工作主要处理企业常规经济业务,这些工作将逐渐由计算系统、智能机器人代替。

第二,管理会计的作用将日益增加,该层面主要承担非常规业务。

第三,数据分析相关工作将增加。

第四,对于掌握各种算法技能的要求不断提高。

在财务人才培养过程中,需要帮助财务人才从变化的外部环境中找到角色定位,向数据分析师和算法工程师逐步转型。除具备基本的会计专业知识,还要掌握数学、统计学、计算机相关知识,具体包括:学习数据挖掘技术如数据挖掘算法、机器学习算法;熟练使用各种数据分析软件如 Python、Stata 等;学习区块链技术原理、财务云技术、财务机器人等相关知识;学习模型与算法开发等知

识和技能。只有具备这些技能,才能成为数字经济下的跨专业复合型人才,适应时代的发展要求。

会计学科将会和信息技术等学科有更深入的交叉融合,数学、统计学和计量经济学将越来越成为会计专业教育的基础,数据分析能力将成为会计人员的必备技能。所以在财务人才培养的过程中,不仅要引导财务人才熟悉财务核算工作,还要注重培养数据分析和解释数据的能力,实现向数据分析师和算法工程师的逐步转型。此外,还需要帮助财务人才树立互联网思维。

互联网思维的树立主要体现在以下四方面:

(1)用户的思维。在用户思维模式下要求财务工作要实现由事后向事前、事中转变,由静态化向动态化转变。数据的产生方式由层层上报向一步到位转变。

(2)会计人员要具备社会化的思维。这要求财务人员胸怀大志,从企业内部的小数据向外部大数据转变,积极从企业业务、行业态势、竞争伙伴、政府相关部门发掘数据,并进行数据信息分析,为企业决策提供具有价值的信息。

(3)坚持共享、开放、共赢的原则,树立平台思维。会计人员需要善于同外界沟通、实现跨界沟通,开放自己,集思广益,促进自身发展壮大,实现互惠共赢。

(4)树立跨界思维,打破部门隔阂、分工界限。一方面财务人员可以积极参与到企业的日常业务运营与生产活动中去,了解企业运作流程,实现业财融合,降低企业成本,提高企业绩效。另一方面,财务人员还要与时俱进,积极利用大数据进行分析决策,提升风险管控能力、经营分析能力与预测决策能力,实现企业价值提升。

二、引导会计财务人才重视数字经济要素价值

从经济社会发展来看,我们已经由农业经济、工业经济进入了数字经济时代。数字经济已经成为国家经济高质量发展的重要支撑。近年来,数字经济已

经上升到国家战略,财务人员要顺应时代的发展要求。在数字经济时代,数据资源成为一项新的生产要素,日渐成为核心资源,数据能够通过提供服务产生价值,发挥越来越重要的作用。数据资产和数据资本也将纳入会计确认与计量的范围,这对会计人员提出了新的要求。在人才培养过程中,必须使财务人员认识、重视数字经济蕴含的价值和重要地位,积极学习数字技术,摒弃单维数据观念,如对财务人员定期开展新型数字技术培训,培养会计人员的数字素养。

三、引导财会人才找准角色定位,培养具有综合素养的人才

高校财务人才培养应该注重数字技术和数字素养等方面。引导财务人才积极学习数据的挖掘和分析技术,根据目标进行数据的搜索、收集、整理、筛选、分析,为企业信息使用者提供更多的多维和非结构性数据信息。数字经济时代,数字素养对于财务人员是一种基本的工作素质,也是企业财务部门对财务人员的工作素质要求。高校还应帮助构建财务人才跨领域的知识体系。

现代财务人员已经由过去的"账房先生"发展为现代大工业化分工的作业人员,常年围绕财务、税务、预算等某一领域进行大量工作,自身具备很强的专业能力。但在智能时代财务管理的视野极大地打开,智能财务的发展要求财会人员拓展知识深度、打破财务边界,能够形成跨领域协同创新的知识体系。在智能时代财务人员不仅要具备财务专业知识,还要具备金融计算、IT 等一系列相关知识,适度地纵深理解、横向拓宽,这是智能财务的新要求。

自 2014 年起,为贯彻落实党的十八大和十八届三中全会精神,深入推进会计强国战略,财政部会计司就开始大力推进管理会计体系建设。在人才培养过程中,要引导财会人才向管理会计转型、加快促进业务与财务融合、提高财会专业人员专业素质等。

数字时代,财务软件和财务机器人在会计行业的应用,财务人员面临着失业的危险,低端传统的会计岗位正在逐渐消失,取而代之的是一些新型的岗位和职业。从表面上看,对会计核算人员的需求也越来越少,导致财务人员的工

作机会好像越来越少,但是财务共享和业财融合为其提供了更加广阔的思路,未来,财会人才培养应将工作重点放在财务数据分析和企业决策与管理工作上,以应对社会对这方面人才需求的增加。

四、推进财务人才知识框架更新,创造智能财务产学研合作新形势

人才培养要推进财务人才知识框架与时俱进。推进产学研深度合作继续发展。智能财务发展促使对数据的应用力度和效率大大提升,数字经济时代财务人才和复合型财务人才正是社会所亟需的,财务人才的培养研究应从内容、模式与技能方面转变,将教学与研究和企业数据结合是智能财务时代产学研合作的发展趋势。在近年来对财会人才培养的研究中,"共享服务、全球化、专业认证以及全球趋同"等都是"人才培养"这一关键词聚类标签中的相关索引,因此,财务人才培养单位应积极转变财务人才培养方案,充分利用会计电算化、ERP 系统等实验教学系统,帮助财务人才建立丰富的数字化财务知识体系,发展新型数智化培养理念,落实与高校合作的教改科研模式和学科交叉模式,深入推进财务领域的产学研合作以及业财深度融合等。

五、加快学科创新、人才培养方案改革和师资队伍建设

数字时代、智能财务对会计学科产生很大的影响,目前会计学科建设出现滞后,只有少数高校设置了与大数据和人工智能相关的专业,大多数高校教师缺乏相关的知识储备。这将直接导致向社会输出的会计高端人才匮乏。高校应加速推进学科创新,设置与大数据和人工智能相关课程,加强师资队伍建设,增强学科交叉融合,在会计信息系统或电算化会计等专业课程中融入财务机器人的原理和方法,结合大数据和人工智能的相关技术,持续改进现有的会计电算化等实践课程,为学生提供更多的大数据和人工智能情境下实践操作的机会。

数字经济、人工智能、大数据、区块链和云计算等现代信息技术日趋激烈，但这些能够替代的只是一些简单重复的会计工作，却无法替代那些主观能动性强的工作，如决策和管理工作等。因此，现代信息技术的这一特点使得财务会计不得不向管理会计转型，将更多的精力放到决策和管理的工作上。这些现代信息技术在会计行业的应用有效减少了人为误差和会计信息失真，大幅提升了会计数据的处理效率，减少了财务人员的工作量，使他们不必忙于基础性的会计工作，从而有更多的时间观察和分析财务数据，提供基础可靠的财务数据支持，为企业的管理和决策建言献策，因此财务会计向管理会计转型是数字经济时代下的必然趋势。

高校应修改和完善人才培养方案，与时俱进，推进财会人才培养课程体系改革，增加实践教学、案例教学，适当减少一部分拘于课本的落后的财会专业课程的设置。将基础理论、典型案例和学科前沿相结合，在财务人才培养中，应让学生第一时间了解行业动态，确保人才培养适应经济、社会和科技的发展变化。至于特色模块，培养单位要根据自身的愿景、规划和培养方案进行设计，要最大限度地体现自身人才培养的特色和亮点。现阶段应积极结合"大智移云"、业财一体化、管理集成化开展人才培养交叉融通、复合创新，围绕国家战略、区域发展、学校特色及优势资源设置特色选修课，特色方向班，或针对特定行业和用人单位进行个性化定制培养等。

此外，教师队伍也应与时俱进，应鼓励教师走出课堂，走进企业，贴近社会，并开展继续教育，深入企业了解新时代的财会工作现状和财会工作技术，深入社会了解当今的财会人才需求缺口，参与培训和继续教育以更新教师的知识结构。只有教师队伍质量提升，人才培养单位才能更加清晰地向学生传递社会的新需求，未来工作的新发展和新形势。

六、强化对学生职业判断能力和管理创新能力的培养

在数字经济时代，我们要着力强化培养学生两个方面的能力：

一是会计职业判断能力;会计职业判断能力要求我们要通过课堂教学和实践学等方式,赋予学生批判性思维,建立会计学的专业思想,让他们具有进行深度专业思考的能力;对于财务机器人等诸多会计职业技能,不仅要让学生知其然,更要让学生知其所以然。

二是管理创新能力。管理创新能力要求学生有从管理的视角看待会计工作的能力,从创新的维度解读技术变革的能力;在业财融合的背景下,尤其注重培养学生理解新业务的能力和参与价值管理的能力。

七、增设人工智能和大数据类的相关课程

由于人工智能和大数据在会计领域的兴起和应用只是近几年的事,高等院校的会计教育在这方面普遍显得滞后,这也引起了业界的担心和焦虑。高校应该为审计、会计专业的学生提供大数据审计方面的课程,对相关审计人员提供大数据审计方面的培训工作,教会他们使用大数据分析程序语言与工具(如 R 语言、Python、Java 等)、数据可视化分析工具,从而满足审计人员开展大数据审计的需要。2016 年,北京大学、中南大学、对外经济贸易大学成为我国首批设立大数据相关专业的院校,随后,又有中国人民大学、复旦大学、北京邮电大学等 280 所高校成为第二批和第三批成功申请"数据科学与大数据技术"本科专业的高校。

对于以上已经设立大数据相关专业的院校,可以在会计专业的教学方案中指定选修部分大数据类的课程,同时将财务机器人的原理和方法融入现行会计信息系统或计算机会计学的课程中去;对于那些还没有设立大数据相关专业的院校,则需要考虑在会计专业教学方案中增设大数据技术平台、数据可视化、机器学习等相关课程,同时结合人工智能的技术和方法充实和完善现行的会计信息系统类课程;各相关院校还应结合人工智能和大数据的原理和技术,持续改进现有的会计实验室,给学生提供人工智能和大数据情境下实践操作的机会。

《普通高等学校本科专业类教学质量国家标准》中明确,工商管理类会计学

本科专业培养具有实践能力和沟通技巧,能够在工商企业、金融企业、中介机构、政府机构、事业单位及其他相关部门胜任会计及相关工作的应用型、复合型、外向型和创新型专门人才。该要求在上述三所本科高校数智化会计专业人才的培养目标中均有体现,同时结合智能与会计的融合提出了新的要求。

(1)重交叉。山东财经大学和南京审计大学的培养目标中都突出"会计学科知识与智能分析技术的交叉融合",同时,南京审计大学的培养目标中明确"加强数学、计算机科学等基础理论与方法在会计行业中的应用"。

(2)重数据。三所高校的培养目标中都强调了会计数据分析能力,浙江大学的培养目标中同时指出"兼备数据分析能力与技术创新能力"。

(3)重高端。山东财经大学和南京审计大学的培养目标中都明确培养智慧型、创新型人才,山东财经大学落脚点为应用复合型人才,南京审计大学落脚点为卓越人才。浙江大学的培养目标为具有全球竞争力的高素质创新创业人才和商业领导者。

部分高校利用其在大数据分析方面的教学科研优势,鼓励财务管理等商科专业选修信息技术类课程,甚至作为必选课程,这在理工类大学商学院得到了积极回应。南京理工大学经管学院智能会计专业的建设过程中,设置了大量开放式选修课程,例如《Excel 高级数据分析与可视化》《大数据分析》《财务共享服务与智能财务》《商业智能分析》《大数据财务决策》《大数据供应链成本管理》《IT 审计》等。

浙江大学、长沙理工大学在智能财务专业建设上进行了积极探索。浙江大学管理学院于 2019 年在竺可桢学院开设智能财务专业,鲜明地体现了"公司财务+人工智能+大数据"的深度融合,开设《人工智能导论》《深度学习理论及应用》《智能机器人原理与技术》《数据编程》《数据管理与数据挖掘》《数据建模与数据可视化》等课程。浙江大学智能财务专业更重视人工智能创新能力的培养。浙江大学管理学院鼓励学生辅修计算机、数学等交叉课程。

上海财经大学会计学院已经开设了财务管理(智能化)专业,开设课程包括

《程序语言（Python）》《SQL 数据库基础》《智能财务前沿专题（区块链、机器学习）》《大数据分析与数据挖掘》。而长沙理工大学财务管理（智能方向），以及南京理工大学和山东财经大学智能会计专业则更侧重大数据分析及运用。值得注意的是，即使没有设立智能财务或者智能会计专业，部分高校亦加强了智能财务实验室建设，通过与科技公司的合作推进产学研的协同发展。例如，云南财经大学、西南财经大学、上海财经大学等以成立智能财务与大数据研究院或会计智能化教学改革研究中心等形式，推进财务数智化人才的培养。

由于财务云等新技术的兴起和财务共享中心的应用，重复性、规则性的日常核算业务和财务报告业务逐步实现自动化和智能化，财务核算人员的需求量日益降低。从以上高校的培养目标中不难发现，数智化会计专业培养的是能够有效利用智能技术和信息技术对会计数据进行分析和应用的高端复合型、创新型会计专业人才。

第八节　数智化会计专业建设分析

《普通高等学校本科专业类教学质量国家标准》中明确，工商管理类会计学专业课程体系包括课堂教学课程和实践教学课程。

浙江大学围绕"会计财务+人工智能+大数据"融合理念，设置了通识教育、专业教育、国际教育和第二、三、四课堂模块；

南京审计大学以"通识教育+人工智能+专业素养"为核心理念，设置了通识教育、学科专业教育、素质拓展、就业创业、毕业环节五个模块，后三个模块在课程设置时划分为同一板块；

山东财经大学遵循"厚基础、宽口径、重实践、强能力"的人才培养理念，设置了通识教育课程、专业教育课程和独立实践课程三个模块。

三所高校数智化会计专业人才培养的课程体系基本相同，主要包括通识教育、专业教育和实践教学等板块。

在财会类课程方面,三所高校均开设了微观经济学、管理学、财务会计、财务管理、管理会计、税法(或税务筹划)、公司战略与风险管理、公司治理与内部控制、审计学等传统课程。

在技术类课程方面,三所高校均开设了数据挖掘与机器学习课程,浙江大学开设了 Python 程序设计课程,南京审计大学开设了统计学(R 语言)课程,山东财经大学开设了 Python 数据分析和 R 语言数据分析课程。浙江大学和南京审计大学都开设了数据分析与可视化工具课程。同时,山东财经大学开设了文本分析与挖掘、社会网络分析课程,浙江大学开设了数据结构、数据库技术等课程。

在会计与技术融合类方面,浙江大学开设了智能财务导论、人工智能与商业分析、实践前沿与专业实训等课程;南京审计大学开设了大数据与财务决策、财务共享与区块链等课程,山东财经大学开设了智能财务共享、大数据与智能财务决策、大数据财务风险管理、大数据审计、智能会计专题等。

一、数智化会计人才培养的矛盾性

(一)会计主导还是技术主导

以智能技术为主导的第四次工业革命促使企业生产模式和管理方式向智能化转型,财务与科技的协同作用日益增强,会计信息处理的自动化、智能化和平台化给会计从业人员带来了前所未有的冲击,甚至出现了"会计终将消亡""技术将完全替代人工"的观点。该观点源于对会计本质的误解,同时也促使会计学界更加清晰地认识到会计专业人才培养变革的必要性和迫切性。数智化人才培养中应当以会计为主导,注重业财税金一体化思维,还是以技术为主导,注重智能化思维,抑或二者兼有之?

20 世纪 80 年代,学术界展开了对会计属性等问题的深入探讨,出现了两个代表性的观点,即管理活动论和信息系统论。

管理活动论认为会计管理是一种重要的价值管理,会计管理的传统职能是反映和控制,但也有计划、决策、考核等职能。

信息系统论认为会计是一个经济信息系统,会计信息系统的控制行为主要通过信息反馈。

两种观点都将会计活动理解为一个系统,随着经济社会的进步和理论的不断发展,两种观点的差别已不太显著。技术对会计的冲击并不会对会计属性和本质产生影响,企业仍是物质流、资金流和信息流的统一整体,会计的主要作用仍是为会计信息使用者及时提供可靠、相关的信息,为决策管理提供支持。因此数智化会计专业人才的培养仍应当以会计为主导,会计的主体地位未发生变化。

(二)传统财会课程的传承还是重构

浙江大学在数智化人才培养中采用了相对保守的融合路径,财会类课程仍以传统的专业核心课程为主干,融合类课程占比较小。这是考虑到该课程开发需要以客观深入的实践研究和理论研究为基础。

山东财经大学则采用了相对积极的融合路径,融合类课程占比相对较大,按照数据来源、流程设计、共享运营、决策支持、可视化展示和审计监督等顺序重构或新构智能会计学、智能会计信息系统、智能财务共享、智能财务决策、智能财务分析可视化和智能审计等专业核心课程。

人工智能技术崛起的三大要素是算法、算力和数据,目前会计信息处理的智能体系主要包括三大层级,即基于业财税金一体化的财务共享平台搭建的基础层、基于商业智能的会计决策平台搭建的核心层和基于人工智能的智能平台搭建的深化层。前两个层级更多的是利用信息技术和大数据技术提高工作效率,其算法和算力源于人工设定;深化层的核心是机器学习,让机器模仿人的思维方式,从而在最大程度上解放人力。

会计智能体系的构建对会计对象、会计工具和方法、数据处理流程和结果呈现、人工会计的角色和定位等形成了冲击,包括财务会计、财务管理、审计、经济法、税法以及内部控制和风险管理的专业知识内核虽未发生变化，但在实务界应用的角色、方式和方法却发生了重大变化。

数智化会计人才培养中，课程体系最终将实现颠覆性重构，现有的财会类课程将逐步与会计和技术类课程进行融合，形成新的数智化财会类课程，培养学生的财会专业能力，突出学生对业财税金一体化发展中场景和流程的理解。同时，技术类课程并不着意培养编程能力特别突出的人才，更注重会计人才对智能技术原理、智能化平台构建、数据处理流程和信息处理方法的理解和应用。而在实现路径中应当采用相对积极还是保守的策略，需要本科高校综合考虑师资配备、学生素质、教学资源和保障支撑等方面。

（三）技术的多样性与学分的有限性

关键技术的突出为数智化会计专业人才培养提供了方向，而技术的不断更新迭代对技术类课程的引入和会计与技术类课程的融合提出了挑战。人才培养是一项长期而艰巨的工作，人才培养方案作为人才培养核心内容的体现具有一定的稳定性。新时代会计专业人才不仅需要具备过硬的专业能力，同样需要具有较高的思想道德素质、人文科学素养和良好的身体素质，因此专业类课程的学分是有限的。对如何在技术不断更新和发展的同时保持人才培养的同步性和前瞻性、如何在多样化信息技术中进行正确的选择需要本科高校和企事业单位共同努力，单纯依靠本科高校自身进行信息技术的选择可能存在较大的偏颇，以需求为导向实现会计专业人才供给侧的改革和优化是完善数智化会计专业人才培养的必经道路。

"宽口径、厚基础、强能力、增素质"是智能会计人才培养的基本原则和一般要求。基于此，智能会计人才培养内在要求课程扩编和增容，这势必使已经相当紧张的课时和学分资源供需矛盾更加突出。如何在既定课时学分的限制条件下，实现各门课程学分的合理安排和科学配置，也就是科学组织课程、优化课程体系，确保课程前后衔接、时序合理、配比恰当，是智能会计课程体系建设的重中之重。

一是传统课程的课时压缩。对于上述的会计学核心课程群,主要让学生掌握会计及与之相关的基本概念、理论、方法和技能,必须适当压缩课时占比和开课门数,留出课时学习技术类和智能会计类融合课程。例如,对于基础会计和中级财务会计课程,可以按照数据采集、形成和利用的逻辑,将其合二为一;对于财务管理课程,建议在讲解核心财务管理理论时,增加计算机财务管理实践内容;对于审计学课程,在初期不成熟的条件下,可以增加面向财务审计的实践内容。

二是新兴课程的课程时序。对于智能化技术课程群和智能会计类课程群,注意课时时序要按从易到难、由基础到专业的逻辑进行组织。例如,学生先学习基于数据库的结构化数据存储与读取,进而在 Python 数据分析课程中,学习非结构数据获取与处理。如果有足够的教学资源支持,可以在选修课阶段增加较高难度的 Hadoop、Spark 平台的数据处理。对于分析模型和算法的学习,也适合以经典的数据挖掘模型为主,对于较高难度的自然语言处理、知识图谱等,建议增加在选修课程中。同时,智能会计类课程群要与前几类课程在内容和时序上做好对接,处理好基础内容和前沿发展的关系。

智能会计人才培养的目标决定了相关学科课程群的内容,学校师资条件决定了智能技术与会计学的融合方式,合理进行课程组织才能设计出清晰、可行的智能会计课程体系。

二、数智化会计人才培养的建议

(一)以需求为导向,重构会计人才培养体系

智能技术在实务界的快速发展,数智化会计专业人才的培养具有一定的滞后性,考虑到人才培养的社会属性,数智化会计专业人才培养需要以需求为导向,摆脱现有人才培养模式的定性思维和框架体系,以头部企业搭建或应用的会计信息处理的自动化、网络化和智能化平台为依据,充分了解目前实务界对

数智化会计专业人才的素质和能力需求,实现会计专业能力重塑,明确数智化会计专业人才新的培养目标、培养要求和课程体系。此外,大数据技术和智能技术的快速发展和不断更迭也要求本科高校加强产教融合的深度和广度,丰富产教融合的形式,如邀请或聘请会计智能化数据服务的平台搭建企业或应用企业的内部专家开设系列讲座或论坛纳入实践学分、建立数智化会计专业人才联合培养班、联合企业共同举办基于智能技术的专业类比赛等,畅通校企合作渠道,将行业的新技术、新标准和新业态及时纳入人才培养体系,搭建优势互补、产教深度融合的全方位育人格局,从而推动整个社会向数字化和智能化发展。

(二)以供给为落脚,构建高校内部人才培养共同体

数智化会计专业人才的培养需要多学科交叉融合,而人才培养的主体仍是高校。数智化会计专业一般开设在经济管理学院、管理学院、会计学院或商学院等工商管理类学院,这些学院在财会类专业课程方面具有一定的优势,但在智能技术和大数据技术方面明显存在不足。基于数智化会计专业人才培养的必要性和迫切性考虑,需要从学校层面出发,以开设数智化会计专业的学院为主导,协同计算机学院或信息学院等开设智能技术和大数据技术等课程的学院,共同探讨数智化会计专业人才培养的课程体系,构建人才培养共同体。同时,开设数智化会计专业的学院应结合可用的师资力量、学生素质、保障条件和行业发展趋势等明确采取相对积极还是保守的会计与技术融合路径,制定清晰的人才培养规划和时间表,保证数智化会计专业人才培养的稳定性、持续性、适应性和前沿性。

2018年4月,教育部印发的《高等学校人工智能创新行动计划》指出,支持高校在"双一流"建设中,加大对人工智能领域相关学科的投入,促进相关交叉学科发展。本科高校应从学校层面建立保障机制和激励机制促进学院之间在师资和实验室等硬件设施方面开展合作共享,促进交叉学科发展。同时,学院之间的合作共享也有助于学科之间明确自身的边界、框架和需要努力的方向,强化学科建设,促进高等学校内涵式发展。

（三）以师资为抓手，强化数智配套资源建设

师资队伍是数智化会计专业人才培养的核心力量，传统的以财会类专业知识为主的师资力量已不能完全满足数智化会计专业人才培养的需要。如何盘活学校内部优质资源，实现知识的交流互通；如何有效利用校外资源，合理组织教师进行培训提升；如何加强教师参与实践力度，增强理论与实践的结合；如何以研促教，促进科研成果反哺数智化会计专业人才培养从而打造一支高水平、复合型和创新型的教师队伍是本科高校急需解决的问题。在招聘中增加具有会计智能化建设理论功底或实践经验的新教师比例有助于激活教师队伍活力，完善师资队伍知识结构。目前本科高校数智化人才培养的课程类配套资源明显不足，包括教材、案例库、电子资料和 MOOC 资源等。目前迫切需要解决的是数智化会计教材的滞后性问题，本科高校专业类课程的编者主要是高校教师。高校教师在完善自身知识结构的同时，应积极联合具有会计智能化平台搭建和应用经验的企业专家完成数智化财会类教材的编写，进而完善包括教案、教学大纲、教学案例、教学课件和教学视频等在内的电子资源库，形成可复制和推广的线上线下混合式课程体系。

三、数字经济下全新会计人才培养模式及实施建议

（一）智能会计人才培养目标

智能会计专业人才培养目标是，培养满足智能时代经济社会（主要是数字中国建设）对会计数据分析和会计管理决策需要，具备人文素养、科学精神、诚信品质和技术能力，掌握财务会计、数理统计、经济管理、法律制度和现代信息技术知识，具有大数据分析和会计管理实践能力，能够在大中型企业、会计师事务所和金融证券公司等相关机构或部门胜任数据分析和辅助决策工作的智慧型、复合型、创新型专门人才。

智能会计是会计、科技、决策（或管理）三者深度交叉、交流、交融的一种应

用结果,是在人工智能等数字技术迭代推动下,会计科学与数据科学(含计算科学)相互关联、相互渗透、相互融合的产物。从这个角度讲,智能会计的课程体系建设,要在更加强调大数据技术架构与设计、算法创新,即偏重技术创新及应用的同时,侧重会计知识、新兴技术、创新能力和人文精神(主要是社会责任)的整合或融合,要着力于会计逻辑、数学知识、大数据分析能力和计算机编程能力的学习或训练。

智能会计一问世,就是交叉的,是跨门类、跨学科、跨专业、跨领域的。因此,其课程体系建设要以多学科、跨学科、超学科的渗透融合、交流互鉴、壁垒消除为前提和基础,按学科性质重构或新建课程群,优化或丰富课程结构和课程内容,并在此基础上,再按照课程重要性进行主干课程和选修课程的分配,同时兼顾理论和实践课程的组织。

传统会计学专业建设和新兴数据科学的重点,智能会计的课程体系分为通识课程群、基础课程群、会计学核心课程群、智能化技术类课程群、跨学科智能会计课程群五大类。

通识课程群是指"非专业、非职业性"相关课程。

基础课程群是指统计学、经济学、管理学等工商管理基础学科的理论和方法类课程。

会计学专业核心课程群是指目前会计学专业已有的相对成熟的会计学核心课程体系,这是智能会计人才培养的学科根基,但是各门专业课程及其内容可以整合。

智能化技术类课程群,是指结合智能会计的人才培养定位和学校学科优势,设计不同侧重点的技术课程群。

跨学科智能会计课程群,不仅要体现会计场景的决策目标,还要重视会计人员主体的积极作用,要充分体现会计、科技与决策的集成特点,这也是设计难度最大的课程群。

会计学专业核心课程和智能化技术类课程终究要融为一体,也就是要在现代信息技术尤其是数字技术基础上,重构或新建智能会计专业的核心课程体系。这既是智能会计课程体系建设的必然趋势,也是智能会计专业建设的必然要求,各个学校应该根据自身的办学定位和师资状况,积极谋划、顶层设计、分步实施,最终从根本上推进智能会计专业建设和人才培养方案重塑。

(二) 培养目标—"四位一体目标"确定培养的正确轨道

(1)"四位一体目标"的内涵。近年来,随着国家对高校"三全育人"战略目标的提出、"课程思政"新型教育模式的出现、大数据时代对会计人才新的能力和素质需求,使得会计心商、会计财商和会计德商显得尤为重要,传统的实现会计智商、情商、逆商的终极目标已经不能满足社会需求。笔者认为若要培养出适应大数据时代的会计人才,需要首先将大数据融入"知识、素质、能力、三观"四位一体的创新型培养目标,最终实现培养学生会计智商、会计情商、会计逆商、会计心商、会计财商、会计德商的六商终极目标。

新提出的会计心商、会计财商和会计德商的"三商"理念。

会计心商是指会计人员处理重要会计工作时维持良好心态和缓解心理压力的能力;

会计财商是指会计人员的理财能力,特别是投资收益能力,尤其指为单位的理财能力;

会计德商是指会计人员的道德人格品质,包括尊重、诚实、负责、忠诚等美德。

"三观"是培养学生的人生观、价值观和世界观,如可以通过思政课程和课程思政等协同渗透至四大课堂来培养实现。

(2)"四位一体目标"的实施建议。围绕"知识、素质、能力、三观"制定具体培养目标,通过对培养目标进行内外部的合理性评价来确定最终的会计人才培养目标,进而根据培养目标确定毕业要求,根据毕业要求再确定课程体系,进行环环相扣的具体设置与操作。只有保证最初的会计人才培养目标的科学合理性,才能保证满足毕业的要求、课程设置的科学性。培养目标的制定依然在不能偏离掌握原有会计核心知识的基础上,从第一课堂到第四课堂加大培养学生应用大数据的能力,使学生真正适应大数据时代潮流,培养核算与管理兼备的复合型会计人才。大数据技术目前已经渗透到各行各业当中,这必然促使各个行业都需要完善传统的培养目标。我国会计专业人才培养目标的制定既可以借鉴国内外会计行业的培养目标,也可以借鉴国内外其他行业的培养目标,从而不断完善培养目标。

四、课程体系—"两大类课程深度融合"助力培养目标的落地生根

(一)"两大类课程深度融合"的内涵

数字经济下,会计人才培养的课程重点应该是"两大类课程融合"的创新。具体应该包括传统专业课程、大数据的创新课程和嵌入大数据的专业融合课程。

一方面,设置原有会计核心课程,突显会计的"专业性"。在课程设置上,应该按照 2018 年《普通高等学校本科专业类教学质量国家标准》的指导,保留设置会计专业核心课程,如财务会计类课程(如初级、中级、高级财务会计等)、财务管理类课程(如初级、中级和高级财务管理、财务报表分析)、管理会计类课程(如管理会计、全面预算等)、审计类课程(如审计学)、法规类课程(经济法、税法等),充分体现会计专业的技术性和专业性特点。即便是大数据时代下,会计人才会运用到大数据的会计系统,但是这些系统的研发离不开企业会计准则、税法、审计准则等内容,因此,不深入学习和掌握准则及财经法规等内容,是无法理解大数据技术下信息系统处理数据的经济实质。

另一方面,在传统课程的基础上,增加大数据类的创新课程及融合大数据的会计专业课程,如数据挖掘、数据分析、机器学习及应用、大数据与财务决策等课程,充分实现大数据与会计专业课程的深度融合,培养学生收集数据、处理数据和分析数据的能力。

（二）"两大类课程深度融合"的实施建议

为了实现前期设置的培养目标及毕业要求,培养适应大数据时代的会计人才,课程的设置显得尤为重要。应将企业引入到课程设置与课程大纲制定中,更好地实现校企的深度融合,培养适合企业的会计人才。

一方面通过校企合作开发"大数据+会计"相融合的课程及教材,增强课程的实用性;把大数据技术融入会计课程模式总结为:聚焦模式、集成模式和混合模式。

聚焦模式的课程设计是传统会计类课程和新兴技术类课程分别开设,再开设 1 门到 2 门融合类的课程,优点是比较便于组织现有师资完成对应课程群的教学任务;

集成模式是把与数据分析有关的学习内容完全纳入现有会计课程中,实现技术能力与会计能力的捆绑式学习;

混合模式介于聚焦模式和集成模式之间。

在智能会计的起步或初期阶段,采用聚焦模式的课程设计无疑是较为现实的选择,例如西南财经大学会计学专业的大数据方向采用的就是"会计+数学+技术"的聚焦模式。这种模式,既关照了现有会计学师资的知识结构和技术不足,又充分考虑了会计智能化转型发展的未来趋势,便于应时而变、迅速落地,但对学生的学习能力和知识融合能力要求较高。

随着智能会计逐渐成为共识、"双师双能型"教师越来越多和教学条件保障及时跟进,集成模式是智能会计课程体系建设的理想或终极模式,当然,这种模式对大多数院校来说,目前实施起来尚有困难,需要进一步解放思想、重整教育教学资源和激励约束机制。折中的做法,也就是既考虑现实又兼顾未来的做法,毫无疑问是选择混合模式。这种模式符合教育部 2020 年关于"对于多学科交叉融合的课程体系,要避免简单'拼盘化'"的政策要求,也是通过校际联合、产教融合和融入企业实践案例等措施共同打造智能会计课程体系的切实可行的便捷方式。

另一方面通过校企合作制定课程大纲,将会计实践内容直接转化为理论课程讲解的内容,增强课程的适用性。

五、智能会计类课程内容整合

跨学科课程的本质是知识整合,是通过多个学科之间的知识互动与思维整合,更加科学地解决复杂问题。融合先进技术的智能会计课程群建设难点就在于如何有效融合或拼接会计学和数据科学相关课程。会计学主干课程主要遵循"会计信息的收集、记录、报告、解释、分析、验证"步骤,偏重数据分析的智能化技术则遵循"数据采集、数据处理、数据建模分析、数据可视化"步骤,那么智能会计类课程群要选择各领域中最重要、最有价值的主题,围绕智能会计人才核心能力分工合作,不仅要体现各课程的能力要求,还要保证课程间的整体性。因此,我们建立了"会计数据场景与存储(数据基础)—业财流程设计与运营(数据处理逻辑)—业财数据分析与决策(数据建模与分析)—财务分析可视化(商务智能与可视化)"的跨学科智能会计类课程群的设计逻辑。

(一)面向会计数据场景的相关课程

"智能会计概论"是对传统会计学课程的升级改造,强调以数据思维为主线,将财务报告数据展示作为编写起点,以报告框架引导经济业务的核算,会计数据的采集、流转与应用,学习各个会计要素场景,进而梳理会计数据智能化的路径,也是其他智能会计类课程的引领。仅了解数据场景是不够的,学生在学完基础数据库知识后,掌握基于 SQL 的数据增加、读取、修改、删除操作,还要了解会计数据的存储原理。因面向会计数据库的教材几乎为空白,那么此部分内容由"智能会计信息系统"的部分章节来补充,学生学习相对简化的会计数据库表存储原理,掌握凭证表、余额表、进销存相关表的存储格式和数据流转过程。这样,学生就能了解信息化环境下的会计数据来源,为下面业财流程、决策分析与可视化做好数据的知识储备。

（二）面向业财流程的相关课程

"会计信息系统"是传统会计学专业的必修课,很多高校利用成熟的 ERP 软件,学习账务处理,并扩展到工资核算、固定资产核算、成本核算、材料核算、销售核算等专项核算模块。对于智能会计学生需要延伸至更深层面的会计信息系统设计与研发,了解大型集团财务共享服务下的业财流程和新兴财务机器人课程原理。

"智能会计信息系统"是面向中小型企业的会计场景,把数据库、Python 和会计信息系统设计与研发三合一的课程,学生先要学习会计数据库存储设计,再利用 Python 完成会计业务流程处理,完成相对简单的会计信息系统,加强学生对信息化环境下的会计业务流程理解,同时提升学生的信息系统设计能力和 Python 语言编程能力。同时,还要学习流行的会计软件应用,让学生对比设计原型,更加清楚真实的会计业务流程。

"智能财务共享"是面向大中型集团企业的共享中心,以业财流程规划、设计和运营为重点的实践课程。学生通过学习集团级公司的财务共享设计、风险控制和运营全过程,掌握财务共享下的业财运营原理,了解大数据分析的重要性。

此外,机器人流程自动化软件(RPA)是新兴智能化技术之一,它在企业流程再造、数字化转型、降本增效方面能发挥极其重要的作用,在会计、审计领域的应用也十分广泛,可以作为专业选修课,选择流行的 RPA 工具,学习 RPA 基本原理和会计场景下的 RPA 设计。

（三）面向业财数据分析的相关课程

智能财务决策、大数据审计和量化投资,但实际上远不止这 3 门课。"智能财务决策"作为专业核心课,是把财务决策场景与数据挖掘模型算法相结合的跨学科课程,决策场景选择了选股投资、债券融资、财务困境预测、客户营销和坏账风险预测,算法模型包括常见的因子分析、主成分、聚类、决策树、随机森林、支持向量机、神经网络等,工具仍选择 Python 作为教学工具。此门课程注重理论与实际案例结合,在于培养学生运用数据科学方法解决财务领域实践问题的能力。"大数据审计"与"量化投资",是分别面向审计监督和证券投资领域的课程,可作为专业选修课程。当前,机器学习与量化投资相结合的课程比较成熟,可以聘请金融专业教师协助教学,但因为大数据审计课程把审计疑点发现作为应用算法模型的目标,难点是真实大数据审计资源的获取,所以课程资源较少。

(四)面向商务智能可视化的课程

商务智能是集成数据仓库、数据挖掘和可视化于一体的技术平台,属于企业高端信息化产品。在多年技术发展推动下,原先由技术主导的商务智能逐渐转变成为面向业务人员的敏捷商务智能,业务人员可以快速上手,更加便捷、易用和智能。可视化是大数据分析必不可少的技术,在 Python 课程中也会涉及。但我们仍建议利用流行的商务智能技术完成可视化,一是可以了解流行的敏捷商务智能原理,二是学生可以在商务智能技术的支持下,利用业财案例体验完整的数据生命周期全过程,更加强调项目化、系统化的实践与锻炼。

"智能财务分析可视化"选择流行的 PowerBI 商务智能平台,打破了传统基于 Excel 表格的财务分析限制,运用成熟的财务分析和数据分析相关知识,让学生学习如何应用先进的商务智能技术,实现企业常见财务数据的加工、处理和可视化呈现,使得原先枯燥的财务分析转换为生动、直观的交互式可视化图表,为企业报表分析、经营分析等方面提供重要的支持和保障。此课程把财务分析知识体系完美对接商务智能技术支持的数据处理、建模和可视化技术实现,搭配真实运营数据,更加符合企业实际用人需求,有助于培养复合型人才。除此之外,还可以开设基于企业脱敏场景下的真实大数据平台实践选修课,让学生了解企业如何进行数据建模,如何组建业财监控或绩效指标,如何设计企业大屏,此类课程一般由软件供应商提供。

六、教育主体—"三出三进策略"优化会计教师资源

(一)"三出三进策略"

数字经济下,对会计专业教师提出了更高的要求,即教师不仅要有深厚的会计知识,还要了解大数据的相关知识。师资不足问题是智能会计人才培养面临的瓶颈,也是制约教学进度的重要因素。除重点引进既懂得传统会计知识又掌握智能化技术的复合型教师外,更要重视现有教师的培养。对于会计专业的教师,可以通过开展专家讲座、学术论坛等方式引导他们学习数据分析等新技术,同时引进信息系统、大数据、统计学等专业背景的年轻教师,学习会计类专业课程。

高校可以采用"引育结合"和"跨界融合"的方式优化教师资源,具体可以采取"三出三进策略"。

一方面,引进具有计算机背景及了解会计知识的综合型教师,不过具有双知识背景的人才还是比较少的;

另一方面,就是将会计专业教师培育成既懂会计又懂大数据技术的"跨界融合"的综合型教师,这可能是相比较前一种更有效的实现路径。

会计专业教师实现真正的"跨界融合"的有效措施是"三出三进策略"。该策略具体就是指会计专业教师走出高校,走进企业学习和实践大数据技术,走进国内外院校访学交流大数据技术,走进国内外会议进行研讨及交流大数据技术;还包括是指将校外大数据及会计实务专家请进来进行专题讲座交流,将企业请进学校进行大数据实践交流,将企业大数据实践平台引进来进行实践操作交流。

(二)"三出三进策略"的实施建议

"三出三进策略"的具体实施主要从两个方面进行:

一方面定期派会计专业教师到国内外高校或者企业学习大数据挖掘及分

析技术,参加各种大数据相关会议进行科学研究,以便开发适合我国现状的大数据会计信息系统。同时还可以走进企业帮助企业进行大数据会计系统的建设,增强自身的实践能力。在这个过程中,也让学生参与进来,了解学生的学习需求,充分实现互动教学。

另一方面,通过将大数据专家、有成功运用大数据技术的企业及大数据会计信息系统请进校园,可以让教师与专家、企业进行充分的交流,同时搭建教师与学生之间互动的桥梁,加强与学生的交流,鼓励学生参与到企业大数据会计信息系统的运用、开发与实践当中,参与原始数据的采集、清洗、分析和处理,通过大数据技术合力为企业寻找风险点,为企业提供有价值的建议,真正为企业创造价值。

七、教育课题—"四大课堂协同发展"培养学生大数据思维

(一)"四大课堂协同发展"

学生学习理念转变和大数据思维的树立可以通过"四大课堂协同发展"实现。

第一课堂通过通识教育、学科教育、大数据深度融合专业教育的培养,让学生具有大数据的理论知识。

第二课堂主要是指学生参加学科竞赛及社团活动等。目前,很多会计专业的学科竞赛均是融合大数据技术的比赛,鼓励学生积极参与学科竞赛。

第三课堂主要指学生走出学校,进行社会实践或者去学校组织的实习基地集中进行实践活动。让学生走出学校,走进企事业单位感受会计知识和大数据知识的真正应用过程。

第四课堂主要指的是网络课堂。

以前更多强调的是三大课堂的重要性,其实在信息发达的时代,网络课堂也是学生应用会计专业知识和大数据知识的好课堂之一。通过四大课堂的协

同发展,一方面可以使学生实现从被动学习到主动学习的转变,另一方面可以培养学生的大数据思维,从而为未来工作上岗发挥重要的作用。当然,随着国家会计改革的不断推进、会计准则制度的不断出台,要求会计人员终身学习。

(二)"四大课堂协同发展"的实施建议

"四大课堂协同发展"具体实施:

第一课堂可以采取"全过程考核"机制使学生牢固掌握大数据知识。可以在课前预习观看慕课视频或者案例视频,激发学生学习大数据及融合会计相关知识的兴趣,课中鼓励学生积极参与课堂讨论及核心知识点的试讲,课后通过作业及课后思考的研讨达到巩固知识的目的,教师可以根据学生课前、课中和课后的"参与度"全过程评价学生,而且增大过程评价的比重,打破以考试作为主要衡量学生学习效果的传统。

第二课堂,高校可以为此设定学分,这样可以让学生将会计和大数据的相关理论知识在学科竞赛等中进行很好的应用。

第三课堂,除了学生自主联系实践单位外,学校还可以充分利用所签订的实习基地让学生感受实践中的会计知识和大数据知识的应用。

第四课堂,随着我国移动互联网的强势发展,手机、平板和电脑成为学生必备品,所以可以充分利用网络课堂,给学生推荐一些企业的实践平台以及大数据会计系统研发的案例,让学生的理论知识迅速地与实践相融合。

八、实训实践—"五大实践联动策略"实现理论与实践深度融合

(一)"五大实践联动策略"

数字经济下,会计人才培养中实训实践的培养显得尤其重要。可以通过"五大实践联动策略"来实现会计理论与实践的深度融合。会计是一门实践性很强的学科,会计专业实训实践平台的构建显得尤其重要。

实验室建设是开展智能会计人才培养的重要硬件资源。从讨论用到的小

型桌椅，到大数据分析用的服务器，现代化的硬件设施可以为智能会计学生带来良好的学习体验。更重要的是偏软的数据资源建设，智能会计学生所需的财务数据往往难以获取，学生也较难在真实场景中进行锻炼和学习。同时，要建立产学研多方合作下的智能会计教学团队，加强与企业的联络，获取企业脱敏后的存货、销售、财务的部分数据，让学生接触到"业财融合"下的数据。

会计专业的实训实践至少包括学科竞赛及大学生创新企业项目的会计实践、会计模拟实验、签约实习基地的集中实践、社会分散会计实践四大类实践活动，其中会计模拟实验一般包括手工模账和电脑模账两种，签约实习基地的集中实践包括参观实践和顶岗实习，社会分散会计实践主要是学生根据自己的兴趣寻找可以进行会计实践的单位。当然，传统的四类实践确实在培养会计人才的专业知识和大数据知识应用方面发挥了重要的作用。受2020年新冠疫情影响，学生到实习基地、分散实践还存在安全性和实用性的问题。因此，可以创新性地将企业的会计大数据实践平台引入至高校，即为第五大实践类型。

（二）"五大实践联动策略"的实施建议

一方面可以在会计模拟实验及其他实践方面进行创新。如会计模拟实验方面除了可以使用现成的财务软件等进行实验外，还可以引入会计与大数据融合的虚拟仿真平台进行会计模拟实验，可以根据每所学校的特点及需求与软件公司合作开发虚拟仿真平台，这样的实践针对性非常强。

另一方面，为了解决疫情防控下会计学生实践的安全问题，做好第五大实践活动，需要直接将企业引入至高校，直接利用企业的财务共享平台、财务共享沙盘，或者聘请企业"大数据+财税审"专家直接运用他们所在单位的财务大数据、税收大数据和审计大数据平台，充分让学生参与实际案例的操作，让学生在学校感受大数据与会计的融合实践，也让学生真正参与"大数据+会计"的实践环节。

九、教学质量保障

一是针对教师的教学质量控制,尤其对难度较大的跨学科智能会计类课程,教师在课堂教学、课下练习、学生成绩客观评价方面都具有一定的挑战性。二是针对学生学习效果的质量控制。智能会计之所以称"智能",是要求学生具有严谨的逻辑与良好的理性思维,要有自主学习、独立思考的习惯,有团队合作精神。

对于成绩不符合或不适应智能会计学习强度的学生,要建立淘汰或主动退出机制,保证学生的培养质量。

智能会计是当前数智化时代不可逆转的会计转型方向,各高校和实务界都应该本着"共建、共治、共享、共赢"的原则,集思广益,携手共进,为迎接数字中国建设储备智能会计人才,扎实走好会计智能化转型发展的第一步。

第十八章

18

应用型财务人才培养路径

第一节 应用型财务人才的能力要求

财务人才的培养应满足大数据时代的需求,财务人员在岗位工作方面应在掌握财务原理、财务实践能力基础上,具备数据挖掘、信息处理、分析的大数据IT技术。为此,针对新时代财务人员的培养应跨学科联合构建基于大数据技术的"新"财务,大数据技术资源共享,利用企业与行业协会培养合作优势,提高财务人大数据职业技术能力、数据分析评估判断能力,培养高水平应用型、复合型财务信息化人才。然而在现实中对财务人才教育进行调研,我们发现大多数财务人员知识体系仍停留在传统的财务理论知识层面。少数高校构建了信息技术课程体系,但也面临着学科交叉、课程群组不兼容、财务人员背景混杂等问题,因此大数据财务分析、数据挖掘类知识培养并没有理想化落地实现。此外,联合学科的"IT大数据技术+财务课程"也对培训教师提出了更高的要求,而当下大多数培训财务人才继续教育还是停留在传统财务理论分析与更新,不能满足新时代下财务人力对IT能力的需求。为解决当代大数据财务人才培养问题,应具备:

一、更新大数据财务人才知识体系

在传统财务管理人才培养模式的基础上,新的"大数据+财务"人才培养模式应充分考虑数据挖掘和分析能力的设计,重构大数据财务科学,结合数据科学与传统管理学科、财务学科人才培养目标跨学科整合培养模式。复合型人才培养要求高水平的财务人员知识体系不能再拘泥于单一学科,需要打破资源的壁垒,大数据IT信息数据处理技术与管理学科之间教育资源整合共享。

二、重构大数据财务人才应具备的技能

结合人才培养目标对大数据财务人才具备的能力体系进行重构,主要增加

包括 IT 专业知识、IT 综合分析能力、持续学习能力、决策能力等。复合型人才的培养需要跨学科课程资源的整合。随着混合式教育教学改革工作在教育中的逐步推进,在现有资源基础上,增加大数据技术的课程资源包括基于大数据模糊匹配方法、基于 Benford 定律大数据财务方法、基于网络爬虫技术大数据财务方法、文本数据分析大数据财务方法、大数据可视化分析技术等,同时大数据技术方法、案例资源的累积也可间接延伸到前端财务会计、管理会计等学习。

三、行业协会与企业合作,加强大数据财务人才继续教育综合培养

资格认证对于财务人员而言,不仅是能力认证、行业岗位的敲门砖,是职业生涯中不可或缺的组成部分,更是与自身薪酬体系、财富利益紧密相关联。财务人员热衷学习并迫切考取相应的资质。同时在当下财务继续教育体系中,财务人员有义务每年完成相应的学习。因此,大数据财务人才可以通过资质认证、继续教育等,将大数据理论教学与企业内外的实践培训相结合,构建递进式应用型大数据+财务人才培养模式。在继续教育体系中将需要完成的课程按学分要求进行低中高等级划分。在低级阶段,通过线上视频、习题库等资源学习更新管理类、"财务会计类基础课程+大学计算机基础类课程"。增加实践项目培训,通过会计常用软件如用友云记账、金蝶、财务共享平台等会计软件,利用行业与税务、会计协会的合作关系,将企业案例资源转化为学习实践,在增强财务人员的基础财务能力的同时增加案例储备。连线社会前沿软件技术与实时财务税务案例,解决教育滞后、社会技术变革问题。

在中级阶段,财务人员集中财务专业课程+管理类大数据 IT 课程,学习数据统计、数据分析等软件操作,学习数据的采集与基本分析,为高阶大数据技术打下操作基础。

在高阶阶段,财务人员学习大数据财务类课程,在掌握传统审计理论的基础上主要针对财务数据、金融数据的挖掘与分析方法进行学习,并在实践项目中利用企业实践数据加强对财会、税务、审计等的训练。最终根据自己的职业

规划分方向选择,无论选择从事金融行业(金融爬虫数据分析)、工商企业中财务岗位(大数据分析与财务预警机制)、税务会计师事务所(大数据审计)、财务信息化岗位(大数据技术能力)都能打下良好的基础,同时为社会提供充足的满足行业需求的新时代财务人力。

在财务会计向管理会计转型过程,财务的融合更多停留在业财融合。但是2020年教育部新文科建设工作组发布了《新文科建设宣言》,建设宣言要求把握专业优化、课程提质、模式创新三大重要抓手,打破学科专业壁垒,推动与理工农医专业交叉融通,融入现代信息技术赋能文科教育,加强高校与实务部门、国内与国外双协同全链条育人机制的建设。新文科教育要求财务人才远不止是业财融合,其跨界融合的空间更大,在大融合观下实现思维融合、文化融合、专业融合、学科融合、技术融合、组织融合等。

第二节 应用型财务人才培养模式

应用型财务人才培养模式,传统的财务人才培养跨界融合不够,一般局限于本专业与本学科,新技术应用能力明显不足,特色的彰显力度不够,专业教师偏向于专业知识教学,淡化学生教育。考虑新文科建设对财务人才培养的新要求,在此构建"五维联动"应用型财务人才培养模式,该人才培养模式厚植新文科教育大背景,教师回归教学与教育本位,以价值引领与应用能力培育并举为人才培养目标,大融合观统领整个财务人才培养过程。"五维联动"应用型财务人才培养模式与传统的财务人才培养模式相比较,"五维联动"应用型财务人才培养模式主要特征有:

突出学生应用能力培养的同时,十分重视学生社会主义核心价值观的培养。将我国社会主义核心价值观融入整个专业人才培养过程中,通过潜移默化,培养学生具有健康的人格、深厚的家国情怀,能更好地服务于国家发展。

财务人才培养是一个开发式培养,不仅仅是培养过程要开放,更强调能力内涵开放。强调会计专业知识、实践能力通过思维、文化、专业、职业、业务、技术等不同渠道与非财务领域融合，培养学生创新能力、突出专业特色，实现学生个性化发展、更好地满足企业需求。

"五维联动"是应用型财务人才培养的五条路径，即以全景式专业课程思政、新技术夯实技能短板、多特色平行交融展开、创新能力递进培育与差异化人才培养质量评价同步跟进。实践路径其实是大融合观的具体应用，使五股力形成一股合力服务于应用型财务人才的培养。全景式课程思政是专业思维融合；新技术夯实技术短板是专业与技术融合；多特色平行交融展开是专业与职业、行业等不同领域的融合；创新能力递进培育是组织的融合。

一、全景式专业课程思政

专业教师立足负责的课程，从国情教育、中国会计发展史、中国会计文化、中国会计名人、国家财政金融政策、法治意识与命运共同体等方面挖掘思政元素，将思政元素融入整个专业课程体系中，以此为基础形成课程思政点—面—体的全景式课程思政生态圈。课程思政—课程模块思政—专业思政。以财务管理专业导论、会计学原理、财务会计、财务管理、财务分析、审计等课程为课程思政的关键节点，在此基础上使思政元素系统化。理论课思政与实践课思政相结合。使财务管理专业的学生不仅仅是接受洗礼，更能体会践行效果。全员参与课程思政。遵循"教师—课程组教师—课程模块任课教师群—全体专业教师"这一路径实现全过程全员的育人。

第一课堂思政与第二课堂思政结合。第二课堂的思政元素与第一课程思政元素互补，两者形成完整的财务管理专业课程思政体系。线上课程思政与线下课程思政结合。通过线上、线下的无缝融合，有效拓宽课程思政的空间与时间。

二、专业创新能力递进培育

为使学生的创新有一定的竞争力,除了培育学生的通用创新能力,还应重点围绕专业人才培养目标递进式培育学生专业创新能力,会计专业创新培养路径是:专业创新认知—初级专业创新能力培育—专业创新能力培养—综合专业创新能力培养。专业创新能力培养贯穿于整个大学四年。

大一创新认知。大一以学科基础课、人文素养课程学习,财务管理专业认知为依托,强化学生专业创新认知。

大二创新能力培育。依托大二专业基础课与专业课、创新教育专题、创新实践以及学科创新平台培育初级专业创新能力。

大三创新能力的形成。依托大三各个方向的特色培育、创新教育专题、创新实践以及专业创新平台培养学生专业创新能力。

大四综合创新能力培养。

在各特色方向班遴选优秀学员组成创新实验班,分成若干个创新实验小组,从专业创新的角度指导大学生参加各类创业活动与创新大赛,同步深度参与校企合作的横向课题,提升学生综合专业创新能力,同时为社会孵化专业创新团队。

三、新技术夯实技能短板

将"大智移云物区"等新技术全面融入财务管理人才培养方案,培养学生跨技术数据采集、数据分析、数据挖掘、数据清洗等能力,提高学生财务预测、决策、分析与评价等工作的效率与质量。具体融入学科基础课、专业基础课与专业课之中,使学生在学习专业理论知识、专业技能时,培养新技术在本专业应用的能力。

学科基础课。开设《大数据管理与应用》课程。

专业基础与专业课。开设《数据库与数据仓库》《共享理论与实务》《智能共享实训》《大数据分析》等课程。采取理论、实验与实战相结合,对接新道、用友、浪潮等行业龙头企业推行职业资格考试认证,要求学员必须通过认证才能获取相应的学分。

四、多特色平行交融展开

大一、大二专业基础课、专业课设置时,综合考虑会计师职业资格考试、注册会计师执业考试、管理会计师考试相关课程与相关职业能力要求。同时为大三专业特色培养铺垫行业、企业、业务相关背景知识,如工业类学校的会计学专业设置工业制造相关背景的课程、电子类学校的财务管理设置电子类相关基础课程、医药类高校的财务管理专业设置医药类基础课程等。

大三,与业务、企业、行业等不同领域与专业深度融合形成特色班,特色班有两层含义:

行政班特色。按照人才培养方案设置的专业特色方向,形成行政特色班;

自由班特色。由资深教授引导组建自由班,学生根据自己的职业定位与发展志愿,参与形成的民间特色班。不管是行政班还是自由班,做到一班一特色,多特色平行交融,尽最大的可能满足学生、企业、社会个性化需求。如以某航天高校为例,该高校财务管理专业可以尝试设置管理会计(航空)、理财(工程)两个培养方向为抓手突出特色,其中管理会计(航空)方向与航天航空业务深度融合,开设具有航天航空特色的课程模块,以航天航空企业为案例教学样本,与航天航空企业合作开发系列案例。

五、差异化人才培养质量评价同步跟进

在学校人才培养质量评价体系的基础上,结合"五维联动"培养模式设计会计学专业人才培养质量综合评价体系,坚持培养过程与培养效果评价相结合的

原则,不同的专业方向评价指标有差异。会计学专业"五维联动"人才培养模式培养质量综合评价体系主要突出以下四方面评价:

专业思政效果评价。专业思政评价覆盖组织管理、专业建设、课程教学、师资建设、学生成长等方面,主要从教师参与课程思政的积极性、单一课程思政的效果、课程思政的系统性、整个专业课程思政生态圈完善程度等维度评价。

新信息技术应用能力评价。围绕"大智移云物区"等信息技术理论与应用设计评价指标,具体从"大智移云物区"等信息技术理论水平、应用能力、与专业的融合度等方面进行评价。

专业创新能力评价。聚焦创新创业知识、创新创业技能、创新创业特质,主要从创新递进培养过程各个环节实施效果、创新整体理论水平与创新实践能力等方面设计评价指标。

专业特色评价。主要从行政班特色、自由班特色、行政班特色与自由班特色的互补以及各特色班的融合等方面差异设计评价指标。

19

课程思政

第一节　课程思政的重要意义

　　培养什么人、怎样培养人、为谁培养人是教育的根本问题,立德树人成效是检验高校一切工作的根本标准。落实立德树人根本任务,必须将价值塑造、知识传授和能力培养三者融为一体、不可割裂。全面推进课程思政建设,就是要寓价值观引导于知识传授和能力培养之中,帮助学生塑造正确的世界观、人生观、价值观,这是人才培养的应有之义,更是必备内容。这一举措,影响甚至决定着接班人问题,影响甚至决定着国家长治久安,影响甚至决定着民族复兴和国家崛起。要紧紧抓住教师队伍"主力军"、课程建设"主战场"、课堂教学"主渠道",让所有高校、所有教师、所有课程都承担好育人责任,守好一段渠、种好责任田,使各类课程与思政课程同向同行,将显性教育和隐性教育相统一,形成协同效应,构建全员全程全方位育人大格局。

　　必须将思想政治工作体系贯通其中,必须抓好课程思政建设,解决好专业教育和思政教育"两张皮"问题。要牢固确立人才培养的中心地位,围绕构建高水平人才培养体系,不断完善课程思政工作体系、教学体系和内容体系。要紧紧围绕国家和区域发展需求,结合学校发展定位和人才培养目标,构建全面覆盖、类型丰富、层次递进、相互支撑的课程思政体系。要切实把教育教学作为最基础最根本的工作,深入挖掘各类课程和教学方式中蕴含的思想政治教育资源,让学生通过学习,掌握事物发展规律,通晓天下道理,丰富学识,增长见识,塑造品格,努力成为德智体美劳全面发展的社会主义建设者和接班人。

　　课程思政建设内容要紧紧围绕坚定学生理想信念,以爱党、爱国、爱社会主义、爱人民、爱集体为主线,围绕政治认同、家国情怀、文化素养、宪法法治意识、道德修养等重点优化课程思政内容供给,系统进行中国特色社会主义和中国梦教育、社会主义核心价值观教育、法治教育、劳动教育、心理健康教育、中华优秀传统文化教育。

课程思政建设内容要推进习近平新时代中国特色社会主义思想进教材进课堂进头脑。坚持不懈用习近平新时代中国特色社会主义思想铸魂育人,引导学生了解世情国情党情民情,增强对党的创新理论的政治认同、思想认同、情感认同,坚定中国特色社会主义道路自信、理论自信、制度自信、文化自信。

课程思政建设内容要培育和践行社会主义核心价值观。教育引导学生把国家、社会、公民的价值要求融为一体,提高个人的爱国、敬业、诚信、友善修养,自觉把小我融入大我,不断追求国家的富强、民主、文明、和谐和社会的自由、平等、公正、法治,将社会主义核心价值观内化为精神追求、外化为自觉行动。

课程思政建设内容要加强中华优秀传统文化教育。大力弘扬以爱国主义为核心的民族精神和以改革创新为核心的时代精神,教育引导学生深刻理解中华优秀传统文化中讲仁爱、重民本、守诚信、崇正义、尚和合、求大同的思想精华和时代价值,教育引导学生传承中华文脉,富有中国心、饱含中国情、充满中国味。

课程思政建设内容要深入开展宪法法治教育。教育引导学生学思践悟习近平全面依法治国新理念新思想新战略,牢固树立法治观念,坚定走中国特色社会主义法治道路的理想和信念,深化对法治理念、法治原则、重要法律概念的认知,提高运用法治思维和法治方式维护自身权利、参与社会公共事务、化解矛盾纠纷的意识和能力。

课程思政建设内容要深化职业理想和职业道德教育。教育引导学生深刻理解并自觉实践各行业的职业精神和职业规范,增强职业责任感,培养遵纪守法、爱岗敬业、无私奉献、诚实守信、公道办事、开拓创新的职业品格和行为习惯。

在专业教育课程方面。要根据不同学科专业的特色和优势,深入研究不同专业的育人目标,深度挖掘提炼专业知识体系中所蕴含的思想价值和精神内涵,科学合理拓展专业课程的广度、深度和温度,从课程所涉专业、行业、国家、国际、文化、历史等角度,增加课程的知识性、人文性,提升引领性、时代性和开放性。

在实践类课程方面。专业实验实践课程,要注重学思结合、知行统一,增强学生勇于探索的创新精神、善于解决问题的实践能力。

在创新创业教育课程方面,要注重让学生"敢闯会创",在亲身参与中增强创新精神、创造意识和创业能力。社会实践类课程,要注重教育和引导学生弘扬劳动精神,将"读万卷书"与"行万里路"相结合,扎根中国大地了解国情民情,在实践中增长智慧才干,在艰苦奋斗中锤炼意志品质。

在经济学、管理学、法学类专业课程方面。要在课程教学中坚持以马克思主义为指导,加快构建中国特色哲学社会科学学科体系、学术体系、话语体系。要帮助学生了解相关专业和行业领域的国家战略、法律法规和相关政策,引导学生深入社会实践、关注现实问题,培育学生经世济民、诚信服务、德法兼修的职业素养。

第二节 会计学专业思政建设的背景与现状

一、会计学专业思政背景

习近平总书记近年来对于高等学校如何培养合格的社会主义建设者和接班人提出了系列要求,这是会计学专业思政建设的根本遵循。2016年12月7日习近平在全国高校思想政治工作会议上强调,要用好课堂教学这个主渠道,思想政治理论课要坚持在改进中加强,其他各门课都要守好一段渠、种好责任田,使各类课程与思想政治理论课同向同行,形成协同效应。

这一论断指明了课程思政建设的路径、方法和应达到的效果。习近平还强调要坚持把立德树人作为中心环节,把思想政治工作贯穿教育教学全过程,实现全员育人、全程育人、全方位育人。只有进行全面的专业思政建设,才能实现全程育人、全方位育人的要求。

会计学专业属于社会科学领域的专业,培养人的诚信品质、坚持准则的责任意识、实事求是的科学精神与培育人的专业知识同等重要,会计学专业只有培养出具有完善人格、高尚觉悟、德智体美劳全面发展的会计专业人才,才能落实好扎根中国大地办教育的要求,更好地为经济建设服务。进行会计学专业思政建设也是新时代高等学校本科教育的要求。

2018 年 6 月 21 日,全国政协常委、教科卫体委员会主任陈宝生在全国高等学校本科教育工作会议上指出,高等学校要"坚持以本为本,推进四个回归",即新时代高等学校应当以本科教育为根本,推进教育回归常识、回归本分、回归初心、回归梦想。

2018 年 10 月,教育部下发《关于加快建设高水平本科教育,全面提高人才培养能力的意见》(也被称为"新时代高教 40 条"),明确提出强化"专业思政"。会计学专业思政建设正是对这一要求的实践,通过专业思政建设,使专业知识教育与思想政治教育相结合,形成用知识体系教、价值体系育、创新体系化的立体育人体系,倾心培养素质全面的专业会计人才,实现会计专业人才的全面发展。

二、会计学专业思政现状

首先,目前会计学专业建设忽视了人才培养的价值目标。近年来,大数据、人工智能、云计算以及区块链等科学技术的发展,使会计教育界产生了空前的焦虑。目前实务中已出现了财务机器人代替会计岗位的现象。科学技术的发展会不会使会计消失? 会计学专业向何处去? 针对这些问题,会计教育界进行了热烈的讨论,也初步形成了会计学专业的改良方案。比如在人才培养方案中增加大数据等课程和加强伦理道德教育,将会计学基础、中级财务会计和高级财务会计整合为财务会计这一门课程,以及提升管理会计课程的重要性等,将人才培养目标定位于培养适应大数据背景下的会计专业高级人才等。这些变化对会计学专业来说无疑是可喜的,但这些变化仍然忽视了"为谁培养人的问题",忽视了人才培养的价值目标。新时代会计学专业的人才培养目标应当是价值引领、知识传授和能力培养的统一。

其次,目前会计学专业建设割裂了思想教育和专业教育。在课程思政、专业思政提出之前,各高校的会计学专业人才培养方案基本将思政教育委任于思政课程,专业课程只重视对专业知识的传授。在会计学专业人才培养方案的修订过程中,往往仅对专业课程进行修改,思政课程一直被束之高阁,将专业课程与思政课程融合育人的改革更是少有。在这样的人才培养方案中,思政课程和专业课程虽"同行",但并未形成"同向",更未在培养人的过程中形成协同效应。"培养什么人"的问题在这样的培养方案中势必一直无法得到解决。

最后,目前会计学专业的课程体系更注重育才功能,普遍忽视育人功能。会计学专业课程一般知识点多且繁杂,教师在授课时更注重专业理论知识的传授和学生实际操作能力的培养。教师在授课过程中总感到课时紧张,更倾向于在有限的课时内多讲专业知识,在课后布置大量操作性的练习,而"如何培养人"的问题就被忽略了。马克思认为教育是造就全面发展的人的唯一方法,如会计学专业课程只注重育才,将教师和学生的大量精力牵扯到专业技术和实际操作训练上,而忽略育人,那么人的全面发展就无法实现。开展会计学专业思政建设正是将育人与育才协同一致,这与马克思关于人的全面发展理论是一致的。

第三节　会计学专业思政建设的基本要求

一、定位好会计学专业的培养目标

综合"为谁培养人""培养什么人"的要求,会计学专业的培养目标应当定位于:培养适应社会主义市场经济建设需要,实事求是,诚信守则,社会责任意识强,具有扎实的经济学、管理学基础,系统掌握会计学基础知识、基本理论,了解会计学学术前沿并能熟练运用会计学专业知识和技能,进行经济管理活动,能在企事业单位、政府部门等各类组织机构从事会计实务、会计鉴证和管理咨询等工作的高级应用型专业人才。

首先,会计学专业培养的人才是为社会主义经济建设服务的,会计学专业人才必须坚持党的领导,坚持社会主义制度,树立正确的价值观,拥有家国情怀的责任感和使命感,坚定道路自信、理论自信、制度自信和文化自信。

其次,从应用经济学学科角度来看,会计的本质是一个信息系统,企业的利益相关者依据企业的会计信息进行决策,因此会计信息能够引导社会资源的配置,具有很强的经济后果,会计人员的不同职业判断会产生不同的会计信息,因此会产生不同的经济后果。这就要求会计学专业培养的人才必须掌握实事求是方法论,具备诚信守则的品格,具有较高的伦理认知和道德敏感性。

最后,会计学专业人才还必须具备扎实的专业知识和良好的职业胜任能力。

二、落实好会计法提出的会计监督职能

《中华人民共和国会计法》(2017 年修正)提出会计的两大职能,一是会计核算,二是会计监督。对于会计监督,会计法指出,"会计机构、会计人员对违反本法和国家统一的会计制度规定的会计事项,有权拒绝办理或者按照职权予以纠正。"落实好会计监督职能,要求会计人员不仅自己要遵守相关法律、遵守会计准则,还必须具备强烈的社会责任感、使命感和法治意识。

以企业创新过程中的税收优惠为例,目前企业在创新过程中的研发支出在计算应纳税所得额时,可以按照研发支出实际发生额的175%从应纳税所得额中扣除,以此激励企业提高研发投入。企业会计员在申报税收优惠时,若会计监督发挥的作用好,就会把那些与研发活动无关的支出剔除,而以真实的研发

支出申请税收优惠。但若会计没发挥监督作用,则税收优惠政策的效果就大打折扣,国家创新发展的战略将会受到负面影响。从这个角度来说,在会计学专业思政建设过程中,应当培养学生具备法治意识和实事求是的精神,以"天下兴亡,匹夫有责"为己任,增强学生的责任意识和使命意识,从而提高会计在国家治理体系和治理能力现代化中的作用。

三、融合好思政课程和会计职业道德课程

会计学属于社会科学领域的专业,会涉及较多的主观价值判断,这些主观因素不可避免会影响会计人员的执业过程。甚至可以说,在会计执业过程中,人的因素往往是结果的决定性因素。在会计工作中,诚信是基础,著名会计学家潘序伦教授认为"立信乃会计之本,没有信用,也就没有会计"。在新时代背景下,会计诚信建设也是践行以人民为中心发展理念的具体体现。为了培养国家需要的合格会计人才,在各高校的会计学专业课程中,都设置了《会计职业道德》课程或类似课程,通过该课程培养学生诚信、遵法、守则、责任的品质。但仅有该课程,或将育人问题仅依赖于该课程显然是不够的。因为职业道德问题始终贯穿于会计执业过程中的各种职业判断、权衡决策,因此,要解决好会计执业过程中的道德问题,必须将道德教育与专业能力的训练相结合。换言之,会计学专业思政建设要融合好思政课程和会计职业道德课程,同时将这两种课程的思政内容融入专业课程中,做到全程育人、全方位育人。

第四节　会计学专业思政建设的路径

一、会计学专业思政建设的基本思路

会计知识蕴含着丰富的哲学思想和社会主义核心价值观。如会计基本理

论中,可靠性、相关性、实质重于形式等信息质量要求体现了诚信、守法、客观、公正等价值观以及辩证唯物主义思想;会计要素和会计等式体现了权利和责任的对立统一关系,在确认权利(资产)的同时要确认责任(负债和所有者权益);历史成本等会计计量方法的多样性体现了真理的相对性,实践是检验真理的唯一标准,会计方法的合理性会随着时间、空间的变化而变化,等等,这些思政元素贯穿了会计知识的各个方面。

逐一剖析会计学专业各门课程思政融入点、融入形式以及预期价值引领的效果,形成各课程的思政教学大纲,在知识传授中融入思政内容,此为"立德"。

从"德"的角度看,会计专业的青年学生要具备社会公民的社会公德、接受高等教育的专业人士的学术道德、作为会计职业人的职业道德。

通过各门课程思政系统地引导,达到培养能为社会主义经济建设服务的,具备诚信品格、法治意识、责任意识、实事求是、创新意识以及科学思维的专业会计人才,此谓"树人"。

在实现立德树人的过程中,既有理论课程这种显性教育,也有社会实践这种隐性教育,通过显、隐结合,实现全程育人、全方位育人。

二、会计学专业思政建设的主要抓手

在设计会计学专业思政教育方案时,要定位好专业思政教育的目标,以会计法中赋予的会计监督职能为基础,实现思政课程和专业课程的有效融合;会计学专业的课程思政教育是专业思政教育的主要抓手,其主要内容包括诚信品格教育、法治意识和责任意识教育、实事求是精神和团队精神教育、科学思维和创新意识教育、国家治理体系和治理能力现代化中的使命感教育等;其次要守好会计学专业思政教育的场域和阵地,建设和培养一批高素质的会计学专业思政教育教师队伍。本文预期能对会计学专业思政建设形成有益启示,推动会计学专业培养更多政治素质过硬、专业素养厚实、综合素质全面的专业会计人才。

专业教育、课程思政和实践训练是人才培养的主要环节,也是建设专业思政的主要抓手。

专业教育的重要一环是学生的入学专业教育。聘请来自政府的学者型领导、企业界高管、知名大学专家教授开设专业讲座,结合各自从业经验,讲述职业发展对会计专业人才的认识、能力和道德素质的要求。以反面案例为镜子,剖析会计职业人员违背职业道德的原因、过程和教训,帮助青年学生扣好人生"第一粒扣子"。让学生端端正正地带着正确的价值观和职业理想开始专业学习,树立成为"品格与学养并蓄、知识与能力并重、理论与实践并进"的卓越会计人才学习目标。

课程思政又是专业思政建设的核心任务。会计学专业的主要课程分为:财务会计类课程、管理会计和财务管理类课程、审计类课程以及实践类课程。在建设这些课程时,要将思政类课程和会计职业道德类课程有效融入,实现育才与育人的有效结合。

(1)财务会计类课程是教授学生如何进行会计确认、会计计量、会计记录与会计报告的课程。这类课程有如下特点:

经济活动发生后的会计核算方法并不是唯一的,不同会计核算方法会产生不同的会计信息,而这些会计信息是企业利益相关者缔结合约的主要依据,会影响企业利益相关者权利的获得和义务的履行,这一特点要求思政教育中:一方面要培养学生坚持会计法规、会计准则,在会计信息的产生过程中做到客观公正;另一方面,要培养学生尊重客观事实,在面临不确定性,学会运用实事求是方法论,公允地进行会计核算和信息披露。

(2)管理会计和财务管理类课程是培养学生如何利用会计信息提升企业效益以及如何进行投融资和企业价值管理的课程。这类课程的特点在于培养学生不同情境下的决策能力,思政教育的融入点包括价值管理、财务管理目标、投资决策等。在企业价值管理思政教育中,应当培养学生具有社会责任感,培养学生从全社会的角度思考企业价值管理的目标,要考虑企业经营活动的经济外部性,而不仅仅是企业价值最大化,实现企业价值与社会价值的共创和共享。

在财务管理目标思政教育中,培养学生不仅仅将财务管理的目标定位于股东价值最大化,还应当关注企业其他利益相关者的需求,实现利益相关者对美好生活的追求与向往。在投资决策的思政教育中,应培养学生关注绿色投资,注重环境保护,落实绿色发展理念。

(3)审计学类课程是培养学生掌握审计程序和方法的课程,具体内容包括政府审计、社会审计和内部审计等。审计的灵魂在于审计独立性,因此在这类课程的思政教育中应当培养学生独立公正、坚持原则和准则的品格。同时在审计学类课程的思政教育中,还应当培养学生关注国家宏观政策在企业中落实情况,比如国家为激励企业创新给予企业财政补贴的支持以及税收优惠政策在企业落实的情况如何,其中是否有舞弊情况或低效率的情况发生。再如,国家为了鼓励制造业企业的创新行为,允许企业对固定资产采取加速折旧的政策,这一政策在企业是否得到了公允的使用。通过这样的思政教育,增强学生的使命感,认识并实践审计在国家治理水平和治理能力现代化中的作用。

会计学是实践性很强的专业,通过实验和实践训练不仅有利于学生加深对理论知识的理解和专业技能的掌握,而且有利于培养学生职业素养、工匠精神和团队合作能力。随着现代信息技术的发展,商业环境的变革,会计学专业人员的职业判断能力、参与重大管理决策能力和制度设计能力等创新能力也日渐重要,并成为学生长期职业发展的重要基石。

在会计学专业人才培养中,需要兼顾实践能力训练和创新能力培养。在以前的专业建设中,许多学校将二者分割,有些教师将实践能力理解为操作能力,将创新能力理解为理论研究能力。我们在学习国内外会计学专业建设经验的基础上,提出了在理论课中嵌入实践单元,在实验课程中开发团队对抗型和设计型实验。以行业真实问题为导向,采取真实案例分析、专业竞赛等方式训练学生的实践能力、创新能力和团队合作能力。在实习实践过程中,注重引导学生分析不同会计方法和决策方案所产生的不同后果,来引导学生关注会计对不同利益相关者的影响,提高学生的社会责任意识,培养公平、公正、诚信的品格。

三、会计课程思政教学内容

课程思政要融入课堂教学建设，作为课程设置、教学大纲核准和教案评价的重要内容，落实到课程目标设计、教学大纲修订、教材编审选用、教案课件编写各方面，贯穿于课堂授课、教学研讨、实验实训、作业论文各环节。推进教材内容进人才培养方案、进教案课件、进考试。要创新课堂教学模式，推进现代信息技术在课程思政教学中的应用，激发学生学习兴趣，引导学生深入思考。

要健全高校课堂教学管理体系，改进课堂教学过程管理，提高课程思政内涵融入课堂教学的水平。要综合运用第一课堂和第二课堂，组织开展"中国政法实务大讲堂""新闻实务大讲堂"等系列讲堂，深入开展"青年红色筑梦之旅""百万师生大实践"等社会实践、志愿服务、实习实训活动，不断拓展课程思政建设方法和途径。

（一）学习贯彻党的方针政策

坚持党的领导，听党的话，学习贯彻党的理论和路线方针政策。"以史为鉴、开创未来，必须坚持中国共产党坚强领导"。会计本身就是法律性、政策性极强的工作，近年来党和国家颁布了一系列财经法规、财税政策，会计审计标准体系也在不断优化完善。让学生及时了解这些法规和政策，关注国家重大发展战略，把握时代发展脉搏，在学习和工作中坚持正确的政治方向。

（二）诚信为本，维护社会公平正义

会计工作与国家和人民利益息息相关。对内，会计工作直接影响企业的生存发展和每个员工的切身利益；对外，会计信息直接影响投资者、债权人乃至社会公众的利益。可以结合会计目标、信息质量要求等内容和财务舞弊的案例组织学生分析、讨论会计信息的经济后果，让学生理解"诚信"是会计的生命力，会计工作一旦出现失误，国家和人民的财产将受到严重损害，从而培养学生以人民利益为重的思想，时刻保持一颗公心，维护社会公平正义，运用会计知识服务

于中国人民的美好生活。

（三）坚持中国道路，发出中国声音

会计在学习借鉴国外先进理论和实践的同时，坚持走中国道路。20 世纪以来西方发达国家频发的财务舞弊、金融危机等案件以及我国会计的发展和国际地位的提升让学生清楚全盘搬用西方会计理论并不适用我国的实际情况，新时代中国特色社会主义建设需要一套扎根中国大地、立足中国实际、以中国企业为研究对象的会计理论，要不畏强权，在世界会计舞台上提升话语权，发出中国声音，为我国经济发展争取更宽松的国际环境，也为世界其他发展中国家争取更多的权益。

（四）恪守敬业谨慎的职业操守

会计是一项重要而细致的工作，结合信息质量要求、权责发生制、减值会计等理论和实务工作，通过实践教学、案例讨论、情境创设、与业界人士交流座谈等方式，培养学生认真、敬业、谨慎的工作态度，结合会计要素和复式记账原理，指导学生学会辩证地思考问题，增强风险识别和防控能力，在遇到困难时要坚持原则，敢于斗争。

四、会计学专业思政教育的场域与阵地

理论课堂、专业实验室、实习实践基地是专业教师开展思政教育的三个主阵地，要用好课堂教学这个主渠道，使专业课程与思想政治理论课同向同行，促进学生专业技能和职业精神的养成，实现知识传授与价值引领同频共振。

理论指引是大学学生最为重要的学习方式，课堂是师生进行专业知识交流的重要场域。在课堂上，教师要根据专业思政建设的基本思路，依据课程思政大纲，设计教学 PPT，呈现内容要丰富，形式多样，要在某个具体的专业知识点中有效融入思政教育内容，而不是额外增加思政教育内容。

会计专业的实习实践类课程中的思政教育属于思政教育中的隐性教育，让

学生在体验、实践中成长、成才,达到润物无声的效果。这类课程的思政融入点包括创新创业教育、经典名著导读、学科竞争以及社会调查等。以学科竞赛为例,其特点是干中学,其对学生的锻炼远超于课程的学习,因此在学科竞赛中融入思政教育比课程中的思政教育更能让学生体会深刻,教师在学科竞赛中通过引导,让学生认识到团队协作的重要性,激发学生的创新意识,引导学生对待科学问题要有科学的态度,指导学生在面临竞争时要有迎难而上、克服困难的决心和勇气,从而促进学生素质全面提高,实现人的全面发展。

思政教育应根据不同的场域特征,采取不同的融入形式。要把握好开展思政教育的时间节点和情境,比如在重大历史事件发生日期、节日等适时开展思政教育,这能给学生很强的代入感,能达到事半功倍的效果。要做到结合实践、宏观政策、新闻事件讲解专业知识,让学生不仅感受到专业知识的价值,还能很好地提升学生的责任感、使命感。另外,要丰富教学手段,如运用视频、案例等,使专业知识与思政内容融入的形式多样化。要善于利用现代沟通手段,拉近与学生的距离,提高思政教育的效果。

五、提升专业教师课程思政建设的意识和能力

全面推进课程思政建设,教师是关键。要推动广大教师进一步强化育人意识,找准育人角度,提升育人能力,确保课程思政建设落地落实、见功见效。要加强教师课程思政能力建设,建立健全优质资源共享机制,支持各地各高校搭建课程思政建设交流平台,分区域、分学科专业领域开展经常性的典型经验交流、现场教学观摩、教师教学培训等活动,充分利用现代信息技术手段,促进优质资源在各区域、层次、类型的高校间共享共用。

依托高校教师网络培训中心、教师教学发展中心等,深入开展马克思主义政治经济学、马克思主义新闻观、中国特色社会主义理论等专题培训。支持高校将课程思政纳入教师岗前培训、在岗培训和师德师风、教学能力专题培训等。

充分发挥教研室、教学团队、课程组等基层教学组织作用,建立课程思政集

体教研制度。鼓励支持思政课教师与专业课教师合作教学教研,加强课程思政建设重点、难点、前瞻性问题的研究,在教育部哲学社会科学研究项目中积极支持课程思政类研究选题。充分发挥高校课程思政教学研究中心、思想政治工作创新发展中心、马克思主义学院和相关学科专业教学组织的作用,构建多层次课程思政建设研究体系。

六、专业思政建设的保障机制

课程思政建设是一项系统工程,要加强顶层设计,全面规划,循序渐进,以点带面,不断提高教学效果。要尊重教育教学规律和人才培养规律,强化分类指导,确定统一性和差异性要求。要充分发挥教师的主体作用,切实提高每一位教师参与课程思政建设的积极性和主动性。

思政教育应当突出以教师为本。建立一支师德高尚、学养丰富、潜心教学的师资队伍是建好专业思政的重要保障。

首先,要通过"带引培研",组建专业素养高、思政教学能力强、师德高尚的专业教师队伍。将思政教学水平高的教师作为年轻教师的导师,以资深"带"年轻,储备专业思政教育人才;"引"进思政教学水平高的学术带头人,形成专业思政教育高地,形成高水平专业思政教育学术成果;"培"养师德高尚、学术能力强、教学水平精的专业思政教学名师;"研"讨思政教学方法,探索"融入、嵌入、渗透"的专业思政教育教学方法改革,形成德能并重、三德互补升华(职业道德、学术道德和社会主义公民道德)的人才培养要求,坚持思政课程的显性教育与专业课程的隐性教育同向合力,形成专业思政教学团队。

其次,要多措并举,健全教学运行管理制度,推动教师回归教学本位。要建立教授委员会、教学委员会例会制度,推动思政教学工作决策科学化。在思政教学评价制度的构建方面,可以实施"学生评教、专家督导、同行评议、院系评价、自我诊断"五位一体的思政教学评价制度,对于评价高的教师给予适当奖励。同时要构建思政教学评价与人事考核相结合的机制。将思政教学水平作为教师职称晋升、评选先进、人才项目的重要指标,形成人人重视专业思政教育的氛围。通过实施这些机制,确保教学的中心地位,扩大思政教育的场域和阵地,推动教师回归教学本位,提高专业思政教育质量。

最后,要遵循教师成长规律,构建环环相扣、激励相容的教师思政教学能力提升机制。要建立诸如"入职培训—助教培训—首开课培训—青年教师授课竞赛—骨干教师培养—教学名师培养"等环环相扣的教师思政教学能力提升机制,构建教师成长发展的轨迹链、进阶链和思政教学发展专题活动载体链,形成专业思政教育人才储备机制。另外,通过名师课堂观摩、培训、研讨、比赛等形式,考察教师专业思政教育中的风险点,形成有效化解专业思政教育中风险的机制。

第五节　会计专业教学需要课程思政的原因

挖掘专业课程及其教学方式中蕴含的思想政治教育资源,培养德才兼备的人才,实现专业教育和思想政治教育的协调培养目标,课程思政是新时代高校落实立德树人这一根本任务的重要举措。

目前,高校的课程思政存在诸多问题,如课程思政不能体现专业特点或专业课程的教学中缺乏思政教学内容,专业教师的育德意识和育德能力还比较薄弱,课程思政评价体系还未建立等。在专业教学中更好地融合思政教学是高校教学改革中急需解决的问题。

会计作为社会经济的一种基本制度,在中国经济改革与转型发展扮演了非常重要的角色。会计专业教育不仅要承担教学的功能,也要实现育人的功能。

一、培养大学生的社会主义核心价值观

近年来,网络和社交媒体充斥着各种社会思想潮流的涌动,对大学生产生

潜移默化的影响。我国大学生从紧张的高中生活进入相对轻松的大学,他们的世界观、人生观、价值观还未稳定成型,很容易受到社会舆论特别是西方思想的影响。目前,部分大学生缺乏正能量、社会责任感与奉献精神,甚至违纪违法等极端事件也常常出现。大一新生在学完一年的思政课程后,很少接触思政课程,这就需要高校在专业课程的教学中也能承担育人的功能,达到立德树人的培养目标。

会计在实践中涉及大量的价值判断,不同人的知识、意志、愿望、兴趣等都会对认知施加影响,影响人的正确判断。因此,会计从业者需要树立正确的价值观,把握事物对人的利害、好坏、善恶关系。在中国,要倡导中国特色社会主义核心价值观,虽然大学生有不同的价值追求,但不意味着大学生不需要共同的价值追求,中国特色社会主义核心价值观就是所有中国人共同的价值追求。对于价值缺失和偏离的大学生,需要社会主义核心价值观纠正。不管是形成社会主义核心价值观,还是纠正价值观的偏离,会计专业课程思政都有助于大学生在未来从业过程中做出正确的价值判断。

二、经济高质量发展需要培养大学生的职业素养

我国经济要从高成本、高能耗、粗放式发展转变到管理创新、技术创新等发展方式上。我国经济高质量发展的着力点放在实体经济上,重点是微观企业的高质量发展。企业高质量发展在于企业经营决策和管理控制的高质量,而管理会计具有规划、决策、控制和评价等功能,通过强化经营决策和管理控制的科学性,增强企业核心竞争力,提高价值创造力,实现企业转型升级。不管是企业的经营决策,还是企业的管理控制,均需要从业者一丝不苟的敬业精神、较高的职业素养。高校的管理会计课程思政将有助于培养大学生的职业能力、正直可信的职业道德、保密的职业操守。

三、会计专业的发展需要课程思政

目前,会计正处于不断变革的阶段,正在向管理会计转变。一是管理会计基本指引和应用指引的发布,从体系和制度上帮助中国企业去规划和完善管理会计体系,转变财务职能,实现精益管理,促进业财融合。二是智能制造、大数据、人工智能以及物联网等新技术的应用,会计的革新与变革要求与日俱增。长期以来,我国高校会计教学内容更新缓慢,部分高校一直使用国外的教材,直接以国外案例作为教学内容,导致学生学习的知识脱离我国企业实际,即使学生学完了这样的会计课程,也不能为我国企业的高质量发展服务。

四、以培养学生的"社会责任感"为核心

新中国会计定位于"为国家政治制度和国家经济建设服务",具体而言,就是要维护社会主义制度,保障国家经济发展,维护社会主义市场经济秩序。会计作为宏观经济管理和市场资源配置的基础性工作,不仅是企事业单位内部的管理活动,还具有强烈的外部效应,承担重要的社会责任,会计信息已经成为一种公共产品。因此,会计专业大学生首先应具备"经世济民"的社会责任感,将自身的理想和价值与国家和人民的利益相联系,将专业知识学习与社会主义现代化建设的需要相联系。

第六节　会计专业课程思政建设面临的困难

一、如何开展的讨论课程思政

一是专业知识点的融入思政内容。会计专业课程的大知识点不下几十个,小知识点更多,不可能每个知识点融入思政内容,这也不现实,否则会影响专业

课程教学效果。选哪些知识点融入思政内容，以及选择的每个知识点融入哪些思政内容，每个高校、每个教师都有不同的考虑。

二是专业课程留出学时，作专题讲课程思政。这个观点认为，在专业课程教学过程中，可以在每一章节、某一个部分教学前或教学完成后根据专业内容，通过安排专题讲座的形式把思政内容融入课程。如在第一章融入职业道德方面的思政内容。但该观点可能犯了为思政而思政的形式主义错误，学生在接受专业教学的过程中可能会抵制这种思政教学方式。

三是不特意在专业课程中强调，而是在课外通过各种形式的思政元素来影响大学生。除此之外，当然不排除其他开展课程思政的方式，但要考虑学校的教学特点、师资力量、学生的学习习惯等因素。会计专业课程思政建设的原则以培育和践行社会主义核心价值观为主线，把社会主义核心价值观、职业理想和职业道德等方面作为课程思政建设内容。

二、人才培养体系客观上割裂了会计专业教育与思政教育有机联系

会计专业人才培养方案中会计专业课程与思政课程是平行设置的，一直处于割裂状态，思政课教师教思政，专业课教师教专业，相互之间没有融通。究其原因：一是培养体系中人为割裂了专业教育和思政教育的有机联系；二是专业课程大纲几乎不涉及思政教育的内容；三是会计专业教师对专业教育和思政教育的有机联系认识不足，甚至会认为增加自己备课难度，还有个别会计专业教师由于自己思政能力不足导致害怕上课程思政。

三、会计专业教师的育德意识和育德能力有待提高

多数教师重科研、轻育人的意识十分严重，存在育德意识不足的问题。部分会计专业课程教师认为：专业课的教学目标是提高学生的专业能力，忽视了学生的德育目标；专业课的教学内容学时少，再加入思政内容会挤压专业课教

学质量;甚至部分专业课教师存在自己负责好专业教学,思想教育由思政课教师或辅导员来负责的错误意识。相对于思政教师,会计专业教师不重视自己思想政治方面的提高,不学习贯彻习近平新时代中国特色社会主义思想主题教育,以及对学生进行思想政治教育的实施能力也比较薄弱。在如何寻找思政元素,以及如何协调专业教育与思政教育方面存在困难。部分教师为了职称晋升或年度业绩考核偏重科研方面的提升,而不会主动学习最新政治理论知识来提升自身的思想道德水平。一些青年海归教师一直受到西方教育理念的影响,采用西方的教材与案例,不了解中国的实际情况,这部分教师的育德能力也有待提高。

第七节　会计专业课程思政建设应对措施

一、会计课程思政教学队伍建设

(一)提高教师的育德意识和育德能力

"学高为师,德高为范",才能做好课程思政。首先,加强教师的育德意识。发挥党员教师的先锋模范作用,并对其他教师进行思政培训,提升教师的育人意识。其次,提高教师育德能力。不断提高自己的政治修养、理想信念、道德情操、仁爱之心,要深刻理解习近平新时代中国特色社会主义思想,理解管理会计在企业高质量发展的作用,才能把思想与理论、知识与能力、德育与智育有机结合起来,才能解疑释惑、熏陶濡染,提高学生的道德素养。

(二)组建课程思政教学团队

构建一支由会计专业知识扎实、教学经验丰富的授课教师与思政课程的授课教师组成的教学团队,共同设计管理会计课程思政教学目标、教学内容、课程思政融入点、教学方法、考核方式等教学体系。探索专业教研活动与党员学习活动的联合学习机制,以党建促教学,提高课程思政教学水平。

(三)考核教师思政育人的教学能力

在引进教师时不仅要考查教学科研能力,还要重点考查政治立场和师风师德。日常教学考核时重点看课程思政的教学大纲、教学资料、教学课件,课堂教学等方面作为考核内容。在年终考核、评优奖励等工作中要以课程思政教学作为一项评价指标。最后,在晋级晋升等工作中可以把课程思政作为同行听课评价的指标。

二、会计课程思政教学方法

(一)问题导向的教学方法

增强大学生的问题意识符合马克思主义认识论和辩证法。从管理会计的实际问题入手,引导学生分析问题发生的原因,找到解决问题的方案,最后交流成果等方面来组织和实施管理会计课程思政教学,其中问题为起点,思维训练为核心。问题导向的教学方法步骤如下:第一步:设置。教师预先提出一个带有实际问题的企业经济活动,使得学生在所学范围内能确认问题的存在。第二步:学习。学生自主讨论、交流,确认问题后,引导学生界定问题的性质与特征,以形成合适的解决策略。第三步,评估。初步评估所选策略的可行性,在选定解决的策略之后查看策略的效果。第四步,反馈。教师与学生互动,做出点评。

(二)理论教学与案例教学相结合

对于社会主义核心价值观与会计学课程相关知识点之间的"植入点",能够有适当案例的,尽量采用案例教学,通过典型、生动的案例,可以将抽象的内容具体化、形象化,也更容易理解和掌握。通过创建会计学课程思政课堂教学案例库,采用更具亲和力的学生喜闻乐见的方式,润物无声地开展课程思政教学。对于没有比较恰当案例的社会主义核心价值观与会计学课程相关知识点之间的"植入点",可以采用理论教学法,通过逻辑相关性地分析和讲解,使得社会主义核心价值观与会计学课程相关知识点产生协同校对合作、解决问题的能力。在广泛采用新媒体教学技术的同时,也要看到移动教学也有其自身的局限性,比如在实时互动方面,由于网络延迟或者移动平台功能所限,教学互动环节多会受到限制,效果比传统课堂教学要打一些折扣。因此还需要鼓励授课教师积极思考交流,摸索出课堂教学和移动教学最佳的平衡点,以期达到最优教学效果。

(三)案例式教学创新与实践

案例教学的"根本"在于"研究问题本土化",案例素材必须来源于中国企业,才能让学生了解我国的基本国情,达到课程思政的目的。如南方航空推动作业会计、对标管理等多种管理会计工具的运用,在降本增效、业财融合方面取得一定成效。中国邮政集团公司的时间驱动作业成本法,并运用责任会计、内部结算等管理会计工具,帮助国有企业逐步化解过剩产能,重塑企业核心竞争力。中航光电运用战略成本管理工具,识别成本驱动因素,规划资源配置,实现持续价值增值,彰显实体制造业供给侧结构性改革方面的推广示范效应。中国铁路上海局集团有限公司运用预算管理工具,提高经营管理效率,有效促进了企业经营绩效稳步攀升和企业高质量发展。

(四)专业教师与思政教师联席课程思政课

从目标追求来看,中国学生的发展要以"社会主义核心价值观"为旨归,意在提升个体应对不同价值判断的能力,共同形成社会主义核心价值观,这需要整合不同学科知识的能力。让专业的教师讲专业的内容,每一次课程都有专业教师和思政教师联席授课,其中专业教师作为主导,引导学生打开思政内容的问题,而思政教师参与讨论,两位教师共同解答学生提出的问题。通过联席教学,针对管理会计中具体的问题、案例,在同一时间、同一地点,共同主持课堂教学的活动,可以克服专业教师在思政教学上的弊端,枯燥的思政课堂教学方式,课程思政不再是孤立的点,可以连成线、形成面,实现从专业教学到专业育人的跨越。高校教师的联席课程思政课最重要的是专业教师和思政教师共同改进教学设计,通过整合课程思政资料、课堂教学设计、交流教学方法、合作研究课程思政,才能突破学科边界,达到联席教学的目标。

三、会计课程思政教学内容分析

会计确认与计量中的估计与判断需要正确价值观的指引。

会计是经济制度中一项基础性制度安排,旨在通过提供决策有用的会计信息以缓解逆向选择,以及合理计量受托经管责任以克制道德风险,进而优化资源配置、保障企业持续发展。然而,会计环境充满不确定,因此,会计确认与计量面临大量估计与判断。不同的会计估计与判断会产生不同的会计后果,进而影响不同利益相关者的利益,最终影响会计社会功能的发挥。同时,会计估计与判断既有技术性也有非技术性,既受客观因素影响也受主观因素影响。这使得会计估计与判断容易受到价值倾向的影响,会因会计估计与判断中的主观因素而受到改变。因而,树立正确的价值观,对于会计估计与判断从而会计确认与计量具有重要意义。另一方面,影响会计估计与判断的因素具有层次性。会计人员是影响会计估计与判断的直接因素,除此之外,企业和行业因素也会影响会计估计与判断,并且,国家政策和宏观经济环境同样会影响会计估计与判断。例如:公允价值计量的运用,既受会计人员估计与判断的直接影响,也会受到企业治理结构和行业标准的影响,同时还受到国家经济和产业政策的影响。因此,引领会计估计与判断的价值观,不能只针对会计人员单一维度,而应该具有层次性,既有直接针对会计人员的价值准则,还应该有针对整个行业和社会的价值引领,以及针对国家整体层面的价值目标。

会计估计与判断具有正确的价值引领作用社会主义核心价值观是社会主义核心价值体系的内核,体现社会主义核心价值体系的根本性质和基本特征,反映社会主义核心价值体系的丰富内涵和实践要求,是社会主义核心价值体系的高度凝练和集中表达。同时,社会主义核心价值观具有层次性,有公民个人层面的价值准则(爱国、敬业、诚信、友善),还有社会层面的价值取向(自由、平等、公正、法治),以及国家层面的价值目标(富强、民主、文明、和谐)。可见,社会主义核心价值观正好可以指导社会主义市场经济条件下的会计估计与判断,使得会计确认与计量能够满足社会主义市场经济优化资源配置、保障企业持续发展的需要。因此,可以通过植入社会主义核心价值观来构建会计学课程思政框架。

四、会计学课程内容思政框架的基本思路

会计学课程内容既有相对基础、抽象的会计基本理论,又涵盖相对具体、详细的会计具体项目的核算。而社会主义核心价值观是社会主义核心价值体系的高度凝练和集中表达,具有概括性和凝练性。因此,在逻辑上,社会主义核心价值观与会计学课程中的基本理论和概念更具有相关性。同时,由于会计学基本理论和概念是会计学具体核算方法的理论基础,对其具有统领和指导作用,而社会主义核心价值观则是对会计估计与判断的价值引领,所以,将社会主义核心价值观植入会计基本理论和概念更具协同效应。

社会主义核心价值观下构建会计学课程思政框架的基本思路是:将相关社会主义核心价值观植入相关会计基本理论和概念之中,即将相关社会主义核心价值观植入会计目标、会计核算前提条件、会计要素、会计信息质量要求、会计确认与计量;同时,对于会计具体项目核算中相对基础的内容,如会计具体项目的定义、确认条件、初始和后续计量等,可以适时融入相应的社会主义核心价值观。

(一)社会主义核心价值观与会计目标界定

根据《企业会计准则——基本准则》,财务会计报告的目标是向财务会计报告使用者提供与企业财务状况、经营成果和现金流量等有关的会计信息,反映企业管理层受托责任履行情况,有助于财务会计报告使用者作出经济决策。可

见,我国会计目标的界定兼顾了决策有用观和受托责任观。由于不论决策有用观还是受托责任观,会计目标的界定均受到会计信息提供者的价值取向影响,同时,会计信息提供者与不特定的会计信息需求者之间互动关系也会影响会计目标。社会主义核心价值观是社会主义核心价值体系的内核,体现社会主义核心价值体系的根本性质和基本特征,反映社会主义核心价值体系的丰富内涵和实践要求,既有国家层面的价值目标,也有社会层面的价值取向,还有公民个人层面的价值准则,因此,社会主义核心价值观与会计目标界定之间具有内在联系,可以成为课程思政的一个融入点。

(二)决策有用性会计目标、会计信息使用者权利保障与平等价值观

根据决策有用性会计目标,财务会计目标是向财务会计报告使用者提供与企业财务状况、经营成果和现金流量等有关的会计信息,有助于财务会计报告使用者作出经济决策。财务会计信息使用者包括投资者、债权人、政府及其有关部门和社会公众等,他们需要会计信息作出经济决策。不过,在会计信息供需关系中,会计信息提供者具有优势地位,会计信息使用者处于劣势地位,双方存在信息不对称,而且,不同的会计信息使用者在获取会计信息的能力和条件上是存在差异的,其与会计信息提供者之间的信息不对称程度是不同的,此时,如何让不同的会计信息使用者能够不受歧视、平等地获取会计信息,对于资本市场有效性和资源有效配置具有重要意义。这要求,会计信息提供者应该具有平等价值观念,一视同仁地对待不同的信息需求者,不能针对特定信息使用者,进行选择性信息披露,这在《上市公司信息披露管理办法》中有明确规定。然而,在上市公司信息披露实践中,经常存在针对特定信息使用者进行选择性信息披露的现象。

(三)受托责任性会计目标、利益相关者利益保障与公正价值观

根据会计目标的受托责任观,财务会计目标是反映企业管理层受托责任履行情况,以保证委托代理契约能够得到顺利履行。合理计量和报告管理层受托

经管责任,是会计基本职能。很显然,根据受托责任观,会计人员应该独立于委托代理关系之外,肩负向资源委托者报告代理者管理层受托经管责任的使命。由于会计处理充满了大量估计与判断,而不同的估计与判断会导致不同的会计后果,不同的会计政策选择会对经管责任计量产生不同的影响,因此,为了保障委托代理关系中各利益相关者的利益,需要会计人员秉持公正价值观,保持相对独立性,在会计政策选择时,不能够为了某一特定利益相关者的利益而损害另一利益相关者的利益。

(四)社会主义核心价值观与会计核算前提条件

1. 会计主体假设、会计政策选择与诚信价值观

会计主体是会计核算为之服务的对象,界定了会计核算的空间范围,是会计核算的基本前提条件之一。会计主体可以是一个公司,也可以是分公司,还可以是母子公司所组成的企业集团。很显然,如何界定会计主体,直接影响会计核算的空间范围,进而会导致不同的利润、资产等会计后果,然而,会计主体的界定受到会计人员职业判断的影响,被投资企业是否应纳入合并报表编报范围受会计政策选择的影响,因此,为了保证会计目标的实现,需要会计人员坚守诚信价值观,按照会计准则要求,合理界定会计主体的范围。

2. 货币计量假设、币值稳定与爱国和富强价值观

货币计量假设要求企业会计应当以货币计量交易和事项,是会计核算的基本前提条件之一。该假设有一个隐含假设,即货币币值稳定。尽管现实经济中货币币值不稳定是常态,通货膨胀几乎只是程序问题,但是,为了提供可比的会计信息,会计坚持货币计量并假定币值稳定不变,除非恶性通货膨胀,否则不调整名义货币计量单位。通货膨胀成因很多,不过,发生恶性通货膨胀的国家往往伴随着政局不稳、经济失调、政府调控力下降等现象。可见,维持币值稳定、避免恶性通货膨胀离不开政治稳定、经济健康增长和政府调控力的增强。经济持续增长、综合国力大幅提升、政府调控力不断增强,为我国货币币值稳定奠定了基础,也为会计核算创造了基本前提条件。因此,我们有理由为国富民强而

骄傲,同时,也应该更加热爱我们社会主义祖国。此时,可以融入爱国价值观和富强价值观。

(五)社会主义核心价值观与会计要素定义

1. 负债要素定义、现时义务与法治和诚信价值观

负债是指企业过去的交易或者事项形成的、预期会导致经济利益流出企业的现时债务。负债必须是企业承担的现时义务,它是负债的一个基本特征。这里所指的义务可以是法定义务,也可以是推定义务。其中法定义务是指具有约束力的合同或者法律法规规定的义务,通常在法律意义上需要强制执行。例如,企业购买原材料形成应付账款,企业向银行贷入款项形成借款,企业按照税法规定应当缴纳的税款等,均属于企业承担的法定义务,需要依法予以偿还。推定义务是指根据企业多年来的习惯做法、公开的承诺或者公开宣布的政策而导致企业将承担的责任,这些责任也使有关各方形成了企业将履行义务解脱责任的合理预期。例如,某企业多年来制定了一项销售政策,对于售出商品提供一定期限内的售后保修服务,预期将为售出商品提供的保修服务就属于推定义务,应当将其确认为一项负债。很显然,负债的法定义务性质决定了其必须在到期日得以偿还,否则将承担法律后果,这意味着,树立法治价值观的重要性。负债的推定义务性质说明,有些负债的偿还需要有责任意识和契约精神,因此,树立诚信价值观具有重要意义。

2. 所有者权益要素定义、利益相关者与平等和谐价值观

所有者权益,是指企业资产扣除负债后,由所有者享有的剩余权益。所有者权益是所有者对企业资产的剩余索取权,它是企业的资产扣除债权人权益后应由所有者享有的部分,既可反映所有者投入资本的保值增值情况,又体现了保护债权人权益的理念。对于所有者性质和外延的不同认识和界定,形成了不同的所有者权益理论,而不同的所有者权益理论又影响着资本和利润概念的界定,进而导致会计工作侧重点的差异。

所有权理论认为所有者是股权资本所有者,并立足企业股权资本所有者的

立场观察企业,即对企业的财富和经济活动均按其与企业股权资本所有者的关系加以分析。资产负债表等式为:资产-负债=所有者权益。其中,资产是股权资本所有者所拥有的财产,负债是股权资本所有者所承担的义务。实体理论将股权资本提供者和债权资本提供者均视同企业的所有者,重视公司法人实体的地位,把公司、而不是公司的股权资本所有者作为处理会计业务和准备财务报告的利益焦点。认为债权人和股东一样均是公司资源的提供者。资产和负债都属于公司,而不是公司的股权资本所有者,利润由公司享有,只有宣布的红利部分才属于股东所有。

企业理论认为所有者除股东和债权人外还包括企业员工、政府部门、供应商和客户以及社会公众,因而,企业不仅应该为股东和债权人创造价值,还应该对其他诸多资源提供者承担社会责任。所有权理论适用于独资和合伙企业,实体理论适用于公司制企业,而企业理论适用于上市公司。

从历史发展来看,所有权理论出现最早,实体理论次之,企业理论是对实体理论的继承与发展。当今会计实务是上述三种所有者权益理论的综合运用,每股收益的计算、利息支出作费用处理而股利支付作利润分配处理等体现了所有权理论,"资产=负债+所有者权益"的会计恒等式体现了实体理论,信息充分披露、社会责任履行、EVA 的计算等均体现了企业理论。可见,所有者权益的理解与所有者性质和外延的界定有关,取决于我们如何看待股东、债权人、企业员工、政府部门等诸多利益相关者的权益性质。特别是对于上市公司,如何考虑利益相关者的权益性质具有十分重要的意义,此时,建立平等价值观和和谐价值观就显得十分重要。

(六) 社会主义核心价值观与会计信息质量要求

1. 会计信息可靠性要求与公正和诚信价值观

会计信息可靠性要求"企业应当以实际发生的交易或者事项为依据进行会计确认、计量和报告,如实反映符合确认和计量要求的各项会计要素及其他相关信息,保证会计信息真实可靠、内容完整。"一般认为,可靠性包括三个构成要素,即客观性、可核性和中立性。其中,可核性是指不同会计人员采用相同会计程序能够得到相同的结果,旨在保证"如实反映"。很显然,能否"如实反映"不仅依赖会计人员专业胜任能力,还取决于其职业素养,因此,牢固树立诚信价值观,对于"如实反映"具有重要意义。同时,中立性要求会计人员在会计政策选择时,应该秉持中立立场,不能为了某一利益相关者利益而损害其他利益相关者利益。很显然,此时公正价值观的树立十分重要。

2. 会计信息实质重于形式要求与法治价值观

实质重于形式要求"企业应当按照交易或者事项的经济实质进行会计确认、计量和报告,不应仅以交易或者事项的法律形式为依据。"这一会计信息质量要求容易让会计人员走向另一个极端,即完全不顾交易或者事项的法律形式,一味地强调交易或者事项的经济实质,甚至以交易或者事项的经济实质为借口,行舞弊造假之实。实际上,法律形式和经济实质都是会计确认、计量与报告的依据,只是经济实质重于法律形式而已,不能够借"实质重于形式"的要求摒弃法治价值观。

（七）社会主义核心价值观与会计确认和计量

1. 权责发生制、会计确认与公正和诚信价值观

权责发生制要求收入和费用的确认应当以权责关系是否在当期确立为基础,旨在合理确定经营者受托责任的履行情况。显然,权责关系的归属很大程度上取决于会计人员的职业判断,而职业判断则会受到会计人员价值观的影响,所以,树立社会主义核心价值观对于权责发生制的合理运用具有十分重要的意义。收入和费用的确认直接决定了当期利润水平,而作为经营成果的利润不仅是经营者受托责任的计量,而且是诸多利益相关者利益回报的基础,特别是,收入和费用的不同确认方法会造成不同利益相关者的利益冲突,有利于经营者受托责任计量的收入和费用确认往往会损害股东的利益,而有利于股东利益的收入和费用确认通常会不利于税收征管,等等。因此,会计人员运用权责发生制确认收入和费用时应当秉持公正价值观,不能够为了某一特定利益相关者利益而牺牲和侵害其他利益相关者利益；同时，运用权责发生制确认收入和费用时应该坚持诚信价值观，不能够为了某种不可告人的目的而弄虚作假进行利润操纵。

2. 会计计量与公正和诚信价值观

会计计量是企业在将符合确认条件的会计要素登记入账并列报于财务报表时，按照规定的会计计量属性确定其金额的过程。企业在对会计要素进行计量时，一般应当采用历史成本，采用重置成本、可变现净值、现值、公允价值计量的，应当保证所确定的会计要素金额能够取得并可靠计量。众所周知，除了历史成本是基于过去实际发生的交易，具有客观、可验证性以外，其他四种计量属性均不是基于实际发生的交易，因而，都需要会计人员主观估计与判断。此时，为了保证会计计量结果的可靠性，会计人员必须秉持诚信价值观，以实现如实反映和可核性，同时，会计人员还需具有公正价值观，以保证中立性，因为可靠性的构成要素包括如实反映、可核性和中立性。2007 年会计准则修订实施后，减值计提涉及几乎所有资产项目，而减值计提需要会计人员运用重置成本、可变现净值、现值、公允价值计量，因此，树立公正和诚信价值观，具有重要意义。

五、结合课程思政的数智化会计专业体系构建思路

（一）数智化会计两条具体路径

一是对会计核算业务进行大数据背景下的智能化改革，在会计核算领域，智能财税软件、财务机器人与财务共享服务中心都可以较好地完成票据识别到凭证生成再到电子账簿最后到生成报表的会计全流程；

二是对会计核算的结果进行大数据分析，传统的财务数据分析主要依赖财务报表数据进行静态财务指标计算与分析，在数字经济背景下，更加强调用大数据分析软件对财务数据进行动态化、可视化分析，在海量财务数据的演变中挖掘数据隐含的价值信息，从而为科学财务决策提供支撑。构建立体化教学资

源是现代教学手段和教学模式信息化、网络化发展的必然结果。

课程思政是打破原来单纯思想政治课程育人机制,建立将思想政治理论课程与专业课程结合起来,实现协同育人的目的,在专业人才培养全过程中牢牢把握"立德树人"这一本源。课程思政视角下大数据与会计专业立体化教学资源体系建设,对高质量人才培养至关重要,是实现人才培养高精尖的重要抓手。

课程体系设计是人才培养最重要的基石之一,是决定人才培养质量的关键要素,大数据与会计专业可以将全部课程体系分为四个层级:

第一层级为通识课程体系。包括:思想政治教育课、体育劳动健康课、社会文化心理课、创新创业指导课与专业通识读物课,通识课程设计要着眼普适性,最好能结合丰富案例进行教学,融通识性、趣味性于一体。

第二层级为平台支撑课程体系。该体系由 5 门核心课程构成,包括:"经济学基础""统计学基础""会计学基础""大数据分析基础"与"PYTHON 编程基础",基础课程要以基本概念、理论原理为基石,建立丰富的教材配套习题资源,强化"讲"和"练"。

第三层级为专业核心课程体系。该体系可以按照学生就业方向设置不同的模块化课程:一是传统会计师模块,可以开设"企业会计实务"(证书类课程)、"经济法基础"(证书类课程),"财务管理"等;二是现代财务分析师模块,可以开设"大数据财务报表分析""大数据财务决策分析"与"大数据商业智能分析"等,教学要结合行业企业实际工作过程,以任务驱动项目化教学。

第四层级为专业实践课程体系。包括:1+X 智能财税实践、1+X 财务共享中心实践、财务机器人 RPA 实践、大数据财务管理与决策实践。在构建了大数据与会计专业课程体系框架后,更加重要的则是教学资源建设,教学资源建设需要紧紧围绕人才培养目标。

(二)人才培养的最主要目标

一是培养专业素养;二是学生"三观"塑造。

全面推进高校课程思政建设,是落实立德树人根本任务的重要手段,将思想政治理论课与专业课相互融合,在弘扬社会主义核心价值观方面,做到知行合一、表里一致,最终达到"三全育人"的根本宗旨。

数智化会计专业赋予了传统会计专业"科技元素",而课程思政则赋予了传统会计课程"思政元素",在"科技元素"和"思政元素"的双重元素叠加下,传统的教学资源,如人才培养方案、课程标准、实践标准、教材、教案、课件、微课,习题与考核标准已经无法适应新专业对人才培养的要求了,需要重新构建教学资源体系。

20

产教融合

产教融合即教育与产业相互融合、互相支持,实质是两者形成一体化互动关系,从而将学校变成融人才培养、科学研究及社会服务为一体的产业型经营实体基地,实现校企合作教学模式,相关概念有"产教结合""校企合作"等。产教结合强调产与教结合的结果是结合体,忽略了保持产与教各自独立基础上相互融合、彼此依存。

校企合作思维下,办学模式改革仅被看作教育问题,改关键是调动企业参与职业教育的积极性,要求企业履行相应社会责任。校企合作模式是从学校到企业的单向过程,表现为企业建立学生实习实训基地、开展学生实习、就业或企业职工教育培训等。在此过程中,学校常因自身需要而成为合作主动发起方,企业则是被追求的合作方,"校热企不热"成为常态。相反,产教融合强调办学模式改革不仅是教育问题,还是经济问题。当前我国人才教育供给和产业需求不匹配的背景下,校企交往应由单向自发走向双向互动与整合,实现以对接产业发展为先导,以系统培养技术技能为基础的合作育人模式改革。产教融合要求促进教育链、人才链与产业链、创新链有机衔接,推动教育优先创新发展、协调发展、绿色发展、开放发展、共享发展相互融通、相互协同、相互促进。产教融合也可以说是校企合作高级阶段,校企双方都是合作主导者,是发展共同体,最终形成教育和产业统筹融合、良性互动发展格局,以解决人才教育供给与产业需求的结构性矛盾。

第一节　产教融合的价值取向

一、产教融合是应用型本科院校的服务指向

应用型本科院校本质属性是地方性,必须坚持"因地而设、受地支持、为地服务"特色办学道路,与当地经济社会发展融为一体,成为当地经济社会发展的

推进器。服务社会是高校三大职能之一,对应用型本科院校来说,只有适应地方经济发展要求,赋能地方产业和企业发展,才能实现高校与地方经济良性互动。可以说,应用型本科院校的社会服务职能要通过服务企业实现。

但目前校企合作层面,由于高校和企业收益不对等,高校社会服务职能并未充分发挥。学校将企业当成实习基地,在校生往往经验不足、为企业创造效益有限,中小企业注重短期效益不愿参与合作,大企业又因数量稀缺难以满足高校需求;校企合作中缺乏有效服务平台,导致企业在校企合作中的付出难以补偿。

通过产教融合,化解校企合作信息不对称的问题,将企业实际发展需求融入专业教学,推进专业教学对接产业需求,推进产业系统与教育系统有机衔接,从而保证教育事业可持续发展和企业利益诉求得到有效满足,更好实现应用型本科院校为地方服务的职能,产教融合是应用型本科院校的服务指向。

二、产教融合是应用型本科院校的资源取向

产教融合长期面临"校热企冷"问题,校企协同育人培养模式尚未根本形成,校企间的关系处于浅层次、松散型低水平状态。由于传统高等教育变革速度赶不上时代变化,无法满足经济社会发展所需各类知识和技能人才要求,高校作为提供人才主体,难以培养符合企业发展需求的人才。

人才需求方企业参与办学积极性不高,导致教育和企业始终是"两张皮",课程内容与职业标准、教学过程与生产过程脱节,毕业生进入职场,企业仍需对其加以培训。为破解这一难题,《关于深化产教融合的若干意见》强调,产教融合要发挥企业重要主体作用,实行"引企入教"改革,健全企业实习实训制度等,支持将企业需求融入人才培养,由人才"供给—需求"单向链条转向"供给—需求—供给"闭环。立足育人角度,企业和学校互为"主客体"。

当企业需要人才时,企业是需方,学校是供方;当学校需要企业提供实训基地、实训老师时,学校是需方,企业是供方。

产教融合正是通过行业企业与高校深层次合作,将各自资源进行整合,通过重构教育链和产业链,让企业的新技术、新需求、新发展融入高校教学,同时将高校优势更好切入社会和企业所需人才培养,让教育创新产出辐射到产业链,充分实现校企资源共享,促使校企形成共生共赢的利益共同体。

三、产教融合是应用型本科院校的发展导向

育人是教育系统最基本的职能,相应地,人才培养也成为应用型本科院校的核心。教育系统通过特定教育制度和教育资源,为每位受教育者提供发展机会。

教育不能仅仅从个人需求出发,还要将个人需求与国家需求、产业发展需求结合起来,既关注学生个人发展,同时也为学生提供多样化成长路径,为学生终身发展创造条件,使学生实现从"学校人"到"社会人""职业人"的转变。产教融合正是实现这一过程的纽带,应用型本科院校应把深化产教融合作为基本办学理念,通过校企深度融合实现应用型本科人才培养模式改革,助推应用型高校转型升级。

第二节 产教融合的实现路径

应用型本科人才培养需要与自身办学定位、服务面向、人才培养目标密切关联,走独立产教融合道路。实现路径应构建以专业结构与产业结构融合、专业标准与职业要求融合、教学资源与产业资源融合、校园文化与企业文化融合、教育机制与产业机制融合等"五融合"为特色的创新创业教育体系。

一、专业结构与产业结构深度融合

专业是高等学校根据社会专业分工需要和学科体系内在逻辑而划分的学

科门类,是学校基本组成单元和组织载体。按照专业设置组织教学,进行专业训练,培养专门人才是现代高校的特点之一。专业结构调整需服务于经济社会发展,与社会经济产业结构深度融合,对接产业需求。高校人才培养要建立对接产业链和 创新链专业体系,打造特色专业集群。

产业集聚是一定区域内关联性企业、产商、原料供应商、金融机构及其他服务机构聚集起来形成的互相关联、互相带动的产业聚集区域。产业集群网是由系列相关产业组成的,整个产业链条包括从研发到生产、销售、售后维修所有环节。目前很多学校往往只有一两个专业对接产业集群某一两个产业,或只对接整个产业链条的一个环节,产业与专业对接广度不够,从而造成产业人才需求断节断链。

这样一来,高校专业设置不仅要实现专业与产业对接,还要充分考虑区域产业集群和产业链,构建区域产业集群与学科专业集群融合机制。通过对区域产业集群人才需求状况分析,以区域内优势主导产业集群为服务对象,立足学校原有品牌特色专业基础和优势,进行专业群结构与布局设置与调整,构建与产业集群和产业链需求一致的专业集群,实现专业集群与产业集群无缝对接,打造区域性科技创新体系及与区域互融共生的生态体系,以适应不断变化的经济和产业结构。

通过开展产教融合的人才培养模式,能够有效地促进校企双方实现共赢的战略目标,对于职业院校和企业而言都有着积极的推动作用,可以让校企双方实现可持续发展的目标。

其一,对应用型本科院校而言,产教融合不仅仅能够给学生提供一个发展专业技能的场所和平台,同时也为学校教师提供实践以及科研成果转化的机会,使得院校在培养高素质技术技能人才的同时,还能通过推动科研成果转化为当地的经济发展提供基础。如此,校园完成了研究型向实用型转型的改革,为应用型本科院校实现可持续发展奠定基础。

其次从企业的角度来看,企业在推动校园培养高素质人才的同时,还能借助校园的专业性优势,对企业员工进行专业知识方面的培训,并且利用校园的科研成果以及技术进行革新,推动企业的全面发展。

对于会计专业的学生,实践性能力的掌握和使用,在很大程度上决定了学生的未来发展。学生在学习理论知识的同时,能够通过反复实践的方式来验证自身的学习情况,在这样的环境下,能够让学生深刻体会到掌握会计专业知识的同时,感受与理论与实践之间的区别。通过产教融合的人才培养模式,让学生在企业实践中获取到真实的岗位体验,通过将理论与实践结合,让学生真正地掌握会计专业知识和会计专业能力,为以后从事会计职业,做好岗位适应的过渡,提高他们的行业竞争力。

随着我国教育的不断发展,办学的质量和规模都有了很大程度的提升,行业之间的竞争变得越来越激烈。应用型本科院校要根据实际的发展情况,基于在联合企业的基础上,制定好属于自身的发展战略,从自身的优势角度出发,打造出属于本校的专业特色品牌。

应用型本科院校应该结合对自身的发展情况和经济状态的分析,结合专业优势,明确办学的定位;要从课程内容的开发、专业的设置、师资力量以及实训基地等多方面进行考虑,从而确定适合本校的发展战略,通过建设突出自身的专业特色。在产教融合的教学模式下,通过推动学生实践的方式,有效地提升学生的专业知识和专业技能。院校在进行课程优化的过程当中,首先要考虑行业未来发展的目标,充分考虑市场对人才的具体需求,加强行业之间的协作互动,推动企业的发展和人才的发展,从实际需求的角度出发,不断地对课程内容进行优化升级,最为重要的是任课教师要掌握行业发展的规律,进行自身行业知识的更新,不断打磨和提升教学能力和水平。

二、专业标准与职业要求的深度融合

从广义角度讲,专业也称为专业性职业,专业性职业的共同点即每个专业都有一个学科知识体系,因此专业就成为某种社会职业不同于其他职业的特定劳动特点。从这一层面讲,专业与职业本就是对应关系。专业教学标准作为教育标准,体现了教育过程和要求;职业标准作为社会标准,体现了工作要求。虽然两者有本质差异,但同样存在紧密联系,包括目标指向的一致性、适用对象的连续性、内容存在反映与被反映的关系等。要实现产业与教育融合,专业标准与职业要求必须深度融合。

根据产业结构转型升级对职业标准提出的新要求,将职业标准转化为专业教学标准对应的毕业要求和职业能力,实现专业标准的培养目标、培养要求与职业标准对应;将职业标准对应转化的毕业要求和职业能力融入课程体系各类课程,包括通识课程、专业基础课程、专业课程及实践课程,将其体现在课程内容设计和实施中,以实现专业标准课程体系建设与职业标准的工作要求适应;专业标准和职业要求过程衔接,即将职业标准的职业内容和专业教学标准的课程内容,根据相应职业和专业要求,划分到各工作或教学具体实施过程,以适应完整职业和教学需要。

三、教学资源与产业资源深度融合

资源共享是资源高效利用的最佳方式,同时也是教学资源与产业资源深度融合的最终目标,共享是各共享主体方基于"成本—收益"做出的趋利、主动选择。产业系统与教育系统两者拥有资源共享的良好基础。因为产业系统拥有市场判断与运营能力及生产设备、员工、原材料等必要生产资料;教育系统拥有技术、科研成果、高层次人才等先进生产资料。

产业系统能为教育系统提供人才培养真实工作环境、科学研究问题源头;教育系统能为产业系统提供技术支持、信息咨询与企业员工梯队建设"人才库"尽管学校秉承合作发展理念,但由于教育系统与产业系统利益失衡,校企教学资源共建仍存在共享观念薄弱、共享形式单一、共享领域有限、共享平台缺失等问题。

教学资源与产业资源深度融合需建立在经济效益与社会效益并重、产业发展与人才培养并举基础上,实现产教资源要素双向转化。

把教育要素、创新要素转化为行业、企业、产业的生产要素和生产力、竞争力。把企业生产过程、生产要素、创新要素转化为学校教育要素和教育场景、教育资源。

实践层面,既要提升资源共享层次,构建资源共享利益体,推动校企合作由松散型向紧密型、浅层次向深层次、单向合作向双向合作、短暂型合作向长远型合作转变;又要拓展资源共享空间,包括共同建立融理论教学与实践教学、职业技能训练与职业资格认证等功能于一体的实践教学基地;校企互派技术专家和专业教师,参加教学和实践,共同培养师资队伍;校企共同制定培养计划,设置教学内容,实施技能训练;由学校聘请企业专家担任兼职教授,企业委派业务骨干担任实践指导教师,校企共同构建教学课堂。

四、校园文化与企业文化深度融合

文化是人类社会活动的产物。大学文化是大学人在大学校园生活与实践活动中形成的大学道德、大学理念和大学精神等群体精神及其所附载体。企业文化是 约束员工日常行为,使其产生凝聚力,进而影响管理实践的精神力量。不管是校园文化,还是企业文化,都是社会主义文化构成部分,都具有培养、塑造、引导、感染人的功能。

校园文化作为引导文化,引导解决高校"培养什么样的人、如何培养人、为谁培养人"等问题,在此期间促进学生个体成长发展和塑造其正确的世界观和人生观。企业文化则是实践性文化,目标在于激励员工不断创新,创造更高效益和效率。

产教融合过程中,校园文化和企业文化同样需要深度融合,以使高校毕业生能尽快适应工作岗位和企业文化。现代大学需要接受企业等社会外部价值引导,从而更好实现大学肩负的社会责任。

在实现校园文化和企业文化融合对接上,高校要强化文化建设,努力建设具有时代特征和个性特点的校园文化体系,让学生在日常教学和学习生活中不断感受校园文化的熏陶,形成校园文化的内化。加强校园文化和企业文化互动交流。通过企业文化讲堂、校企联谊大会等"请进来"方式及学生参加社会调查、社会实践、专业实训等"走出去"系列活动,让学生体会企业文化的内涵,感知社会对人才的要求,提升责任意识。

良好校企合作沟通平台是实现校企文化融合的基础。可依托现有各类产教融合平台,利用现代网络和新媒体等技术,拓宽校园文化和企业文化互动渠道,丰富校园文化和企业文化互动途径。通过制度建设,实现校园文化和企业文化的互动制度化、常态化。不断提升校园文化和企业文化深度融合的主动性。以学校为主体,企业为主导,在深刻把握校园文化和企业文化个性特点和互动规律的基础上,校园文化建设中融入企业文化元素,企业文化建设中给予更多自由元素,以此提升文化互动的主动性,强化校园文化与企业文化的匹配度。

五、教育与产业机制体制深度融合

产业系统是市场为主导的运行机制,强调市场在资源配置中起决定性作用;教育系统是政府为主导的运行机制,政府在教育资源配置上起决定性作用,调节公平与效率。

产业系统以营利为目标;教育系统以育人为目标。要实现教育与产业机制深度融合,必须解决市场与政府的矛盾、盈利与育人的矛盾,通过产权保护维护合作方权益,通过风险共担明确双方义务与责任。在此基础上,构建产教融合制度体系,培育产教融合创新模式,从而实现教育与产业机制的深度融合。

学校层面可以考虑成立学校产教融合工作指导委员会,对全校产教融合工作进行统一规划和指导,深化校内机制和治理结构改革。

一方面,采取措施,建立提升校内科技创新团队实力机制,建立健全产教融合考核激励机制,修订横向项目管理办法尤其是经费管理办法。

另一方面,产教融合对外联系实行校院两级专人负责制,建产教融合协调小组,定期摸排、汇总地方和企业需求信息。通过"请进来、走出去"的"产教融合面对面"对接活动,推动学校各团队进乡镇、进企业、进社区,开展交流与合作。同时,全力开发产教融合信息化管理平台,实时监测和追踪项目进展,提高合作项目工作质量,促进校地校企合作深度融合。

第三节　完善校企互动的专业建设机制

为深化高校会计人才培养改革提供理论依据为应对以"大智移云"为代表的"互联网+"浪潮的冲击,2016—2018 年,财政部相继发布了《会计改革与发展"十三五"规划纲要》及一系列指引文件,明确要求会计以"业财融合"为核心,会计人才由核算型向管理型转变。2019 年 10 月,国家六部委发布的《国家产教融合建设试点实施方案》明确指出,要深化产教融合,促进教育链、人才链与产业链、创新链有机衔接。同年 11 月 30 日,在"2019 年教育部产学合作协同育人项目对接会"上,教育部高教司司长吴岩再次强调,以产教融合推进高等教育"质革命"。当前高校会计人才培养还存在诸如符合"业财融合"能力要求的教学内容应用层次不高;职业能力达成度向传统财务领域倾斜;教师胜任会计转型的能力不足;教学内容层、业务层、教学设计层的"产教融合"体现不多等问题。上述问题的解决有利于培养符合新时代需求的会计人才,为高校会计人才培养实践提供行动指南。

一、对接地方产业,调整专业设置

专业建设是本科院校内涵建设的核心和根本,是办学特色的集中体现,也是产教融合的具体表现。学院应紧跟产业发展步伐,主动对接地方产业需求,优化专业结构和专业布局。提高学科专业结构与地区产业结构的吻合度,初步构建了与地方主要产业相衔接的、具有明显产业背景和特色优势的专业群构架。

二、校企共同制定产教融合型人才培养方案

以企业需求和知识输出为导向,在对企业进行深入调研的基础上,依据专业认证标准及企业用人标准和行业规范,由专业指导委员会成员共同确定专业人才培养目标和毕业要求,提炼专业核心能力,反向设计人才培养方案。按"9555"模式(即90%以上教师参与、调研5家以上企业、调研5家同类高校、5位以上企业专家参与),由校企双方共同制定或修订产教融合型专业人才培养方案,充分实现企业案例和技术"嵌入式"教学,在理论学习的同时,注重专业能力和技能培养。

新型商业模式、产业政策不断涌现,企业管理结构不断调整,会计岗位得以整合,衍生出了新型会计岗位及能力需求。结合会计岗位调研,以新型会计人才"分层+分型"框架为基础,从会计信息的发生、生成到使用,按照会计信息流主要节点特征,可分为初级财务岗、前端财务岗、中端财务岗、高端财务岗四种类型。

三、初级财务岗应具备一人多岗、多岗兼顾的能力

小微企业由于部门或岗位合并度高、业务单一,对会计服务业务、服务战略的需求较少,企业财务需求的重点是报账、纳税。除部分企业专门聘请了少量的会计人员外,会计服务支持由代理会计服务企业(会计工厂)替代。

初级财务岗的主要职业面向的是会计工厂。随着会计智能化的发展,大量会计重复性劳动由机器替代,会计工厂对初级财务岗的需求已由做账、算账、报账、报税等主要业务转向企业注册(注销)、人工审核、社保服务、纳税筹划、合理理财、政策建议等人工智能暂时无法替代的领域。熟练运用财务软件,理顺业

务数据的传递关系、生成关系,具备一人多岗、多岗兼顾的能力,是会计转型对会计专业岗位技能的必然要求,初级财务岗需要的是懂"IT"会"办事"的会计职业人。

四、前端财务岗应具备跨部门"业财"支持能力

大中型企业部门或岗位业务细分度较高,业务复杂,对会计服务项目、业务需求较高(前端财务岗需求增加趋势明显)。随着会计智能化的发展,企业传统财务会计效率得以提高,会计(财务)人员可以腾出手协助企业助理具体经营项目,并向具体业务渗透,大数据也能为财务部门提供更加详尽的企业经营业务活动信息。前端财务岗将更多地接触会计相关业务活动或领域,包括项目(业务)流程、节点、内容、要求,清楚在哪些方面能为相应人员提供准确及时的服务,清除服务的痛点难点。

会计人员需进一步熟悉业务、项目的属性,及时掌握业务进度、项目状态、问题或困境;尤为关键的是需厘清各部门在业务或项目中有哪些具体的财务信息需求,财务上能否提供相应的支持(不再是财务信息,而是将财务信息转换为对应的业务统计信息、分类加工信息、大数据分析信息),在此基础上才能为业务或项目提供具体支持。前端财务岗需要的是懂"业务"会"融合"的会计职业人。

五、中端财务岗应增强系统支持、跨部门协同能力

会计信息标准是企业会计智能化运行的关键,系统对应业务流、信息流、资金流、物流等信息收集、传递、加工、反馈等标准的制定均与企业信息的集成息息相关。中端财务岗应理顺会计信息数据的形成、关联、传递关系所对应的具体业务、项目处理流程,熟知企业管理要求、具备系统应用能力。

观念、能力和制度是跨部门协作的关键,部门协作中权责不明极易导致矛

盾、推诿现象;除制度和企业经营理念外,非正式沟通往往是跨部门沟通协作的主要形式,因此"跨部门业务语言"能力是中端财务岗应具备的基本能力。中端财务岗需要的是懂"标准"会"沟通"的会计职业人。

六、高端财务岗应提升会计职业判断、战略支持能力

会计准则的原则导向增大了会计职业判断的空间,容易导致企业对不确定事项(资产减值、存货以及附注中出现的信息披露)选择有利于自身的会计政策从而获得业绩引发的财务舞弊风险。此时,会计人员专业胜任能力不足容易导致会计判断错误从而埋下重大财务隐患,误导管理层决策。因此,以原则为导向的前提是会计人员必须具备较强的职业判断能力。

高端财务岗需要对宏观经济环境、政策、经济周期波动进行预判洞察;分析企业未来发展的核心因素;针对企业的经营战略、计划提出合理建议,从财务、金融视角、以战略思维深度参与企业运营,并为企业创造价值,达成战略布局。高端财务岗需要的是会"判断"勤"思维"的会计职业人。

第四节　实施校企"双主体"协同育人机制

一、应用型本科院校会计人才培养模式的弊端

(1)人才培养与经济发展的步调不一。随着经济社会的快速发展,各种产业呈现出多样化的特点,企业对于人才的要求更加地严格,这样的发展趋势导致人才培养与产业需求出现不平衡的状态,这对于当前企业的发展带来直接的影响,使得企业和人才之间的供给市场失衡,具体体现在以下两个方面:

第一,教学模式呈现单一化的特点;第二,人才培养主要是以理论为基础。

大部分教学都是建立在理论的基础上,而忽视学生的实践操作能力,特别

是关于会计相关的实训资料与实际的工作之间存在差异,这将直接影响会计专业的学习内容,会计实训内容已经严重滞后,很难适应当前企业发展过程中所面临的各种问题。

单一化的人才培养模式,使得人才难以适应市场发展的需求,新型的网络市场在不断地发展,社会对于财务人员提出了更为严格的要求,对一位会计人才,首先要兼顾成本核算、出纳、会计、报表编制、物流商务等综合性的内容,相比较传统的会计培养模式而言,会计专业毕业的学生将很难满足社会发展的需求。

(2)人才素养与企业需求的差距巨大。随着社会经济发展,企业对会计人才的要求越来越高,而会计专业的学生近几年的就业形势比较严峻。会计专业是普遍存在的一个专业,基本上所有高校都有这个专业,随着各大院校的会计专业毕业学生数量的增多,实际从事会计岗位的不足50%。

为了解决就业问题,部分院校通过开展会计性的人才调研市场,目的是更好地掌握企业对会计人才的真实需求,包括学生的职业专业能力以及就业竞争能力,通过多个渠道的调查,积极探索出校企合作、产教融合的教学模式下所培养的会计人才,如何能够更好地适应当今社会经济的发展需求,为企业的发展奠定坚实的基础,这样职业院校培养出的会计专业人才能更适应市场发展的需求,并在更广泛的范围内推广创新模式。

(3)缺少校外实训实习基地,实习质量难以保证。会计专业的学生需要掌握大量的实战经验,因此,会计专业的学生在进行顶岗实习过程当中显得更加的困难,企业作为一个以盈利为目的的经济实体,财务信息是相对保密的,因此,对于实习生不会开放太多的权限,将经济主要业务交给学生处理,因此,对于实习生一年都不到进入企业的新人,不能真正地进行顶岗。

会计专业的毕业生要想真正地了解企业发展,财务信息资料,在进行企业实习过程当中是很难保证效果的。因而在"产教融合、校企合作"的实战过程中普遍遇到企业积极性不高,参与度低,也不会主动地对社会人才进行培养,使得高校会计专业的学生很难进行深入的发展。

（4）产教融合校企培训缺乏"双师型"教师。"产教融合,校企合作"人才培养模式的构建,是建立在教师团队的基础上开展的,也就是在构建校企合作的人才培养模式之前,首先需要培养一大批双师型的教师,双师型的教师主要是指能够教书育人,拥有良好的职业道德,同时能够对学生进行职业指导。当前,我国大部分的应用型本科学校及教师的专业理论知识比较扎实,然而,缺乏社会实战经验。因此,对于企业员工的教学指导很难发挥作用,特别是一些学生在企业顶岗过程当中,由于其专业能力和工作经验的限制,使得学生的实践能力难以得到培养,因此,对于高校会计专业的教师,不仅要有专业理论扎实的功底,与此同时,还要拥有较为丰富的实战经验以及操作能力。

二、应用型本科院校会计人才培养模式的思路

以产教融合为主线、校企合作为重点、创新创业为突破,将专业建设和人才培养深度融入地方产业链发展,有效对接产业链和创新链发展相关支撑及服务需求。将"以产教融合为手段,全面提升人才培养的针对性、时效性、效率和效益"作为教学改革和人才培养的基本落脚点,校企双方优势互补、资源共享、深度协作。通过引企入教,搭建产教协同育人模式。

（一）重构课程体系

学校与企业或行业学会联合设计课程体系,初步建立包括通识教育平台、学科教育平台、专业教育平台、创新创业教育平台"四位一体""模块+平台"课程体系,重构教学内容,大幅压缩课程重复内容。以"工作过程"和"职业发展"为导向,有效对接职业标准和岗位要求,由校企共同开发专业课程,同时选聘产业教授为在校学生授课,不断增强教学内容实践性和应用性,促使学生将宝贵的学时运用于最新知识技能学习。

（二）开发特色教材

学校倡导企业与学校教师吸收先进科技和管理理念,共同开发产教融合型

特色教材或自编讲义。

（三）聚焦课堂革命

实施教学方法改革，把企业生产实际问题作为案例，真题真做，用启发式、引导式教学方法，通过现场教学、翻转课堂等方式，让学生在学中做、做中学、学中思，不断满足学生个性化、多样化学习和发展需求。

（四）提升实践教学

适度集中时间，形成从初步认知到深入了解、岗位体验的深度实践；通过引企入校，实现引入企业类型与学校主要专业板块协同；同时，开展基于专业、面向产品的创新创业实践活动。

（五）改革学业评价

以知识应用过程及成果评价学生，从传统结果考核向更加注重过程性、研讨性、应用性考核，着力培养学生解决问题的思路、方法。

会计人才培养目标需对接当前财务智能化发展、对接产业需求合理定位。

随着智能财务的发展，企业对传统核算型会计的需求将有所减少，而对新型会计（如业务财务、战略财务、管理会计等）的需求将增加。需结合自身实际将智能财务的技术、理念融入会计人才培养目标。财务智能化，不同院校的培养侧重点应有所不同，高校应结合自身特点、教学资源、师资条件恰当评估、合理定位，有所为而有所不为。

参考文献

[1] 郭道扬,谭超.《中国会计通史》导论[J]. 会计与经济研究,2022,36
  (1):3-26.

[2] 陈阳. 1980 年以来中国古代会计史研究综述[J]. 经济研究参考,2014
  (40):60-64.

[3] 李孝林. 从云梦秦简看秦朝的会计管理[J]. 江汉考古,1984(3):
  85-94.

[4] 李孝林. 金文、简牍:古代会计、审计史料的无尽宝藏[J]. 会计之友(上
  旬刊),2008(5):98-100.

[5] 郭兆斌. 龙门账性质及起源新探[J]. 邯郸学院学报,2022(3):44-51.

[6] 康均. 中国古代民间会计的发展 2[J]. 财会学习,2006(11):72-74.

[7] 尹悦然. 中西方会计史比较研究[J]. 山东理工大学学报,2009(5):
  14-19.

[8] 潘玲玲,黄迈. 探究中国古代会计史[J]. 统计与管理,2015(2):151.

[9] 许家林. 西方会计理论演进:基本阶段与主要成果[J]. 会计之友(上旬
  刊),2009(1):4-13.

[10] 颜冰,张静. 公司概念在近代中国的起源与演进[J]. 求是学刊,
  2010,37(4):54-58.

[11] 张仁德,段文斌. 公司起源和发展的历史分析与现实结论[J]. 南开经
  济研究,1999(4):18-26.

[12] 梁仁志. 近代徽商衰落及身份界定问题再审视:兼论近代徽商研究的
  出路[J]. 安徽师范大学学报(人文社会科学版),2020,48(6):
  53-61.

[13] 冷金成. 近代钱庄的衰落与"银行化"[J]. 乐山师范学院学报, 2021(9): 76-84.

[14] 江灶发. 论徽商文化的形成、特点与现实意义[J]. 江西财经大学学报, 2017(6): 111-117.

[15] 潘毅. 英国东印度公司的起源及性质[J]. 凯里学院学报, 2008, 26(1): 97-100.

[16] 王帅. 政商关系视阈下的晋商兴衰与权力经济[J]. 山西大学学报(哲学社会科学版), 2019, 42(5): 119-127.

[17] 李玉. 中国近代企业史研究概述[J]. 史学月刊, 2004(4): 110-117.

[18] 张玉杰. 跨国公司战略演变对中国企业国际化的影响[J]. 改革, 2005(9): 69-72.

[19] 刘新颖. 财务功能转变与企业价值提升[J]. 生产力研究, 2009(8): 161-163.

[20] 薛丽达, 张菊香, 董必荣, 等. 会计学"课程思政"教学改革研究: 基于管理会计指引体系的思考[J]. 财会通讯, 2021(24): 159-162.

[21] 庄青. 近代以来中国会计专业课程体系的演化[J]. 南方职业教育学刊, 2015, 5(1): 36-39.

[22] 陈炳, 汤建, 李青合. 论高校推进产教融合必须遵循的四个逻辑[J]. 高等教育评论, 2021(1): 233-240.

[23] 杨寅, 刘勤, 黄虎. 企业财务智能化转型研究: 体系架构与路径过程[J]. 会计之友, 2020(20): 145-150.

[24] 徐经长. 人工智能和大数据对会计学科发展的影响[J]. 中国大学教学, 2019(9): 39-44.

[25] 彭翠珍. 人工智能环境下会计人才培养路径探究——以应用型本科高校为例[J]. 时代经贸, 2019(29): 36-37.

[26] 王爱国. 智能会计专业建设的若干框架思考[J]. 商业会计, 2021

（10）：4-8.

［27］张小艳,张春生,王海燕.应用型人才培养目标下融入"课程思政"的基础会计教学改革［J］.黑龙江教育（理论与实践）,2021（2）:29-30.

［28］阳杰,应里孟,谢健.论互联网+企业导师制:产教融合背景下会计实践教学改革［J］.财会月刊,2018（10）：136-142.

［29］张庆龙.智能财务七大理论问题论［J］.财会月刊,2021（1）：23-29.

［30］王保忠,马佳颖.现代会计发展演进的基本路径与未来趋势:基于技术进步视角的分析［J］.会计之友,2021（18）：17-24.